安倍政権・言論弾圧の犯罪

浅野健一

社会評論社

安倍政権・言論弾圧の犯罪＊目次

Ⅱ　人権とメディア　2012.12-2015.4

序にかえて――安倍政権・言論弾圧の犯罪

■戦後史上最悪の政権

安倍晋三自公野合政権（第二次、二〇一二年一二月発足）は二つの総選挙で有権者の六分の一しか得票していないのに、「一強」政権を維持して、靖国参拝、原発再稼働、日本版国家安全保障会議（ＮＳＣ）設置、特定秘密保護法、集団的自衛権行使容認の閣議決定、武器輸出解禁、政府開発援助（ＯＤＡ）新大綱、日米新ガイドライン、辺野古新基地、労働者派遣法改悪、国民総背番号制（マイナンバー制度）などの悪政を「粛々」と進める戦後史上最悪のファッショ政権である。

そして現在（二〇一五年八月下旬）、衆議院特別委員会で強行採決され、参議院特別委で審議中の安全保障法制法案は、侵略戦争法案だ。自衛隊を米軍の補助軍として、地球上のどこへでもグローバルに派遣できるようにする日本国憲法蹂躙の法案だ。

安倍政権は、この戦争法案を「平和安全法制」と言い換えた。「戦争」を「平和」にしてしまうのだ。安倍首相は国会で、「日本と密接な関係にある他国に対する武力攻撃が発生し、これにより日本の存立が脅かされ、国民の生命、自由及び幸福追求の権利が根底から覆される明白な危険がある」場合を「存立危機事態」と言うと繰り返している。この事態に直面し、①存立危機事態、②他に適当な手段がない、③必要最小限の実力行使――の「新三要件」が満たされれば、集団的自衛権の行使ができるという説明だ。この侵略戦争法案は、日本が攻撃を受けていなくても、「密接な関係にある他国」（米国）が攻撃されていれば日本も反撃するというのだ。軍隊を待たず、交戦権を放棄した国が「同盟国」の「敵」を攻撃などできるはずがない。

しかし、日本を「美しい国」へと語り、A級戦犯を祀る靖国神社参拝にこだわる国粋極右政治家が、日米軍事同盟の強化を謳い、米軍に自衛隊を差し出し、戦後七〇年もたっているのに米軍が日本を今も軍事占領していることを認めているのはおかしくないだろうか。安倍自公政権は、日本の人民の税金で沖縄の民意を無視して辺野古に新基地を建設しようとしている。人民主権、地方自治に反する暴挙だ。

安倍政権は日本国憲法を壊そうとしている。自民党憲法草案は日本をフランス革命の一七八九年より前に戻そうとしている。「基本的人権」という概念は、欧州キリスト教社会の「天賦の概念」だから日本にはなじまないと言い切っている。一人一人の人間が個人として尊重されるという考え方を否定し、人間は国家に隷従する存在として規定されている。明治憲法以下の人権感覚だ。憲法の前文と第九条を骨抜きにして、自衛隊を日本軍または自衛軍に改組しようとしているが、日本のようなサイズの国が抑止力のために軍事力を持つなら、核武装しないと意味はない。しかし、米英など国連安保理常任理事国（P5）は、日本の核武装化を絶対に認めないだろう。国連憲章は今も、日本はドイツ、イタリアなどと同じく、第二次世界大戦におけるファシズムの国（連合軍を相手に戦った枢軸国）であり、敵国条項の対象国と規定している。安倍自公政権と記者クラブメディアはこの事実を忘却して、日本のP5入りを云々しているが、この敵国条項を削除しない限り、P5には入れない。米英仏が賛成しても、中露は反対するだろうから実現は不可能だ。

安倍首相と無能メディアがしばしば強調する中国の海洋進出、軍事的脅威による「日本を取り巻く安保環境の激変」というのはデマゴギーだ。日本は一九七八年に中国と結んだ日中平和条約で平等互恵、相互不可侵を規定している。中国が沖縄を攻めてくるなどという言説は条約違反だ。

そうすると、「日本が刀をしっかり持っていつでも抜けるようにしておく」という安倍首相の考え方はあまりに単純で愚かである。P5はすべて核兵器所有国である。核を持てない国がどうアジアや世界で生きていくかを考えるべきだ。刀を捨てて、非戦・平和を貫く非武装中立主義こそが最も現実的なのだ。

侵略戦争法案は、自衛隊をアメリカ大統領が統帥権をもつ米軍の補助軍として差し出す法案だが、米国は戦後、侵略戦争を繰り返してきた「ならず者」の覇権主義国家である。特にイラク戦争は、米CIAなどの虚偽情報で開始された国際法違反の「先制攻撃」（侵略）だった。自衛隊のイラク派兵、とりわけ空自のイラク全土での展開は二〇〇八年四月一七日、名古屋高裁民事三部（青山邦夫裁判長）で違憲、イラク特措法違反という判決が確定している。私も原告の一人であったが、高裁は「航空自衛隊がイラクで行っている武装した米兵の輸送活動は憲法九条一項に違反する」などと判決した。

自衛隊のイラク派兵の検証からまず始めるべきだ。米国ではニューヨークタイムズなどが読者に誤報を謝罪し、編集局長、記者を解雇した。しかし、日本の政府とメディアは全く反省なしである。

安倍政権の閣僚のほとんどは、日本の過去のアジアへの侵略・強制占領を認めず、日本が負けたことだけが悪かったとする歴史観に凝り固まった「日本会議」（神社本庁が中心）のメンバーである。二〇〇〇万人を超えるアジア太平洋の無辜の市民と日本の三〇〇万国民を死に至らしめた大日本帝国による「大東亜戦争」を聖戦とみなす、非科学的歴史観を持つ政治家が今の政府を動かしているのだ。ポツダム宣言の、国策を過った侵略戦争のイデオロギーを根絶やしにするという公約は全く守られていないのだ。

安倍政権の支持率はやや下がったとはいえ、まだ高い支持率を保っている。小林節慶大名誉教授は「マスコミが安倍政治を支えている」と指摘したが、まさにそのとおりだ。

■NHKと主要紙の衰退

NHKは衆院安保法制特別委員会のテレビ中継をほとんどしなかった。自民党勉強会の暴言があって六月二六日に再開された特別委は放送した。視聴者から強い要望があったようだ。

六月二三日の沖縄「慰霊の日」のニュースでも、翁長雅志知事の宣言のエッセンスをぼかして報道。安倍首相のメッセージの際の「帰れ」という高齢者住民の抗議の声を消して、首相の声だけをオンエアした。午後七時のニュースでは、東京新聞が夕刊トップで報じた男子高校生の感動的な詩の朗読を全く伝えなかった。「政府が右ということを左というわけにはいかない」というのはNHKの籾井勝人会長だが、安倍氏の広報官としか見えない岩田明子政治部記者らのレポートもひどすぎる。

民放も一部番組を除いてだらしない。六月二一日の日本テレビ「every」特集は日本軍慰安婦問題を取り上げたが、安倍グループと同じように「軍による強制」の有無という視点で、国連人権報告書は虚偽証言に基づいているとか、慰安婦被害者、李容洙（イヨンス）さんの手記と証言の食い違いを出して、証言全体の信用性に疑問を示し、韓国挺身隊協議会を批判する韓国の大学女性教授のコメントをつなぐ一方的な報道だった。李さんの手記と演説の出典が明らかにされていない。李さんや挺対協関係者への取材もせず、彼女たちが番組を見ることはないという前提で報じている。TBS「ひるおび」に出る伊藤淳夫氏ら「識者」の中韓バッシング発言は常軌を逸している。

近畿の準キー局の報道部で、労働問題、公害問題などを取り上げていい番組を作ってきた中堅記者から六月二三日にメールが来た。「事業局へ異動になりました。残念です」。無難な番組づくりを願う幹部による配置転換だろう。

第二次安倍政権が誕生した後、主要新聞と放送局は安倍政権を鋭く批判することはなかった。東京新聞と地方紙の半分が批判的姿勢なのが救いだ。

記者クラブメディアは「アベノミクス」なる用語を使って、実体経済は悪化しているのに、バブルを演出。朝日新聞には教育改革を指す「アベジュケーション」なる見出しが立ったこともあった。

民主主義を理解できない読売、産経、日経の安倍美化は論外だが、安倍氏のNHK女性国際戦犯法廷番組を事前検閲したと告発した記事（二〇〇五年）に関して、取材が不十分だったと表明し、本田雅和、高田誠両記者を左遷した朝日新聞は、一四年の日本軍慰安婦・東電吉田証言記事の取り消し、謝罪で歴史修正主義者に完全屈服した（『いいがかり』＝七つ森書館＝所収の拙稿参照）。最近も佐伯啓思京大教授、秦郁彦氏らをたびたび登場させ、「両論併記」型から脱していない。毎日新聞の論説の中には対米隷従、安倍賛美の記事も少なくない。

極右靖国反動の第二次安倍晋三政権を持ち上げ続けるテレビ、新聞、週刊誌の幹部と記者たちは、大政翼賛会の時代の大本営発表報道と同じ罪を犯している。治安維持法下の時代と違って、報道の自由が保障されているのに、ジャーナリズムの権力監視機能を果たしていないのだから罪はさらに重い。

沖縄県名護市辺野古にある大浦湾は日本でも数少ない生物多様性に富んだ豊かな海だ。昨年（二〇一四年）一二月下旬から、ここは米軍の新基地建設工事を強行する横暴な日本政府と、これを阻止しようとする

「オール沖縄」人民の間で戦争状態にある。私は二月一日、フォトジャーナリストの森住卓さんらと一緒に平和船に乗って取材した。新基地は「移設」ではない。メディアが移設と書くのは間違いだ。政府は三月一二日、海底ボーリング調査を再開した。二月二二日には「国の横暴・工事強行に抗議する県民集会」が現地で開かれ、山城博治沖縄平和センター議長ら二人が米軍に連行され、沖縄県警名護署に逮捕され二三時間拘束された。本土では東京新聞が一面トップで伝えたが、他紙はベタ記事だった。

労働者、弱者の人権を蹂躙してきたTVタレント橋下徹大阪市長の「都構想」住民投票の「惜敗」・政界引退表明後のメディアの橋下礼賛も見苦しい。安倍首相との三時間会談を大きく報道し、政界復帰の手助けをする企業メディアとコメンテーターは人民の敵である。

安倍政権に関するテレビ、新聞、週刊誌の報道はジャーナリズムとして最悪で醜悪だ。日本会議メンバーが閣僚一九人のうち一六人を占める安倍政権に対するチェック機能を放棄している。

集団的自衛権行使の閣議決定を強行した安倍自民党と公明党は、安保法制と名付けた侵略戦争法案を「数の力」で採決するため、九五日間、九月二七日までという異例の長さの国会会期延長を決定した。そして一六年夏の参議院選後、壊憲により自衛隊を国防軍に変え、戦前に戻そうとしている。

六月四日の憲法審査会で自民党推薦の参考人を含め憲法学者三人が揃って、安保法制は違憲と断定。自民党の高村正彦副総裁が、「憲法の番人」は憲法学者ではなく最高裁だとか、国の安全については「たいていの憲法学者より私の方が考えてきた」と発言。首相が御用法律家として引っぱってきた横畠裕介法制局長官（検察官）が「肝を外せば食べられる」という「フグ理論」で集団的自衛権行使を説明。首相、閣僚、法制局長官らの答弁はあまりにひどく、メディアもやっと安倍批判を始めた。

違憲の選挙で選ばれた国会議員が憲法を変えられるのか。「日米同盟」をなぜ強化、永久化するのか。

■憲法を実現する広範な闘いを

私はもともと憲法第一〜八条の廃止論者だった。憲法九条を一条にすべきだと今も思う。しかし、弓削達さん（故人、元フェリス女学院大学長＝ローマ史）の、「いまそれを提起すると、前文と第九条が削除される憲法改悪になる」との指摘をうけて、憲法を完全擁護する立場になった。憲法改悪阻止は現在の最重要課題である。朝鮮への先制攻撃も辞さずという危険な世論ができつつある中で、今後どうすべきかを真剣に考える時だ。

以下は、私の憲法に関するメモである。

自民党の憲法改定案は自衛隊幹部が原案をつくった。戦争ができる国への転換は米国の要請。

憲法前文・九条について三つの流れがある。①現状の対米追随、米軍再編の中で米国の核の傘の下＝植民地状態の継続、②米軍基地撤退、独立国として国軍創立・徴兵制導入＝核武装検討・核兵器を持たない大国はない・国家予算の中で軍事予算が拡大、軍による政治への影響力の増大、軍需産業依存の経済体質、③現行憲法の精神をより発展させる・自衛隊をサンダーバード的な地震・災害などから市民を守る組織（水島朝穂早大教授が提言）に再編、世界の反核、非戦のリーダーに——という三つの選択肢だ。③が最も適切であることを訴えよう。護憲＝非武装中立こそもっとも現実的な選択である。

改憲論者は環境権、プライバシー権などが書かれていないというが、これらの諸権利は、権力や大資本に抗って行われた反公害闘争、報道被害者の闘いなどによって確立されてきた権利であり、それを支えてきたのが憲法だ。

「湾岸戦争で自衛隊を出さなかったことで大恥をかいた」というデマで、自衛隊の海外派兵を強行し、今度は「国連安保理常任理事国に入るためには憲法改定が必要」という大うそが語られている。しかし、日本のP5入りの最大の障害は、先にもふれた「旧敵国条項」である。

国連憲章の旧敵国条項（Ex-enemy clause）で、日本は今も「敵国」としての扱いを受けている。国連憲章は次のように規定している。《第53条　地域的取り決めに基づいて地域的機関が107条のもとでとる措置と旧敵国の侵略政策の再現に備えるためにとる強制行動には安全保障理事会の許可は不要》。同七七条・一〇七条にも敵国条項に関する規定がある。旧敵国に対しては、安保理決議なく武力攻撃が可能ということなのだ。日本はこの旧敵国条項をいまだに削除できていない。一九九五年一二月、憲章特別委員会はこの条項の削除、改正を総会に勧告したが、国連改革問題とからんで進展していない。また、朝鮮民主主義人民共和国（朝鮮）など侵略によって被害を受けたアジア太平洋諸国のなかには、日本の軍国主義復活を警戒する人々も少なくない。

■衆院通過で法案成立決定ではない

「〇〇が明日決まる見込み」「〇〇が今日決まる」「〇〇が決まった」。記者クラブメディアの政治報道はいつもこうだ。特定秘密保護法、集団的自衛権行使容認の閣議決定、日米新ガイドライン（安保条約の改悪）でもそうだった。戦後日本の最悪の違憲法案である平和安全関連法案（侵略戦争法案）の衆議院通過でも、政権側の広報役としての「ニュースの運び屋」（news porter）ぶりは変わらなかった。

ジャーナリストは、あらゆる情報をニュースにするときには、権力に懐疑的姿勢を持って、情報の中身、出てきた経緯を、歴史観を持って深く考察・詮索して伝える「ニュース吟味者」（news reporter）でなければばならない。報道記者の英訳である reporter という用語に「re」が入っているのは、そういう意味だ。政権の言いたいことをそのまま伝えるＮＨＫを筆頭とする記者クラブメディアの社畜記者は、国際基準のジャーナリストとしては失格なのだ。

ＮＨＫは七月一五日の特別委員会で法案が強行採決され、一六日に衆議院本会議を通過し、参議院に送られた時も、政治部記者とアナウンサーが、参院の議決がなくても衆議院で三分の二以上の賛成で再可決すれば成立する「六〇日ルール」を紹介し、「今国会で法案が成立する公算が大きくなった」と繰り返し伝えた。民放に出演する田崎史郎時事通信特別解説委員（安倍首相の〝鮨友〟・御用記者）らが、法案成立を前提に議論している。東京新聞を除く主要新聞各紙も法案成立は間違いない、と報じた。

日本の人民の反対の声が大きくなった場合、官邸・政権党が次の選挙を考え、法案を撤回する可能性は十分ある。報道各社の世論調査でも、反対の声が過半数で、政府の説明が不十分という意見は多数を占める。一七〜一八日に行われた世論調査でも、内閣支持率で「不支持」が「支持」を初めて上回った。

ＮＨＫは「有権者が法案に反対する運動を展開しなければ、今国会で法案が成立する公算が大きくなった」と報じるべきだった。

選挙民は数年に一度の選挙で、政権党に白紙委任状を渡すわけではない。特に、自公が勝った昨年末の選挙では、消費税、経済が争点になっており、安保問題はほとんど論議されていない。新国立競技場建設では、安倍首相が国民の声に耳を傾けたとして七月一七日、白紙撤回した（これは、二五二〇億円とされた建設費がさらに膨らみ、戦争法案で急降下している支持率を維持するための奇策だった。一部メディアは首相の「英断」と報じたが、建設費や維持費の膨張、工事の困難さが一年前から指摘されていたのに、安倍政権は見直しはしないと言い張ってきたという過去がばれてしまい、遅きに失したとの見方も広まり、メディ

ア も冷静な報道に変わった)。沖縄の辺野古新基地問題でも、政府は八月一〇日から九月九日まで一カ月間、工事中断を決めている。戦争法案も撤回すべきだ。

戦争法案の衆院特別委をほとんど中継放送しなかったNHKは、日本の立憲主義を蹂躙し、日本国憲法の非戦・平和主義を根底から覆す民主主義の存立危機であるにもかかわらず、特別委のことを三～五番目のニュースにすることも多かった。閣僚の迷走ぶりが伝わると困るからだろう。強行採決があった一五日の特別委の中継も放棄した。一六日の本会議は当初、中継の予定がなかったが、多数の視聴者からの抗議で、正午前に急きょ、中継を決めた。

私は七月二〇日、NHK広報部に質問した。広報部は七月二三日、ファクスでこう回答した。

「委員会の中継については、国民的関心が高い重要案件を扱う質疑であるかどうかに加えて、政治的公平性の観点から、各会派が一致して委員会の開催に合意することなども判断する際の原則としています。15日の特別委員会では、各会派がそろって委員会の質疑に応じることが決まったのは、当日朝に開かれた委員会直前の理事会であり、準備が間に合わないことなども踏まえて、総合的に判断しました。

16日の衆議院本会議については、国民の関心が高い重要法案であるため、午前11時からの議院運営委員会の理事会で、午後1時からの本会議の開会を申し合わせたことを受けて、台風11号関連のニュースとあわせて、特設ニュースとして放送することを決めました」。

テレビ放送は、自然災害など突発的な事象に対応するところに特長があり、「準備が間に合わない」というのは、中継しなかった理由には全くならない。

安倍首相が八月一四日に七〇年談話を決めた閣議後、NHKは午後六時からの会見を生中継、「ニュースウォッチ9」に首相を生出演させ、独演会のようだった。首相の広報、宣伝に徹している。

■安倍政権となれ合う新聞社

特別委での強行採決時、民主、共産両党の議員が激しく抵抗したとき、自公の議員たちは、起立の合図を送る中堅議員に促されて立ち上がった。無表情で、哀れなロボット、歯車だ。この法案を国民のためにどうしても成立させたいという熱意は全く感じられない。中谷元防衛相と横畠裕介内閣法制局長官ががっちり握手していた。

本会議での公明党議員の賛成演説は「日本が平和を維持できたのは、憲法のおかげではない。自衛隊のカンボジア派遣以降、国際社会で受け入れられたためだ。自衛隊が世界の平和の実現に貢献する法案だ」という内容だった。カンボジアで自衛隊が道路や学校を作ったのは事実だが、いま、現地には何も残っていない。途上国でインフラを整備するのは外務省所管のＪＩＣＡや政府開発援助（ＯＤＡ）で民間企業が担当できる。自衛隊派遣は、日本にあった自衛隊海外派兵に反対する声を消すためにだけに貢献した。その後、反動勢力は派兵基準を徐々に緩和して、二〇〇四年にはイラク戦争に派兵した。自衛隊が日本や世界で評価されるとすれば、自然災害などの緊急救助の能力だと思う。

私は公明党に抗議しようと一四日から一六日まで東京の公明党本部の代表電話に電話したが、話し中で全くつながらない。千葉県本部に電話したところ、対応した男性は「対案を示せ」「どこが違憲か言え」と私に迫った。市民の声を聞くという姿勢はゼロだった。公明党の支持団体である創価学会の初代会長は、治安維持法下で獄死している。公明党と支持団体の創価学会は、万死に値する罪を重ねている。

安倍首相は七月一五日夜、東京・赤坂のそば店「三平」で、老川祥一読売新聞グループ本社取締役最高顧問（元東京本社社長）らと約二時間食事をしている。強行採決の直後に安倍首相とトップが会食する新聞社は解散した方がいい。

朝日新聞の立松朗政治部長は、特別委採決に関し、中国の台頭を念頭に、「日本を取り巻く国際情勢が変わる中で、民主党、維新の党とも合意できる法改正を」と提言した。日米同盟を前提にした議論だ。

一方、日中首脳会談を模索する谷内正太郎国家安全保障局長は一六日、中国の楊潔国務委員（外交担当）と北京で会談し、同法案について「特定の国を対象にするものではなく、日本の平和国家の歩みには変化がない」などと説明した。

日帝の無条件降伏から七〇年。世界の人民と連帯し、中国と朝鮮半島の「脅威」を煽って軍国主義を進める安倍政権を打倒する時だ。

■山本太郎氏の問題提起を伝えない御用メディア

戦争法案を審議する参院特別委の集中審議で、安倍晋三首相らの答弁の迷走が止まらない。「弾道ミサイルも弾薬」「核兵器輸送も可能」「中国を脅威と見なしていない」「米イージス艦が単独で来ることはない」……。しかし、東京新聞を除く記者クラブメディアは、無知無能な閣僚の説明にならない説明を垂れ流し、根源的な批判を怠っている。

NHKは、自公よりファッショ的な次世代の党などの無意味な質疑を大きく報じたが、「生活の党と山本太郎となかまたち」の山本共同代表の七月二九、三〇両日の質疑はニュースで報じなかった。朝日新聞も七月三〇日朝刊に発言要旨を短く伝えただけで、重要な問題提起を伝えなかった。

山本氏は二九日の特別委で、「川内原発の原子炉が弾道ミサイルで攻撃を受けた場合、どの程度の放射性物質の放出を想定しているのか」と質問した。原子力規制委員会の田中俊一委員長は「ミサイルによって放射能が放出されるという事態は想定していない」と回答。首相も「発生する被害もさまざまで、一概に答えることは難しい」と述べた。

三〇日には、米英軍のイラク侵略時に、航空自衛隊がイラク全土で輸送したものは何か、と聞いた。山本氏は「政府は、国連など人道復興支援のための人員、物資の輸送と説明していたが、〇四年三月から〇八年一二月までの全記録では、全体で四万六〇〇〇人輸送した。国連関係者は六%で、約六〇%以上が米軍や米軍属だった」と指摘し、空自は戦争支援をしたのでは、と質した。首相はまともに答えられなかった。

また、「空自のイラクでの活動については、〇八年の名古屋高裁で憲法違反だという判決が確定している」とも指摘した。ところが、中谷防衛相は「同高裁判決で、損害賠償請求は法的根拠がないとして棄却され、国側が全面勝訴の判決だった」と答弁した。とんでもない司法判断無視だ。確かに、国は勝訴したが、高裁は空自の活動が憲法九条だけでなくイラク特措法にも違反していると認定し、判決は確定している。閣僚辞任にも値する暴言だが、防衛相を批判した主要メディアはない。

イラク戦争は誤った戦争だったという山本氏の指摘に対し、首相は「サダム・フセイン独裁政権は、かつては間違いなく化学兵器を持ち、それをイラン・イラク戦争で使用し、多くの自国民も殺した。それを、大量破壊兵器はないことを証明する機会を与えたにもかかわらず、実施しなかった。そこで、国連安保理決議によって正当化された」と答えた。首相は八月二五日にも参院で同じ見解を示した。

米英日によるイラク侵略・占領は、安保理決議に基づかない違法な先制攻撃であり、「開戦」の理由とされた大量破壊兵器はなかったこと、米情報機関が情報を捏造していたことが明白になっている。元英外相は謝罪した。英米も含め、イラク戦争について、こんな無茶苦茶な総括をしている政治家は日本以外にいない。

山本氏は「米英の片棒を担いだのは日本。その総括がなされずに、自衛隊をまた外に出す？　これ、総括必要ですよ」と質疑を締めくくった。

首相は、ほとんどの憲法学者が法案の違憲性を指摘していることについて、「憲法学者の六割は自衛隊違憲論者で、もともと自衛権も認めていない。残りの人も、法案の合憲性を理解していない」と答弁している。意味が分からない。自衛隊が違憲なら、自衛隊を廃止すべきだ。安保法制懇、新談話などでは、学者を集めて報告書を出させてアリバイ作りに使いながら、都合の悪い時には、学者には任せられないと言い放つのだ。

■安倍親衛隊の妄言も止まらない

安倍親衛隊の妄言も止まらない。礒崎陽輔首相補佐官は七月二六日、大分市内での講演で、戦争法案をめぐって「法的安定性は関係ない」と発言。礒崎氏は三日、特別委に参考人として呼ばれ、発言を撤回したが、首相は礒崎補佐官の更迭を否定した。ＮＨＫは参考人質疑を中継しなかった。

大西英男衆院議員は、七月三〇日に党本部であった原子力政策の会合で、原発再稼働に批判的なテレビ・コメンテーターについて、「各個撃破でいいから、ぜひ行って、みなさんの持っている知識を知らしめてください」と発言した。

武藤貴也衆院議員は三一日、戦争法案に反対するデモ活動を行っている「ＳＥＡＬＤｓ」の学生をツイッターで「彼ら彼女らの主張は『だって戦争に行きたくないじゃん』という自分中心、極端な利己的考えに基づく」と批判した。

自民党は七月八日、選挙権年齢を一八歳以上に引き下げることに合わせた主権者教育のあり方を首相官邸に提言している。提言は「学校における政治的中立性の徹底的な確立」を掲げて「教員個人の考えや特定のイデオロギーを子どもたちに押しつけるようなことがあってはならない」と明記。「政治的中立」を逸脱した場合は罰則を科せられるよう、教育公務員特例法の改正を求めた。「政治的中立性」の明確な定義や、誰がそれを判断するのかは盛り込まれていない。高校教員に「政治的中立」を求め、逸脱した場合は罰則を科すよう法改正を促すという内容だが、「中立」の定義がはっきりしない。

冨岡勉自民党文部科学部会長は安倍総裁に提言を渡した後、記者団に「罰則規定がないから、野放図な教員の政治活動につながるのではないか」と述べた。

戦争法案が、元A級戦犯被疑者の岸信介元首相を崇拝する安倍首相の個人的願望を実現するため、そして米国の命令に従って強行されようとしていることが明白になった。

安倍自公政権が法案成立を諦めないのは、読売、産経、日経、NHKなどの報道機関が法案支持だからだ。特に読売新聞の責任は重大だ。衆院での採決について、「強行採決」という言葉を全く使わなかった。七月一七日の社説は《日本の平和確保に重要な前進》と評価した。識者の見解を載せる時に、法案反対の学者を一度も登場させていない。読売新聞の世論調査での設問もすさまじい。《安全保障関連法案は、日本の平和と安全を確保し、国際社会への貢献を強化するために、自衛隊の活動を拡大するものです。こうした法律の整備に、賛成ですか、反対ですか》。露骨な誘導尋問にもかかわらず、調査結果は、賛成は三八％で反対が五一％だった。

■アジアで孤立する安倍歴史改竄主義

今年は大日本帝国崩壊から七〇周年に当たる。首相が八月一四日に発表した「戦後七〇年新談話」は、最低限の良心宣言である河野談話と村山談話を実質的に骨抜きにするものとなった。

安倍首相は八月一四日の臨時閣議で世界からも注目を集めていた安倍談話を閣議決定し、午後六時からの会見で公表した。私は八月一三日から一八日まで朝鮮民主主義人民共和国（朝鮮）の招請で、「朝鮮解放七十周年記念・日本代表団」（団長・日森文尋議長・元社民党衆議院議員、一一人）の一員（日朝友好京都ネット理事）としてピョンヤンにいたので、談話を読んだのは一九日だった。談話を読んで思ったのは、台湾・朝鮮の侵略・植民地支配を当時の国際法では合法だったと考え、米国など連合国とのアジア太平洋戦争については誤りと認めるという靖国反動派の歴史観を貫いたということだ。日本は「自存自衛」のため、そして「アジアの解放」のために戦争したという歴史観を維持しながら、安倍政権の支持勢力である日本会議（靖国派）、公明党（創価学会）と米国からの評価を最優先に、岡本行夫元外交官ら外務官僚たちが苦労して作文した談話である。

首相は村山談話にあった「植民地支配」「侵略」「痛切な反省」「お詫び」のキーワードを入れざるを得なかったが、「先の大戦」の歴史的経緯を説明し、歴代内閣が過去に表明した事実を記述する中で使うことにして、首相自身の言葉としては表現しなかった。むしろ、《日本では、戦後生まれの世代が、今や、人口の八割を超えています。あの戦争には何ら関わりのない、私たちの子や孫、そしてその先の世代の子どもたちに、謝罪を続ける宿命を背負わせてはなりません》と述べて、国策を誤まり、アジア太平洋諸国を侵略・強制占領した過去の清算は終わったと言いたいのである。

村山談話などにあった、侵略戦争の過去への痛切な反省と心からのお詫びのかけらも見られない。

首相は歴史改ざん主義者として、歴代内閣の歴史観を抹消して上書きをしてしまったのだが、メディアの関心が「キーワード」が入るかどうかだけに集中したため、世論調査で内閣支持率の向上をもたらした。

植民地支配の方法がまずかったため、欧米の帝国主義からの包囲網を敷かれて、やむなく第二次世界大戦に突入したという靖国・遊就館史観、大東亜共栄圏思想である。首相は、日帝が朝鮮などを「植民地支配」したことを認めたくないのだ。

首相は八月二四、二五日の参院特別委でも、台湾・朝鮮の武力併合、柳条湖事件に始まる「先の大戦」を侵略とは認めなかった。ほとんどの極右メディア・「文化人」や産経新聞が安倍談話を絶賛して高く評価しているのが、談話の本質を示している。

東条内閣におけるアジア侵略の工作責任者で元A級戦犯被疑者の祖父岸信介を尊敬する安倍首相とその取り巻き連中は、皇国史観、大東亜共栄圏の思想を受け継いでいる。しかし、日本が第二次世界大戦で二〇〇〇万人以上の無辜のアジア太平洋地域の人々を死に至らしめた歴史は消えない（『週刊金曜日』六月二五日号の慰安婦特集の拙稿参照）。それを否定する安倍グループの歴史観を、国際社会は容認しないだろう。メルケル独首相も訪日した時、講演で歴史問題の重要性を強調した。

六月二二日、安倍談話は閣議決定しない意向との報道がなされた（その後、閣議決定を経て発表されることに再修正）。それは「国策を過った」「侵略と植民地支配」「謝罪」を表明しないことへの、米国など連合国（国連、第二次世界大戦の戦勝国）からの批判を避けるための姑息な手段だったのではないか。

これに対し、村山富市元首相は、「世界中から注目を浴びている。総理個人の談話で出すとなれば、ますます（国際的な）疑念が深まるのではないか」と懸念を示した。六月二四日に大阪市内で開かれた、在阪報道各社などでつくる関西プレスクラブの定例会での講演と質疑で語った。村山氏は自身の談話を閣議決定した際は「もし閣議で通らなければ、総理をやめるということでやらせてもらった」と振り返り、「総理個人の談話では価値も意味もない。正式に閣議で決めて、出すなら出すとした方がいい」と述べていた（『自然と人間』二〇一五年六月号に村山氏と私との対談が載っている）。私は一三年一一月に発足した「村山談話を継承し発展させる会」の共同代表をつとめている。中韓メディアは私の見解をしばしば報道してきた。

「七〇年新談話」の有識者懇談会「二一世紀構想懇談会」の一六人のメンバーは、北岡伸一国際大学学長、中西輝政京大教授、白石隆政策研究大学院大学学長、岡本行夫外交評論家、宮家邦彦立命館大学客員教授（元外交官）らで、対米隷従・新自由主義の学者・評論家ばかりだ。マスコミ界から、飯塚恵子読売新聞アメリカ総局長、山田孝雄毎日新聞特別編集委員が選ばれ、八月六日、首相に対し報告書を出している。

ジャーナリズムとアカデミズムは自分たちの職業倫理に従い、安倍自公政治の危険性を見抜き、平和・非戦の東北アジアを実現するために警鐘を鳴らす時だ。

■植村隆さんの裁判闘争と連帯する

人権と報道・連絡会の第三〇三回定例会は、七月三一日、東京・水道橋の「スペースたんぽぽ」で開かれた。テーマは〈「慰安婦」報道と右派メディアの攻撃〉。元朝日新聞記者の植村隆さんが「私は、慰安婦捏造記者ではない。不当なバッシングには屈しない」と題して講演した。植村さんは不当攻撃に対し、今年一月九日、『週刊文春』の発行元と西岡氏を相手取って、東京地裁に名誉毀損の損害賠償訴訟を起こした。二月一〇日には、札幌地裁で、櫻井よしこ氏と『週刊新潮』『月刊Ｗｉ Ｌ Ｌ』『週刊ダイヤモンド』の発行元三社も提訴した。

植村さんは報告の中で、朝日新聞の「慰安婦報道第三者委員会」が一四年一二月二三日付で出した報告書を批判した。

「報告書は私の記事に関して、『縁戚関係を利する目的で事実をねじ曲げた記事が作成されたとは言えない』と、『捏造』を否定している。ただ、私の記事の前文について、『「女子挺身隊」と「連行」という言葉の持つ一般的なイメージから、強制的に連行されたという印象を与える』とした部分は承服できない。当時、みんなが『強制連行』と書き、私は『連行』としか書いていないのに、なぜ私が非難されなければならないのだろうか」。

▲…人権と報道・連絡会で講演する植村隆さん

植村さんは裁判を起こした理由をこう述べた。

「第一に、私や家族、大学に対する攻撃を止めるためには、司法の場で『私は捏造記者ではないこと』を証明する必要があると考えたからです。第二に、私の記事への攻撃は慰安婦問題をなかったことにしようとするものであり、勇気をもってつらい体験を告白した元慰安婦のおばあさんたちの尊厳を傷つけるものだからです。そして第三に、私への攻撃は言論の自由、報道の自由、大学の自治等、日本が戦後七〇年守り続けてきた民主主義に対する攻撃だからです。

今年は非常に大きい歴史の転換点です。この歴史の現場にいて、へこたれるわけにはいかない。私は捏造記者ではありません。不当なバッシングには屈しません」。

私は「朝日新聞が吉田清治証言に関する記事を取り消したことに大きな問題がある、と思っている。吉田証言がウソかどうかは、まだよくわかっていない」と話した。

■メディアとの会食で言いたい放題

菅・野田政権以降、権力と新聞界の間には、一七年四月の消費税一〇％への引き上げの際、新聞に軽減税率を導入するという密約がある。日本新聞協会は二〇一一年一月、新聞を無税・減税にしている欧米諸国に大調査団を派遣している。佐藤優氏が一五年六月一九日の東京新聞コラムで、山口那津男公明党代表とラジオ番組で対談したことを紹介し、新聞の減税を提言している。だがむしろ、増税そのものを阻止するべきだ。

安倍首相がメディア幹部やジャーナリストと会食を重ねているのは、他の先進国ではあり得ない。

日刊ゲンダイや週刊誌『ＦＲＩＤＡＹ』によると、安倍首相と同じ派閥の町村信孝前衆院議長の訃報が伝えられた六月一日も、安倍首相は新聞・通信社の官邸キャップと東京赤坂の赤坂飯店で懇談した。町村議長（同日午後二時過ぎに死亡）の訃報を聞いた後も、首相は記者との懇親会をキャンセルせず、普段と変わらない調子でビール、赤ワインを口にしたという。安保法制法案の国会審議に関して、議論は出尽くしており、審議はもう十分だと言い放ったという。後は「数の力」で、四月二九日の米議会演説で約束した「夏までの法案成立」へ向かうだけだという驕りだ。安倍首相は自分も属する派閥の長だった町村氏との思い出話を記者に語るわけでもなく、秘書が「そろそろ時間です」と促し、やっと弔問に腰を上げたというのである。『週刊現代』七月四日号の《スクープ入手！　戦争やる気満々安倍オフレコ発言ぜんぶ書く》によると、首相は戦争法案について「だいたい論点は出尽くしたでしょ。もう議論することなんかないのに」「（民主党の）岡田（克也代表）さんなんて、いつも同じことばっかり言っている。意味がないですよ」「あんな民主党はもう終わりだよ」と国会軽視の姿勢を裏付けるような発言を繰り返した。集団的自衛権に話が及んだとき、首相は「安保法制は、南シナ海の中国が相手なの。だから、やる（法案を通す）と言ったらやる」と言い切ったという。「米国と一緒に中国をやっつける」という本音が出た。この『週刊現代』記事には、日韓国交正常化五〇周年で、岸田文雄外相と韓国の尹炳世外相の会談が行われることになった際にも、安倍首相がこううそぶいたとある。「ほら、待ってれば韓国の方からアプローチしてくるんだよ」「慰安婦問題は三億円あれば解決できるんだ。でも、カネの問題じゃないからなあ」。

安倍首相のオフレコ発言が週刊誌に出るのは珍しい。

六月二四日の東京新聞《首相の一日》によると、首相は《23日午後7時19分、東京・銀座の日本料理店「銀座あさみ」。田崎史郎時事通信解説委員、島田敏男NHK解説副委員長ら報道関係者と会食。9時51分、東京・富ケ谷の私邸》とある。時事通信解説委員の肩書でテレビにでまくっている田崎氏は安倍氏を持ち上げており、醜悪。一四年九月、安倍氏と会食していることを隠さずに自慢し、TBS「ひるおび！」では、「政治家に胡蝶蘭を贈るのは、本人に迷惑。三〇ももらって、置くところがない。困って私にもらってくれと言われ、もらった。家で長く持った。贈るなら赤飯がいい。食事する時間もない」と言い放っていた。政治家から記者が三～五万円もする胡蝶蘭をもらっていることを悪いと思っていない。コメンテーターは、感心して聞いている。私はTBSに抗議した。田崎氏のようなことをするジャーナリストは米国では永久追放になる。

しんぶん赤旗によると、首相は戦争法案審議入り一カ月で財界・マスコミ・橋下大阪市長などと計一五回会食している。

《「自衛隊員のリスクは当然増える」と平然といい、「戦争する国づくり」に暴走する安倍晋三首相。その一方で、「戦争法案」審議入り以降、東京・銀座の日本料理店や赤坂の居酒屋などで、財界人やマスコミ関係者らとひんぱんに会い、15回にのぼる飲み食いを重ねています。

戦争法案が審議入りした5月26日、安倍首相は、東京・代官山のイタリア料理店で、ANAホールディングスの伊東信一郎会長らと会食。

共産党の志位和夫委員長が、衆院特別委員会で、首相をきびしく追及した27日、28日には、マスコミ幹部や、側近らと日本料理店やステーキ店で会食するなど豪遊を繰り返しています。

マスコミ関係者とは、125万件にのぼる年金情報流出が明らかになった6月1日にも赤坂の中国料理店で、内閣記者会加盟報道各社のキャップと会食。

ドイツでのG7出席をはさんで、財界人らとの会食を〝精力的〟に再開。11日には、精神科医らでつくる首相の後援会「晋精会」と丸の内のホテルでの会合に出たあと、紀尾井町の料亭で歴代経団連会長らと会食しています。

「戦争法案反対」の国会包囲行動と、若者の「渋谷デモ」がおこなわれた14日には、維新の党の協力をとりつけたいのか、同党最高顧問の橋下徹・大阪市長と虎ノ門のホテルで3時間にわたって会食しました。15日夜には、内幸町のホテルで経済同友会幹部と会食しています。

ふたたび3万人が国会を包囲した24日には、マスコミ各社の論説委員らと銀座の日本料理店で会食。25日には、六本木の豚料理店へ。
この間、年金情報流出だけでなく、鹿児島県・口永良部島噴火や小笠原地震など、「国民の安全と安心」をめぐって重大事態が相次いでいるにもかかわらず、首相は、ほぼ2日に1回の飲み食い。どっちを向いた政治をしているかは、明らかです。》
一五年度の政府広報予算は八三億四〇〇〇万円で前年度比二七・七%アップだ。野田政権時の二倍になっている。

■御用メディアと闘わなければならない

最近テレビやラジオによく出演し、市民集会でも講師を務めている青木理氏（元共同通信記者）は、七月一四日のTBSラジオの「デイキャッチ」で、新聞、放送局の経営者が安倍晋三首相と会食していることについて、「会社のトップが首相と食事をしているようでは、政権批判ができなくなる」と批判した上で、「記者が食事をするのはいい」とも述べた。しかし、安倍首相の各社論説・解説委員、官邸クラブキャップ、著名ジャーナリストとの会食も民主主義国にはない悪習である。メディア記者との会食は高級料理店で二、三時間に及ぶ。編集幹部が首相と昵懇の中では、一線の記者の筆が鈍ることも考えるべきだ。

戦争法案を強行採決した七月一四日、安倍首相は午後六時三七分、報道各社のインタビューを受けた後、六時四四分、東京・赤坂のそば店「三平」で、老川祥一読売新聞グループ本社取締役最高顧問（元東京本社社長）、洋画家の絹谷幸二氏らと食事をして、午後八時五六分、東京・富ケ谷の自宅に帰っている。渡辺恒雄読売会長の側近と、採決の祝杯をあげたのだろうか。

首相にも大新聞社の幹部にも自由はある。しかし、節度とか倫理もあるはずだ。

東京の学士会館で七月二〇日に開かれた「安全保障関連法案に反対する学者の会」（八月二六日現在、一万三五〇七人）、「学者一五〇人会見」に私も参加した。ノーベル物理学賞受賞者の益川敏英氏は「安倍首相に鉄槌を下し、安倍政権を退陣に追い込もう」と訴えた。

高山佳奈子京都大学教授（刑法）は岩上安身氏が主宰するＩＷＪのインタビューにこう述べた。「首相と夕食会というのをマスメディアの要職の方々が何十回も繰り返している。圧力をかけたり、それから裏取引をしたりということは、場合によっては『刑事罰の対象になる行為』である。『業務妨害罪』であるとか、あるいは民間の『贈収賄罪』というような犯罪類型もある」と述べている。「No Nukes 原発ゼロ」のサイトで読める（http://no-nukes.blog.jp/archives/8265313.html）。

企業メディアの社員たちが今やっていることは犯罪なのだ。

岩上氏は会見で「メディアへの圧力について。この間、たいへん強いものがあった。またメディアも非常に偏向報道があった。ＮＨＫは国会審議をろくに報じませんでした。こうしたことについて、メディアや官邸に対して、学者の会として申し入れをする予定はあるか」と質問した。これに対し「学者の会」呼びかけ人であり、事務局長をつとめる学習院大教授（教育学）の佐藤学氏は、「すべてのメディアに対し、正当な報道をするよう働きかけていく」と言うにとどめていた。

会見終了後、私は岩上氏に「岩上さんの質問、良かったですね。私が答えたいと思い手を挙げたが、指名されなかった」と言うと、岩上氏は「スルーされてしまいました」と答えた。岩上氏は「今、中継中なので、取材させてください」と述べ、インタビューが始まった。

私は、衆院特別委での強行採決の夜、安倍総理が読売新聞の老川祥一前社長と会食したことを紹介。「そういうことは一切やめなければいけないし、我々『学者の会』は『もうちょっとメディアに報道してほしい』とお願いする姿勢ではなく、御用メディアと闘わないといけない」と話した。

「『参議院で通る公算大』というNHK報道があった。それで、みんなが諦める。私は『人民が闘わなければ（法案は）通る』というふうに言うべきだと思う。国民が闘えば覆るわけだ。これは国立競技場の問題でもはっきりした。

記者クラブの問題がある。今日も全然来ていない。良心的なメディアを育てていくことも必要だ。IWJの仕事、報道ステーション、報道特集、サンデーモーニングとか、東京新聞も頑張っている。そういうところを激励することは絶対に必要だ」。

「今日も、メディア、ジャーナリズム学の学者がほとんどいない。同志社大学でも、村田晃嗣同志社大学長に対する批判声明を出したんだけど、メディア学科の教員はゼロ。八人いるが、誰も賛同していない。メディア学の研究をやっている人間のほとんどが、マスコミのOB幹部。日本マス・コミュニケーション学会も戦争法案で何もやっていない。昔の新聞学会はこういう時には必ず反対した。それが最近は、『一切政治に関与しない』『中立を守る』とか言っている。

今こそジャーナリズムがどうあるべきか問われている。逆に言えば今、ジャーナリストが一番輝けるとき。ジャーナリストの働きがもっとも今、求められている。人民の声に応える記者が増えてほしい」。

■問題だらけのマスメディア

日本のマスメディア（新聞、放送、雑誌）には多くの問題があるが、政治報道の他、刑事事件にかかわる報道は問題だ。捜査段階で犯人探しをしてしまう。警察情報を垂れ流し、逮捕の段階で犯人扱いし、記者が警察記者クラブで育成される、権力者と親しくなって情報をとるというスタイルが政治経済報道の姿勢にもなっている。

日本にしかない「記者クラブ（kisha club）制度」（一九三〇年代の治安維持法下で現在の形になった）の完全廃止を私はずっと訴えてきた（拙著『記者クラブ解体新書』＝現代人文社＝参照）。メディアは日本の権力の「鉄の六角錘」の一つ。東京の大企業メディア社員は、ジャーナリストというより、まさに国家公務員1種（報道職）のようではないか。

メディアは司法の民主化に向けて市民を啓蒙すべきなのに、当局と一体となって、市民いじめ。権力に介入させないで、メディア倫理を確立するという困難な作業が不可欠になった。

戦争法案の衆議院採決を数日後に控えた七月一二日、鹿砦社主催の松岡利康社長弾圧一〇周年シンポが西宮市で開かれた。シンポでは、青木理氏と一水会顧問の鈴木邦男氏が講演した。二人は、安倍政権打倒、侵略戦争法案阻止の行動の提起をせず、まさに評論家としての話ばかりでがっかりした。

シンポの最初に、松岡さん逮捕から有罪判決までの地元サンテレビのニュースが上映され、永谷和雄記者の取材を受けている私のコメントが二回出た。その中で私は、「大手の報道機関の幹部や記者が名誉棄損で逮捕・起訴されたら大騒ぎするのに、地方の出版社の社長の身柄拘束を問題視しないのは、おかしい。明日は我が身というセンスが必要だ」「表現、出版活動の内容で、支援するかしないかを決めるのは問題。権力からの弾圧は、弾圧されたメディアの思想信条に関係なく、ジャーナリズムへの威圧、抑圧と捉えて支援すべきだ」などと強調していた。私は、「浅野ゼミin西宮」として一四年の一年間、六回の対論を行った記録を、この八月に『冤罪とジャーナリズムの危機』として鹿砦社から出版している。

青木氏は講演前、鹿砦社関係者に、「浅野さんに本で批判された」と話したそうだ。仙台で行われた死刑関係の集会で、私が講演した後の討論で、青木氏が被疑者・被告人・囚人の「実名」は不可欠だと述べ、死刑を扱った著書でリアリティのために死刑囚の実名を出したかったが、本人が匿名を望んだので残念だが従ったという主旨のことを言ったので、批判した。青木氏は同じことを本にも書いている。

ジャーナリスト同士が、意見が違えば相互に指摘するのは当然だと思う。青木氏は共同通信の後輩で、第一作『日本の公安警察』(講談社現代新書)は日本の公安警察の実態を明らかにした名著で、ソウル特派員時代の活躍も尊敬している。いい仕事をしている気鋭の記者で、将来を楽しみにしている。旧知の青木氏に久しぶりに会ったので、「批判は、あなたが言っていることが間違っていると思ったからした」と伝えた。

この日のシンポでは、菅家利和さんへの問題発言もあった。青木氏は対論での「冤罪の被害者は、地元で嫌われているワルだった人が多い」という鈴木氏の発言を受けて、足利事件の菅家さんのことを出した。「ワル」にも人権があるという前提に私は立つが、菅家さんは、「ワル」では全くなく、純朴な保育園バス運転手だった。同僚の西巻糸子さんが支援を始めたのは、子ども好きの菅家さんが子どもを殺すはずがないと思ったからだ。また、青木氏は袴田巖さんのことを、四七年間も死刑囚として拘束されたのはギネス記録だと何度も言及していたが、静岡地裁の一四年三月の再審開始決定に対し、検察が不当にも即時抗告した結果、釈放から一年四カ月近くなるのに、いまだに再審裁判が始まっておらず、死刑囚のままにしている検察の暴力性についての言及はなかった。

■今こそジャーナリズムの出番

ジャーナリストになるということは、どういうことなのか。最後に、ジャーナリズムの使命と責任とは何かを考えてみたい。

ジャーナリズムの語源はラテン語のdiurna（日々の。英語ではdaily）で、日々の記録という意味。高橋哲哉東大教授によると、jourはフランス語で「一日一日」であり、「光」。すなわち「近代の光」、啓蒙の光。（『DECENCY』九号、一八五ページ）。

ジャーナリズムは、時事的な事実や問題の報道・論評の社会的伝達活動と定義される。ニュースを収集し、選択し、解説し、そして継続的・定期的に伝達する行為である。生起した出来事の中から、市民の次の行動決定のために必要な事実や議題をピックアップして、できるだけ早く、できるだけ広く伝える。

ジャーナリストは、主体的、積極的に現実を把握し、表現することを任務としてジャーナリズム活動を行う。専門にジャーナリズム活動を行うものが職業的ジャーナリストと呼ばれる。職業的ジャーナリストが持っている諸権利は、市民一人ひとりが持っている権利と全く同等である。ジャーナリストの活動は「表現の自由」を基盤にしている。表現の自由は基本的人権の一つである。人権の中でも最も重要なものだ。自由にものをいう権利は人類が長い年月をかけて闘い取った権利である。

私の友人である日本在住のフリージャーナリスト、ブライアン・コバート氏が紹介した米国のジャーナリストの役割として挙げられている六点を参考に、ジャーナリストの責務を考えてみたい（詳しくは浅野健一編『英雄から爆弾犯にされて』三一書房、第九章を参照）。

①ジャーナリストは民主主義社会において権力を監視する。治安の維持、犯罪の防止などは統治者（政府）の責任であり、ジャーナリストの第一義的な仕事ではない。知る権利を代行するのがジャーナリストと言ってもいい。日々の仕事が忙しい市民の委託を受けて、権力を監視するのが主な任務である。当局、当局者に対して健全な懐疑的姿勢を常に持つこと。従って報道の自由は極めて政治的な権利と考えられる。

②社会の中で起きている森羅万象の出来事から、人民が知るべき情報を取捨選択して取材し、できるだけ客観的に伝える。

③社会の中で解決すべき問題を選び、議題を設定し（agenda setting）解決の道筋を示す。社会の中で起きている矛盾などから距離を置いて伝えるだけではなく、社会の一部として前向きな改革を目指す。

④声なき声の代表となること。自分では社会に訴える手段や能力に欠ける障害者、少数者（マイノリティ）の声をすくい上げ、探し、伝える。

⑤情報の自由な流れを促進する。しかも倫理的に伝達しなければならない。

⑥一般市民の信頼と尊敬を獲得すること。市民の支持を得て活動すべきで、市民の権利を傷つけたり被害を与えてはいけない。

ジャーナリズムと市民との関係では、ジャーナリズムが本来果たすべき権力チェックと、市民が求める娯楽・センセーショナリズムという二つの側面がある。世界のメディアの多くを支配しているマードック財閥は、面白くて売れればいいという後者の機能を最優先させている。本来のジャーナリズム機能が、商業主義に脅かされているという構図を見ることができる。

また、B・コヴァッチとT・ローゼンスティールは「ジャーナリズムのそもそもの目的は、市民の自由、そして自治に必要な情報と市民に提供することである」と述べる。そして、この目的を達成するための課題として以下のような九つの項目を提示した。

①ジャーナリズムの第一の責務は真実を伝えることにある。
②ジャーナリズムは第一に市民に忠実であるべきである。
③ジャーナリズムの真髄は検証という作業を本義にすることにある。
④ジャーナリズムに従事するものは、その対象から独立しなければならない。
⑤ジャーナリズムは独立した権力監視役として機能すべきである。
⑥ジャーナリズムは批判や妥協が公的に行なわれるために場を提供しなければならない。
⑦ジャーナリズムは、重要な出来事を人々の利害や関心と関連させて報道するように努力しなければならない。
⑧ジャーナリズムは、ニュースを包括的に、かつバランスを考えて報道しなければならない。
⑨ジャーナリズムに従事するものには、自らの良心に従って行動する自由がなければならない。

戦争を止め、人権を守るのがジャーナリストの役目。「ペンで戦車を止める」。二度と従軍記者になってはならない（拙著『天皇の記者たち　大新聞のアジア侵略』参照）。ジャーナリズム、ジャーナリストにとって正念場、最も生きがいのある時でもある。

いろんな言論があってもいいが、地球は回っておらず天が回転しているだとか、白人は有色人種より優秀、女性は家で子供を育てるべきだなどという言論は、絶対に許されない。天皇を神格化している「識者」は徹底的に糾弾しなければならない。

いま、本気で権力に対峙しなければならないときだ。皇国史観、ファシズムは根絶やしにしなければならない。孤立を恐れず、連帯を求めて私は闘う。人間の尊厳を求める社会は、研ぎ澄まされた知性の積み重ねでしか、実現しないと思う。

I○ 安倍政権とメディアの結託

▲…国会記者会館

▼…ソウル・水曜集会で挨拶する著者

安倍自民党「勉強会」の暴言

■「マスコミを懲らしめる」

インドネシア・スハルト軍事政権による言論弾圧で一九九四年に国外追放された経験のある私にも、安倍晋三首相に近い衆参両院議員三七人が六月二五日、東京・永田町の自民党本部で勉強会を開き講師と一緒になって発した「言論の暴力」には耳を疑った。

朝日新聞によると、「文化芸術懇話会」と銘打った勉強会は作家の百田尚樹氏を講師に開かれた。百田氏は報道陣に公開した冒頭で「反日とか売国とか、日本をおとしめる目的で書いているとしか思えない記事が多い」と発言、議員たちは「そうだ!」と盛り上がったという。

参加三七議員の半数以上が首相の出身派閥の細田派に所属し、三二人が靖国神社での国家儀礼の確立や新憲法制定を訴える「神道政治連盟国会議員懇談会」(安倍首相が会長)の会員だ。

講演後の質疑応答で、大西英男衆院議員(東京一六区)は「マスコミを懲らしめるには、広告料収入がなくなるのが一番。日本を過つ企業に広告料を支払うなんてとんでもないと、経団連などに働きかけしてほしい」。井上貴博衆院議員（福岡一区）が「福岡の青年会議所理事長の時、委員会をつくってマスコミをたたいた。日本全体でやらなきゃいけないことだが、テレビのスポンサーにならないのが一番こたえることが分かった」と続けた。

その後、長尾敬衆院議員（比例近畿ブロック）が沖縄タイムス、琉球新報を名指しし、「沖縄の特殊なメディア構造をつくったのは戦後保守の堕落だ。沖縄の世論はゆがみ、左翼勢力に完全に乗っ取られている」と主張。これに応える形で百田氏が「沖縄の二つの新聞社は絶対つぶさなあかん」と述べた。百田氏は「左翼は沖縄に基地があるから、米兵が沖縄の女の子を強姦すると批判するが、データ的にいうとひどいウソだ。米兵が犯したレイプ犯罪よりも、沖縄県全体で沖縄人自身が起こしたレイプ犯罪の方が、はるかに率が高い」と続けた。

この勉強会での暴言について、琉球新報編集局長は二六日のテレビ取材に「日本は民主主義国家なのか」と問い掛け、「維新の党」の今井雅人政調会長が「こういうやからがいる党は、言論統制をする独裁政党」と断じたが、本質を衝いていると思う。

■言論への執拗な攻撃

ちょうどこの勉強会が行われた時間帯、私は自民党本部に近い衆議院第一議員会館大会議室で開かれた「九条連」の集会で、半田滋東京新聞論説委員と共に、安倍政権の言論統制について講演していた。講演で私は次のように安倍政権による報道統制を批判した。

安倍首相は一二年末以降、読売新聞、フジ・産経系メディアを優遇し、安倍氏を擁護する論説委員、官邸キャップや有名ジャーナリストと三十数回会食を繰り返している。一五日付の各紙に掲載された「首相動静」によると、昨晩（つまり勉強会の前夜）も首相は、東京・銀座の日本料理店「銀座あさみ」で、朝日新聞の曽我豪編集委員、毎日新聞の山田孝男特別編集委員、読売新聞の小田尚論説主幹、日本経済新聞の石川一郎専務、ＮＨＫの島田敏男解説副委員長、日本テレビの粕谷賢之メディア戦略局長、時事通信の田崎史郎解説委員と約三時間食事している。首相は総選挙の開票から二日後の昨年一二月一六日夜にも、東京・西新橋のすし店でこの七人と会食している。

朝日の曽我編集委員は《最高権力者である総理大臣がどういう思いで政治をしているかを確かめる取材機会》（一五年一月一四日の朝日新聞）と釈明した。なぜ取材するときに豪華な食事とアルコールが必要なのか。先進国で、政権トップと特定のジャーナリストがこれほど頻繁に高級飲食店で会食する国はない。

四月二〇日に行った月刊『自然と人間』の対談で村山富市元首相に「首相と記者の会食」について聞いたところ、「呼ぶ方も悪ければ、呼ばれて出かけて行く方も悪い。村山政権の時には、全然そんなことはしたことはなかった。必要ないもの」と言っていた。

『週刊ポスト』五月八・一五日号によると、安倍氏は一三年一月七日から一五年四月六日まで、計五〇回、高級飲食店で食事を共にしている。メディア幹部が政権幹部と飲食したり、ゴルフをしたりする風景は他の先進国にはない。

自民党の情報通信戦略調査会は四月一七日、テレビ朝日とＮＨＫの経営ナンバー2を呼び出し、個別番組の内容について異例の事情聴取を行った。テレビ朝日は「報道ステーション」での、元経産省官僚・古賀茂明氏の発言、ＮＨＫはヤラセ疑惑が指摘されている「クローズアップ現代」が問題にされた。日刊ゲンダイ

表① 安倍首相とマスコミ関係者の「夜の会食」

年	日付	出席者
2013年	1月7日	渡辺恒雄（読売新聞会長）
2013年	1月8日	清原武彦（産経新聞会長） 熊坂隆光（産経新聞社長）
2013年	1月10日	報道関係者
2013年	2月7日	木村伊量（朝日新聞社長）
2013年	2月14日	清原武彦（産経新聞会長）
2013年	2月15日	石川聡（共同通信社長）
2013年	3月8日	喜多恒雄（日本経済新聞社長）
2013年	3月13日	報道関係者
2013年	3月15日	日枝久（フジテレビ会長）
2013年	3月22日	早河洋（テレビ朝日社長）
2013年	3月28日	朝比奈豊（毎日新聞社長）
2013年	4月4日	田崎史郎（時事通信解説委員） 小田尚（読売新聞論説委員長） 曽我豪（朝日新聞政治部長）
2013年	4月5日	大久保好男（日本テレビ社長）
2013年	5月7日	西沢豊（時事通信社長） 田崎史郎（時事通信解説委員）
2013年	5月8日	渡辺恒雄（読売新聞会長） 大久保好男（日本テレビ社長）
2013年	5月14日	小出宣昭（中日新聞社長） 長谷川幸洋（東京新聞論説副主幹）
2013年	5月15日	渡辺恒雄（読売新聞会長）
2013年	6月20日	大石剛（静岡新聞社長）
2013年	7月1日	飯塚恵子（読売新聞論説委員）
2013年	7月22日	木村伊量（朝日新聞社長）
2013年	7月24日	報道関係者
2013年	8月18日	日枝久（フジテレビ会長）
2013年	8月22日	福山正喜（共同通信社長）
2013年	9月10日	渡辺恒雄（読売新聞会長）
2013年	12月2日	渡辺恒雄（読売新聞会長）
2013年	12月16日	田崎史郎（時事通信解説委員） 山田孝男（毎日新聞編集委員） 曽我豪（朝日新聞政治部長）
2013年	12月19日	渡辺恒雄（読売新聞会長）
2013年	12月20日	清原武彦（産経新聞会長） 熊坂隆光（同社長）
2014年	1月17日	渡辺恒雄（読売新聞会長） 白石興二郎（読売新聞社長）
2014年	1月29日	日枝久（フジテレビ会長）
2014年	2月3日	朝比奈豊（毎日新聞社長）
2014年	2月18日	清原武彦（産経新聞会長） 海老沢勝二（NHK元会長） 広瀬道貞（テレビ朝日元会長）
2014年	3月27日	福山正喜（共同通信社長）
2014年	4月17日	山本治朗（中国新聞社社主兼会長） 川崎隆生（西日本新聞社長）
2014年	4月28日	日枝久（フジテレビ会長）
2014年	5月8日	永原伸（読売新聞政治部長）
2014年	5月13日	大久保好男（日本テレビ社長）
2014年	5月15日	田崎史郎（時事通信解説委員） 山田孝男（毎日新聞特別編集委員） 曽我豪（朝日新聞編集委員）
2014年	6月18日	西沢豊（時事通信社長） 田崎史郎（時事通信解説委員） 渡辺祐司（時事通信社長室長）
2014年	6月20日	橋本五郎（読売新聞特別編集委員） 山田孝男（毎日新聞特別編集委員）
2014年	7月4日	早河洋（テレビ朝日会長兼最高経営責任者） 吉田慎一（テレビ朝日社長）
2014年	7月19日	熊坂隆光（産経新聞社長）
2014年	8月11日	加藤清隆（時事通信解説委員）
2014年	8月17日	日枝久（フジテレビ会長）
2014年	8月19日	日枝久（フジテレビ会長）
2014年	10月31日	福山正喜（共同通信社長） 小田尚（読売新聞専務・論説担当） 樫山幸夫（産経新聞論説委員長） 諸星衛（NHKインターナショナル特別主幹）
2014年	12月16日	田崎史郎（時事通信解説委員） 山田孝男（毎日新聞特別編集委員） 曽我豪（朝日新聞編集委員） 小田尚（読売新聞論説主幹） 石川一郎（日本経済新聞常務） 島田敏男（NHK解説委員） 粕谷賢之（日本テレビ解説委員長）
2015年	2月5日	渡辺恒雄（読売新聞会長）
2015年	3月19日	田中隆之（読売新聞政治部長）
2015年	4月6日	朝比奈豊（毎日新聞社長）

※首相動静より作成。肩書きは当時

▲…『週刊ポスト』2015年5月8・15日号

の報道によると、平河クラブ（自民党）のブリーフィングで、調査会会長の川崎二郎元厚労相は「停波の権限まであるというのが放送法。真実を曲げた放送がされるなら法律に基づいてやらせてもらう」と言及したという。電波の停止は放送局には死刑判決に等しい。

自民党がこうした露骨な言論弾圧を繰り返していることに対し、報道界全体は断固とした抗議をしていない。

検察の国策捜査で党代表の小沢一郎氏を失った民主党が自己崩壊して、再登場した安倍晋三首相に対し、記者クラブメディアはあまりに甘く、弱腰だった。株価が上がるだけで実体経済は停滞したままなのに、「アベノミクス」なる意味不明の珍語で政権を擁護し、大義なき総選挙での圧勝を下支えした罪を忘れてはならない。

東京のメディアは政治家としての安倍氏が元A級戦犯被疑者の祖父岸信介元首相を敬愛し、一九九七年に設立された「日本の前途と歴史教育を考える若手議員の会」事務局長で、中学校の歴史教科書から「慰安婦」記述を抹消させ、教育基本法を改悪したことを積極的に伝えていない。安倍氏は「日本会議国会議員懇談会」の特別顧問で、安倍内閣の閣僚のほとんどが「日本最大の右派組織」（東京新聞）である日本会議のメンバーである。

米紙ニューヨークタイムズのマーティン・ファクラー東京支局長は安倍首相の訪米前の四月一五日の《安倍氏と歴史》と題した論説で、「（中国と韓国での残酷な占領と残虐行為、日本軍性奴隷が含まれる）この歴史はもうこれまでに決着されているべきだった。しかし、決着されていないのは主として安倍氏と同氏の右翼政治屋同士たちの責任である。彼らは、歴史を勝手にいじり、そして書き直しを試み、アジア地域の緊張を煽っている」と書いている。

ところが日本外務省は海外の東京特派員の書いた安倍首相批判の記事について、新聞社の本社に出向いて抗議するなどの言論規制を繰り返している。

――以上のような話を、私は約二〇〇人の聴衆を前に行った。

■メディアをなめている安倍首相

安倍首相は二六日の衆院特別委員会で二五日の勉強会について、「私的な勉強会で自由闊達な議論がある」「発言者のみが責任を負う」などと釈明した。また、首相は「言論の自由は民主主義の根幹であり、尊重している」と述べた後、「今後、自民党が誤解されることがないようにしっかりと襟を正し、報道の自由は守りながら主張すべきことは主張していきたい」と述べた。

勉強会で展開されたメディア批判は「言論の自由」の行使ではなく、日本国憲法第二一条に違反する言論統制であることが首相には理解できない。テレビは国の免許事業であり、放送法に縛られている。「一強」の政権党の幹部が報道の在り方について「主張」すること自体が、自由な言論を抑圧することにつながりかねない。憲法が保障する表現(報道)の自由は、権力の監視を第一目的とする。権力を持つ政治家が報道機関を委縮させるような言動をしてはならない。

一七八九年のフランス革命で人類が獲得した人民主権、国家と市民の関係、立憲主義などの人権と民主主義の原理原則を理解できない安倍氏と彼の取り巻き連中は、言論の自由は権力の監視のためにあり、権力者による言論弾圧を「検閲」として禁じていることが理解できないのだ。

そもそも安倍氏自身がかつてNHKに対して検閲を行っていた。それが不問にされているため、メディアをなめているのだ。

安倍首相が官房副長官だった二〇〇一年一月、日本軍慰安婦問題を裁く「女性国際戦犯法廷」を取り上げたＮＨＫ「ＥＴＶ特集」番組が製作された。安倍氏はこれに対し、放送直前にＮＨＫ理事を官邸に呼び、「公正・中立にやってほしい」と注文を付け、番組を改変させた。ＮＨＫが政治家の言葉を忖度して番組を改変したことは、市民団体がＮＨＫ相手に起こした民事裁判の東京高裁確定判決で認定されている。安倍氏の言動は、憲法で禁止されている検閲に当たる。ところが、朝日新聞は、安倍氏らがＮＨＫに圧力をかけた事実を報じた本田雅和・高田誠両記者らの〇五年一月のスクープ記事について、一部書き過ぎがあったなどと表明し、安倍氏の復権を許した。安倍氏はこの検閲事件で政界から永久追放されるべきだった。

安倍首相は一四年一〇月九日の衆議院予算委員会で、「かつて中川さん（故中川昭一議員）と私がＮＨＫの番組に圧力をかけたという朝日新聞の報道があったが、そんなものはなかったことが明らかになった」と発言している。この問題では、番組のデスクだった長井暁さんの「涙の記者会見」で、安倍氏らから圧力があったことが明らかになっているのに、国会でウソをついているのだ。

■完全な開き直り

安倍首相は、勉強会での暴言に関し責任を認めなかったが、自民党の谷垣禎一幹事長は二七日、懇話会代表の木原稔党青年局長を一年の役職停止に、問題発言をした議員三人を厳重注意とした。

ところが、処分を受けた大西衆院議員は六月三〇日、国会内で報道陣に囲まれて、「（発言に）問題があったとは思わない」「『がんばれ』『よく言ってくれた』という激励の声が多い」と発言。「誤った報道をするマスコミに対して、広告は自粛すべきだ」とも語った。また、懇話会で「沖縄の世論はゆがみ、左翼勢力に完全に乗っ取られている」と話した長尾衆院議員も同日、朝日新聞の取材に対し、「『左翼勢力』という表現は不適切。処分は慎んで受ける」と話す一方で、「沖縄メディアは基地反対運動の反社会的行為を報じていない」と持論を述べた。

百田氏も自身のツイッターで「私が本当につぶれてほしいと思っているのは朝日新聞と毎日新聞と東京新聞だ」と述べた。百田氏は大阪府出身で同志社大学中退。放送作家として人気バラエティー番組「探偵！ナイトスクープ」（朝日放送）などを手がけ、二〇〇六年に「永遠の０」で作家デビュー。一三年一一月～一五年二月、安倍政権の選任でＮＨＫの経営委員を務めた。一二年の自民党総裁選前に「安倍首相を求める民間人有志による緊急声明」に発起人の一人として名を連ねるなど、首相の熱心な支持者として知られ、首相との共著もある。

安倍首相は沈黙を守っていたが、七月一日に公明党の山口那津男代表と面会し、「いろいろご迷惑をおかけして大変申し訳ない」と陳謝した。沖縄県民や国民に謝らないで、公明党にだけ陳謝するのは全く理解不能だ。

首相は七月三日の安保特別委員会で「党本部で行われた勉強会だから、最終的には私に責任があると述べた。首相は一連の暴言について「大変遺憾で、非常識。国民の信頼を損ね、看過できない」と語り、沖縄県民に対しては「気持ちを傷つけるとすれば、申し訳ない」とも述べた。しかし、報道機関に対しては、「本当に委縮しているなら恥ずかしい」と言い放った。

議員たちの暴言が沖縄の人々を傷つけたことは間違いないのに、「とすれば」と留保を付けるところに、この政治家の愚かさが出ている。事態の深刻さを理解していないのだ。問題発生から八日後の「陳謝」だったが、政局を睨んでの発言で、心の底から反省しているとは到底思えない。

「沖縄の新聞社はつぶせ」「マスコミを懲らしめるには広告がなくなるのが一番」などの暴論は、安倍氏グループの体質、姿勢から出ているのである。

■企業による広告拒否の圧力

企業が広告拒否で放送局を脅すということは実際にあることも明確にしたい。近畿の準キー局である毎日放送が二〇〇八年一〇月一九日に放送したドキュメンタリー番組「映像'08なぜ警告を続けるのか　京大原子炉実験所・〝異端〟の研究者たち」では、京都大学原子炉実験所で反原発を貫く小出裕章助教（一五年三月末退官）ら「反骨」の学者六人を取り上げた。毎日放送の元ディレクターによると、放送翌日に、関西電力の向井利明副社長が毎日放送会長へ電話をかけて抗議。毎日放送の営業担当がすぐに関西電力に事情説明に出向いた。関西電力は一年間、毎日放送のスポット広告のCMを約二〇％減らした。毎日放送広報部の岸本文利氏（現、広報・コンプライアンス室部長）は一一年六月八日、私の取材に対して、会長が電話を受けたとか、営業担当者が関電に出向いたという事実に関し、「（その）事実はない」と回答した。また岸本氏はCMカットについて、「当社は個別企業のCM出稿量について開示することはいたしておりません」と回答した。

しかし、毎日放送のディレクター（複数）によると、毎日放送会長は民放関係の授賞式で東京にいた時に関電の向井副社長から携帯電話に電話がかかり、激しく批判されたという。会長は近畿で放送されたこの番組を見ておらず、すぐに大阪の本社へ電話してどういう番組だったかを調べ、「（関電にとって）厳しい番組内容だった」と本社から返事があったという。元ディレクターは「共同通信と朝日新聞はこの問題で取材した。電通に取材すればすぐに分かったはずだ。どこかが抑えたのか分からないが、両社とも記事にならなかった」と振り返る。

関電による毎日放送への威圧は、小出氏が、京都で一一年四月に開かれた講演会で、私の質問に答える中で明らかにした。小出さんの著書『原発のない世界へ』（筑摩書房）の六七～六九頁に出ている。

本書刊行前に、岸本氏に再質問したところ、八月一三日、「一一年六月の前回回答に全く変更はない」という返答があった。ウソをつき続けていいのかと思う。

■メディアの体質も問題だ

テレ朝問題で自民党幹部は、放送界が自律的に発足させた放送番組倫理向上機構（BPO）をも法律で縛るべきだという「改革」案まで言及した。

報道界の問題は、報道界自身の自己規制、自律に任せるというのが先進国の常識だ。自民党が公然とメディア規制を言い出した背景に、日本の民衆の間に沈殿化しているメディア不信があることも見落としてはならない。権力を監視するべきメディアが、権力の一部となって、社会的弱者、少数者を抑圧することになっている。私は企業メディア記者が国家公務員I種（報道職）になっているのではないかと問題提起してきた。

自民党の若手議員と無知な作家の暴言を批判するだけではなく、報道界は権力を監視するジャーナリズムを創成するべきだ。そのためには調査報道を強化することと、報道被害をなくするためのメディア責任制度（報道倫理綱領制定と報道評議会設置）を導入すべきだ。また、特定の報道機関が公的スペースである官庁などの記者室を占有している日本にしかない記者クラブ制度の廃止も急務である。海外にある職業ジャーナリストの職能団体（ギルド）とジャーナリスト組合の結成も不可欠だ。会社ごとに分断されている記者の連帯が生まれるはずだ。

報道機関の記者採用のやり方と記者教育の改善も必要だ。学生時代にジャーナリズムとは何かを学ばず、警察記者クラブに放り込まれて、取材対象の捜査官と飲食を重ね、信頼関係を結んで情報をとることで、ジャーナリズム精神が失われているのが現状だ。

安倍政権が侵略戦争法案を採決しようと企み、日米同盟を強化し、沖縄の民意を無視して新基地建設を強行しようとしている現在は、ジャーナリストにとって最もやりがいのある時期でもある。ペンとカメラで戦争を止める時である。

本土の記者は沖縄を訪ね、辺野古新基地問題の現地取材をすべきだ。出張が認められない場合は、年休を使って辺野古などを取材して、記事を書いてほしい。

安倍自公政権の発足後、この政権の危険な体質、姿勢を十分に取材し報道せず、同業者の過去の些末な「誤報」を感情的に叩いてきた報道界、記者クラブメディアの側の責任も重い。

安倍政権は軍需産業のために誕生した政権だと私は思う。イラクを攻撃するためにブッシュ大統領を選んだのが米産軍複合体だったのと同じだ。報道界は安倍政権打倒をキャンペーンすることで、人民の知る権利にこたえるジャーナリズム創成につなげてほしい。

＊新聞報道によると、安倍親衛隊と呼ばれる勉強会の参加者は次のとおりだ。日本の民衆は今後の選挙のために、三七人の氏名を記憶しておかなければならない。漢数字は選挙区、○囲みの数字は当選回数。敬称略。

【衆議院】青山周平（比例東海②）、池田佳隆（比例東海②）、石川昭政（比例北関東②）、井上貴博（福岡一②）、大岡敏孝（滋賀一②）、大西英男（東京一六②）、大西宏幸（比例近畿①）、岡下昌平（比例近畿①）、鬼木誠（福岡二②）、加藤勝信（岡山五⑤）、木原稔（熊本一③）、熊田裕通（愛知一②）、今野智博（比例北関東②）、坂井学（神奈川五③）、佐々木紀（石川二②）、白須賀貴樹（千葉一三②）、薗浦健太郎（千葉五③）、高鳥修一（新潟六③）、谷川とむ（比例近畿①）、田畑裕明（富山一②）、長尾敬（比例近畿②）、萩生田光一（東京二四④）、藤原崇（比例東北②）、星野剛士（神奈川一二②）、堀井学（北海道九②）、前田一男（比例北海道②）、松本洋平（東京一九③）、宮川典子（比例南関東②）、宮沢博行（静岡三②）、武藤貴也（滋賀四②）、宗清皇一（大阪一三①）、簗和生（栃木三②）、山下貴司（岡山二②）、山田賢司（兵庫七②）【参議院】滝波宏文（福井①）、長峯誠（宮崎①）、宮本周司（比例①）

対米隷従と戦争への道を突き進む安倍政権

■〝八紘一宇〟から「人道支援」へ

安倍政権が成立を目論んでいる「戦争法案」は、日本の自衛隊が「切れ目なく」地球規模で米国と共に戦争をできるようにするものである。安倍氏はこの法案を「国際平和支援法」と名づけた。積極的平和主義というまやかしの用語から派生したものだ。アベノミクスなる意味不明の言葉も同じだが、安倍氏の祖父がアジア太平洋諸国への侵略を「大東亜共栄圏」という用語で誤魔化したのと同じ手口だ。安倍氏の取り巻き政治家と外務官僚が作った用語だろうが、NHKと大新聞が無批判に報じるので、民衆はその言葉を受け入れてしまう。安倍首相は五月二〇日の国会の党首討論で、アジア太平洋戦争を「誤った戦争か」と聞かれたのに、回答しなかった。またポツダム宣言について「私はつまびらかに読んでいない」と発言した。呆れた発言だ。

安倍政権は集団的自衛権の行使容認について、原油や天然ガスの輸入がなくなるような経済混乱も「存立危機事態」に該当する可能性があるとして、中東での機雷掃海を集団的自衛権行使の事例に挙げている。これは、日帝時代に原油などの輸入ができなくなったＡＢＣＤ包囲網で、第二次世界大戦へ突入し、東南アジアへ侵略した構図と同じだ。「大東亜共栄圏」「八紘一宇」の看板を「国際平和」「人道支援」に塗り替えただけだ。

■米議会演説の英語は理解不能

四月に国賓級として米国を訪問し、オバマ大統領と首脳会談を行った安倍首相は、同三〇日未明、米議会上下両院の合同会議で演説した。日本の首相が米議会で演説するのは、一九六一年の池田勇人氏以来五四年ぶりで、上下両院の合同会議で演説を行うのは初めてだった。米国の要求どおり集団的自衛権の行使を容認する閣議決定を行い、地球上のどこでも米国と一緒に戦争できる国へと転換させ、環太平洋（ＴＰＰ）通商協定、辺野古新基地建設を強行することへの米側からのご褒美なのだろう。

いまどき、米国の海外での軍事行動に無条件で全面協力する国は、欧州も含めどこにもない。日本の土地と税金を駐留米軍に差し出す対米隷従の安倍氏が「美しい国」とか「普通の国」とよく言うと思う。日本は政治的には米国の植民地である。日本に真の「右翼」「愛国者」はいないのかと言いたくなる。

安倍氏は、日米首脳会談で、日米同盟を強固にするため、安保法制と称する戦争法制法案を夏までに成立させると公約した。まだ国会にも上程されていない法案を今国会で強行成立させると米国で表明するのは議会無視もはなはだしい。沖縄の民衆が阻止で団結している辺野古新基地建設を進めるとも言明した。自公の数の力で押し切れるといい気になっている。

誰が聞いてもうまいとは思えない英語演説を「米国人の心を打った」（元外交官・宮家邦彦氏）などと称賛する識者ばかりがメディアに出た。四月三〇日午前のテレビ朝日の「スクランブル」では、元共同通信記者で早大客員教授の春名幹男氏が安倍氏の「議会演説はよかった」と評価、末延吉正東海大学教授も「よく練られた内容で、米国メディアで好評だった」とヨイショした。首相に同行したNHK解説委員の岩田明子記者やワシントン特派員たちは、いつものことだが、安倍首相の広報官のようだった。

安倍氏の演説だが、単語を一語一語読むだけで、まともな英語になっていないと私は思った。耳で理解できない議員の多くは演説テキストを読んでいた。米紙は、安倍氏の演説原稿に、「ここで間を置いて拍手を促す」と書いているのを写真で報じていたが、対米隷従の外務官僚が起草し、広告代理店の専門家による特訓で演説を行ったのだ。

安倍氏は米議会演説で、「戦後の日本は、先の大戦に対する痛切な反省を胸に歩みを刻んだ」と述べただけで、慰安婦問題に触れず、一九九五年に出された村山談話にある「国策を誤った」「侵略と植民地支配」「心からのお詫び」を一切使わなかった。中国、韓国、朝鮮民主主義人民共和国（朝鮮）をはじめ大日本帝国の侵略の被害に遭ったアジア太平洋の国々の民衆が注目する中で、敢えてこれらの言葉を使わず、米国民にだけ痛切な反省を表明した。

安倍氏は「侵略」の定義は定まっていないと言い張り、政治家になってから一度も自分の言葉として使っていない。日帝の無条件降伏七〇周年に当たる今年、安倍首相は過去の歴史を直視せず、八月一四日に発表した「七〇年談話」でも、「村山談話と同じなら談話を出す必要はない」という屁理屈で、村山談話を骨抜きにしてしまう姿勢だった。

■安倍首相を批判するハルモニたち

韓国の元日本軍「慰安婦」は一九九二年からソウルの日本大使館前で毎週、日本軍「慰安婦」問題解決のための「水曜デモ」を開催しているが、五月二〇日の第一一七九回デモは、私も共同代表を務めている日本の「憲法九条―世界へ未来へ　連絡会」の主催で行われた。

私は二〇人の訪問団を代表して「日本政府は五〇年前の日韓基本条約で慰安婦問題は解決済みとしているが、同条約は日帝の侵略・強制占領の過去を曖昧にした不平等条約だ。また、慰安婦問題は一九九〇年代に表面化した。韓国憲法裁判所の二〇一一年八月決定（政府に日本への公的賠償要求を命令）が指摘するとおり、日本政府による公的な謝罪と賠償が不可欠だ」と述べた。

韓国挺身隊問題対策協議会の尹美香（ユンミヒャン）常任代表は「安倍政権が憲法九条を変え、自衛隊を世界各地に派兵できるようにしており、米国がこれを助けている」と指摘した。

集会には「慰安婦」被害者の金福童（キムボクドン）さん（九〇）と吉元玉（キルウォンオク）さん（八八）が参加。約四〇〇人の市民が集まった。女子学生ら若者の姿が目立った。安倍首相が米議会演説で慰安婦問題に触れず、大学での講演後の質疑で、「人身売買」と表現したことへの抗議の声が上がった。集会参加者は「公式に謝罪し法的賠償をせよ！　賠償せよ」と叫び、全員で日本国憲法第九条を韓国語で朗読した。

国際通信社を含め韓国の多数の報道関係者が集会を取材し、KBS放送をはじめ多くのテレビ局から個別取材も受けた。しかし、日本のメディアで、現場で私に取材してきたのは東京新聞のソウル特派員だけだった。

集会前日、ハルモニ一〇人が暮らす「ナヌムの家」を訪問し、姜日出（カンイルチュル）さんら四人から話を聞いたが、四

▲…李容洙さんを囲んで。ソウルの日本大使館前

人とも「安倍政権は慰安婦問題を解決する気がない」と厳しく批判した。朴玉善（パクオクソン）さんは「日本は人間としてやってはいけないことをした。安倍首相に謝罪し賠償しろという圧力をかけてほしい」と訴えた。姜日出さんは「首相がずっとウソをついていることを心から憎む。お金のために子どもを売り飛ばす親がどこにいるか」と述べ、「安倍首相がこの夏、どういう新談話を出しても、過去の罪は消せない。私たちがみんな死んでも、天は見ている。日本は過去の罪から逃れられない」と強調した。ハルモニたちは私たち訪問団メンバーに、「悪いのは日本政府。日本の国民はやさしい。安倍政権に公式な謝罪・賠償をさせるにはどうすべきか考えてほしい」と訴えた。

一〇年前、浅野ゼミ主催の講演会に来てくれた李容洙（イヨンス）ハルモニは国連関係者との会合があり、集会に遅れて参加し、私は翌日、約二時間話を聞いた。李さんは一九二八年、大邱生まれ。一九四四年、一六歳の時に台湾へ連行された。一九九二年六月、自分が元慰安婦だと名乗り出た。李さんは辺見庸さんが『もの食う人々』（一九九四年）の取材で一九九四年一月に取材した三人のハルモニの一人。「あのときは、日本大使館前で割腹自殺をしようとして、落ち込んでいる時だった。辺見さんに、生きてくださいと言われて、救われた。命の恩人だ」。

李さんは四月の安倍晋三首相訪米に「歴史の生き証人」として〝同行〟し、米国の市民団体が行った抗議行動に参加した。「安倍首相は真摯に、良心に従い、法的に公式謝罪し、私の人生に対して法的賠償をすべきなのに、米議会で慰安婦問題に触れもしなかった。ハーバード大学の質疑の中で慰安婦問題を『人身売買』と言ったが、それはウソだ。一〇代半ばの娘を軍の施設に監禁して強かんした人権蹂躙だ。首相は、強制はなかったとも言ってきた。彼の言うことはウソばかりだ」。

「首相の講演が行われたハーバード大学のケネディ行政大学院の正門の前では大学生ら一〇〇人と一緒に沈黙デモをした。首相はデモ隊を避けるため裏門から退場した。卑怯だ。彼は何度もチマチョゴリで正装した私を見たはずだが、見て見ぬふりをした。私の目を見て対話すべきだ」。

安倍首相が四月二九日に米議会で演説した時も、李さんはマイク・ホンダ下院議員らに招かれ傍聴した。「米議会では安倍首相の目をしっかり見ていた。彼はその嘘つき病、歴史を否定する病気を治さなければ自滅するだけだ」。

首相がロサンゼルスを訪問した際も、抗議デモに参加した。李さんは七月と一〇月にも訪米し、九月三日の中国戦勝記念式典にも招待されている。

韓国では元慰安婦約五〇人が健在だ。ハルモニたちは「我々は歳をとって病気でいつ死ぬかもしれない。日本の首相が、私たちが死ぬのを待っている間は死ねない。生きている間に解決を」と願っている。日帝の崩壊から七〇年。日本政府と日本人民は、東アジアで共生するため、国家として慰安婦問題で公式謝罪と賠償を行い、ハルモニたちの心の傷を少しでも癒す時だ。

■日米同盟の強化を煽るメディア

安倍晋三自公政権は「国の存立を危うくする事態」「日本を取り巻く安全保障環境の激変」とよく言うが、安倍氏が日本の首相であること自体が、東アジアの不安定要因であり、日本の人民の生活を破壊する元凶である。辺野古新基地建設、原発再稼働、弱者切り捨てなどの強行こそこの時代の危機だ。

安倍首相は「ＧＨＱの憲法も国際法もまったくの素人がたった八日間で作り上げた代物」だと言い放ったことがある。憲法順守義務が最も強く求められている総理大臣の違憲発言だ。安倍氏に一日も早く退陣してもらわないと、日本は世界で孤立すると思う。

安倍氏が元Ａ級戦犯被疑者、岸信介の孫であることも忘れてはならない。岸氏は東条内閣の商工相で、中国人、朝鮮人を強制徴用した張本人である。安倍氏は四月二九日、米議会で行った演説を岸氏のエピソードから始めた。

主要メディアは揃って、中国の軍事的脅威の増大、朝鮮民主主義人民共和国（朝鮮）の核開発などを持ち出し、「安全保障環境の激変」に対応するために日米同盟の強化が必要だと解説した。

四月二九日午前のＮＨＫテレビ「解説スタジアム」（司会：西川吉郎解説委員長）では岩渕梢、安達宜正、島田敏男、高橋弘行、津屋尚の各解説委員が「安全保障法制を問う」をテーマに生放送で五四分間討論したのだが、全員が日米の軍事同盟を永久に不変のものと考えていた。論争になっていない。

首脳会談前の四月二七日にはニューヨークで日米外務・防衛閣僚会合（2プラス2）が開かれ、日米防衛協力指針（ガイドライン）の全面改定が行われた。同会合では真っ先に、辺野古新基地建設が「普天間飛行場の固定化を避けるための唯一の解決策」との認識で一致。首脳会談でも、安倍氏は「辺野古移設が唯一の解決策」と表明した。

安倍氏はしばしば、中国の海洋進出を持ち出し、「法の支配」を強調するが、「同盟」のパートナーの米国こそ第二次世界大戦後に朝鮮、ベトナム、中南米、アラブ地域で侵略・強制占領を繰り返した「ならず者国家」ではないか。

その米国も安倍氏と主要閣僚を歴史修正主義者（歴史改竄主義者）と見て、主要閣僚を含む「日本会議」系政治家の極右靖国反動思想を警戒している。

米紙ニューヨークタイムズは安倍氏の訪米前の四月二〇日、「安倍氏と日本の歴史」という見出しの社説でこう論じた。

《訪米の成功はまた、安倍氏が日本の戦争時代の歴史と、いかに、またどれだけ正直に向き合うのかにかかっている。この歴史には日本が戦争を起こした意思決定、そして、中国と韓国での残酷な占領と残虐行為、そして、日本軍の戦時売春宿で〝慰安婦〟として強制的に働かされた数千人の性奴隷が含まれる。（略）彼らは、歴史を勝手にいじり、そして書き直しを試み、アジア地域の緊張を煽っている。》

川村泰久外務報道官はこの社説に対する反論を送り、四月二七日の同紙に掲載された。内外の新聞記事やテレビ報道に外交官が抗議し、反論を投稿するのは民主主義国では日本ぐらいだろう。

■与党からの「公平中立」要求

特定秘密保護法が二〇一四年一二月に施行され、取材のやり方次第で記者が懲役刑を受ける可能性が生じる可能性が出ている中で、メディアは明らかに委縮している。そんな中で、安倍官邸のメディア支配は、自民党によるテレビ局の事情聴取にまで及んだ。テレビ朝日（テレ朝）「報道ステーション」で元経産省官僚の古賀茂明氏が「菅（義偉）官房長官をはじめ、官邸の皆さんからバッシングを受けてきた」と発言したことが発端だ。

同番組に準レギュラーとして出演していた古賀氏は、三月二七日の生放送中「今日が最後ということで……」と前置きし、テレ朝の早河洋会長らの意向で降板することになったと述べ、キャスターの古舘伊知郎氏が「ちょっと待ってください。承服できません」と反論する異例の展開となった。菅官房長官は翌日の会見で、官邸からの圧力を否定、「放送法がある。テレビ朝日の対応を待つ」と表明した。これは、放送法で何らかの措置を取るという脅しだ。

この後、フリーの上杉隆氏が四月七日発売の『文藝春秋』五月号で、自民党が一四年一一月二六日、テレ朝の「報ステ」プロデューサー宛に文書を送っていたことを明らかにした。福井照自民党広報本部報道局長名の文書は、アベノミクスを取り上げた一一月二四日の放送に対し、「アベノミクスの効果が、大企業や富裕層のみに及び、それ以外の国民には及んでいないがごとく断定する内容」とし、公平な番組づくりを求めたものだった。この文書も、テレ朝は四カ月以上隠していた。このことは、上杉氏のスクープで分かった。毎日新聞が三日後に報じて、他社も後追いした。

いつものことだが、この文書について、記者クラブメディアは上杉氏のスクープであることを伝えなかった。かつて朝日新聞は一面トップで、《「噂の真相」によると》と前置きして、則定衛東京高検検事長の不祥事を報じたことがある（一九九九年四月九日）。ＮＨＫと民放も、同誌のクレジットを入れて報じたこともあった。昔の方が少しはフェアだった。「記者クラブメディアによるいつものパクリですよ」と上杉氏は呆れている。

衆院解散の直前の一四年一一月二〇日にも、自民党が在京各テレビ局に「公平中立、公正の確保」を求める文書を出していた。解散表明の同一八日夜にTBSの「NEWS23」に生出演した安倍氏が、アベノミクスを批判する街頭の声を聞いて激怒するということがあり、その二日後にこの文書が出されたのである。

自民党の情報通信戦略調査会は四月一七日、テレ朝とNHKの経営ナンバー2を呼び出し、個別番組の内容について異例の事情聴取を行った。NHKは、ヤラセ疑惑が指摘されている「クローズアップ現代」を問題にした。調査会会長の川崎二郎元厚労相は、古賀氏の発言を問題視し、放送倫理・番組向上機構（BPO）への申し立てを検討していることを明らかにした。

日刊ゲンダイの報道によると、平河クラブ（自民党）所属の記者のみで行われたブリーフィングで、川崎氏は「停波（放送局には死刑判決を意味する）の権限まであるというのが放送法。真実を曲げた放送がされるなら、法律に基づいてやらせてもらう」と言及したという。

自民党のテレ朝とNHKの聴取については、読売、産経、日経も社説で「放送の自主・自律」の観点から問題だと指摘し、主要紙が珍しく揃って批判した。政権党による事情聴取は、放送法に違反している。両局は聴取に応じるべきではなかった。

テレビ朝日の吉田慎一社長は、会見で「誤解があってはいけないし、いい機会だと考えて説明した」と述べたが、自身が秋田支局の新人記者時代に著した名著『ドキュメント 自治体汚職――木村王国の崩壊』（朝日新聞社）を読み直して、権力とメディアの関係を考えてほしい。

古賀茂明氏の発言問題で、テレビ朝日は四月二八日、視聴者に理解できない放送になるなど番組進行が不適切だったとして、報道局幹部ら三人を戒告とする社内処分を発表した。「停波」で脅した自民党への完全屈服である。処分されるべきは、放送法違反の言動をしでかした菅官房長官、自民党幹部ではないか。

テレ朝とＮＨＫを事情聴取した自民党情報通信戦略調査会の会長である川崎二郎衆議院議員（三重一区）は、二〇年前、週刊誌と共謀して創価学会を誹謗中傷した政治家だ。一九九四年、公明党が野党だった時代のことだ。川崎氏はテレビ中継された国会で、北海道で起きた交通事故について、『週刊新潮』同年九月一日号の記事を示して、創価学会員が被害者の事故を、逆に学会員が交通事故を装い殺人を企てたかのように質問した。川崎氏らは、九五年秋の国会では、池田大作名誉会長を証人喚問すべきだ、とも主張していた。

　この問題で当時、渡辺武達同志社大学教授（創価学会の広報ビデオに出演）はゼミのＨＰで、《十月十一日、自民党の川崎二郎議員が衆院予算委員会で当該週刊誌をもちだして関連質問、ＮＨＫテレビで全国中継されたのである。（略）交通事故そのものが偶発であることが判明した以上、道義的にも川崎議員は□□氏（ＨＰでは実名）などに公的な謝罪をすべきであろう》と指摘している。渡辺氏が私の〝セクハラ疑惑〟を捏造し、人権侵害雑誌の『週刊文春』に持ち込む約一〇年前の極めて適切なコメントである。

　公明党を支持している創価学会員は、二〇年前の川崎氏ら「与党議員」による弾圧を思い起こして、政権与党による違憲、放送法違反のメディア介入を批判し、侵略戦争法案を推し進める安倍政権から離脱すべきではないか。

■外務官僚による海外有力紙への侮辱

　安倍自公野合政権の報道コントロールは、東京の外国特派員にまで及んでいる。

ドイツの保守系有力紙フランクフルター・アルゲマイネ（ＦＡＺ）のカルステン・ゲルミス東京特派員が、日本外国特派員協会（ＦＣＣＪ）の機関誌『NUMBER 1 SHINMBUN』四月号に《ある海外特派員の告白 5年間東京にいた記者からドイツの読者へ》と題した記事を書き、日本の外務官僚たちから受けた攻撃を明らかにした。評論家の内田樹氏がブログ「内田研究室」で全文を紹介し、話題になった。

ゲルミス氏は一四年八月一四日、《漁夫の利》と題し、「安倍政権が歴史の修正を試み、韓国との関係を悪化させているうちに、中韓が接近して日本は孤立化する」という内容の記事を書いた。これに対し、中根猛・駐ベルリン大使による反論記事が、九月一日付のFAZ紙に掲載された。

四月二八日の朝日新聞（フランクフルト＝玉川透特派員）によると、記事が出た後の八月二八日、坂本秀之・在フランクフルト日本総領事がFAZ本社を訪れ、海外担当の編集者に一時間半にわたり抗議したという。総領事は、「中国が反日宣伝に利用している」「中国からの賄賂が背後にあると思える」などと指摘。また、総領事は、問題の記事の切り抜きを取り出し、「ゲルミス氏が親中国プロパガンダ記事を書くのは、中国へのビザ申請を承認してもらうためではないか」とも発言したという。ゲルミス記者は「私とエディターと本紙全体に対する侮辱である」「私は中国に行ったことも、ビザを申請したこともない」と書いている。

また、同日の朝日新聞（武田肇記者）によると、米主要紙の東京特派員は、記事中の識者の選定を巡り、在米日本大使館幹部から圧力と疑われるメールを受け取っていたことも明らかになった。慰安婦問題に関する記事で引用した大学教授について「日本の学術界ではほとんど認められていない」「よく分からない人物」と評し、別の学者に取材するよう勧める内容だった。四月一四日の東京新聞によると、外務官僚に「よく分からない人物」とされたのは、中野晃一上智大学教授（政治学）らしい。

私がジャカルタ特派員だった一九九〇年ごろも、在インドネシア大使館の大使らが、有力紙のコンパスによく引用されていた村井吉敬上智大学教授（故人）について、「なぜ村井を使うのか」と地元メディアに言っていた。私がハーバード大学の季刊誌に「自衛隊イラク派兵とメディア」に関して寄稿した際も、在米大使館の一等書記官が反論を載せた。日本の外交官は反動靖国イデオロギーに染まっていて、人民の権益など考えない。

安倍氏は四月一五日、韓国当局から出国禁止が解除されて前夜帰国した産経新聞の加藤達也前ソウル支局長を官邸に招き、「ご苦労さまでした」と慰労した。加藤氏は面会後、記者団に「（首相らには）時宜を得て韓国、国際社会に発信して私を励ましてくださったことにお礼を申し上げた」と述べた。菅義偉官房長官は加藤氏の起訴について、「民主国家ではあるまじき行為」「報道の自由の観点から極めて遺憾だ。国際社会の常識と大きくかけ離れている」と批判していた。他国の言論抑圧を言う前に、自分たちが国内で報道の自由を侵害していることにも気づいた方がいい。

自分たちに都合のいいメディアだけの「報道の自由」を認めるような政治家は、米国などと共通の「人権と民主主義」の価値観を持つ者ではない。

自衛隊員を米軍の補助兵として差し出す侵略戦争法案に対し、ペンの力で立ち向かう記者が多数出ることを期待する。

村山談話と安倍談話のあいだ

■世界から注視される七〇年談話

今年の「8・15」は一八九五年の台湾武力併合から始まった大日本帝国のアジア太平洋諸国への侵略・強制占領が終わってから七〇周年にあたった。日帝の敗戦は連合国（国連）に対する皇軍の無条件降伏＝自己崩壊であった。「八紘一宇」「教育勅語」などの皇国史観、富国強兵、大東亜共栄圏などの誤ったイデオロギーに基づくファシズム体制の終焉でもあった。

現天皇が一月一日の「新年の感想」で、「（一九三一年の）満州事変（柳条湖事件）に始まるこの戦争の歴史を十分に学び、今後の日本のあり方を考えていくことが、今、極めて大切なことだ」と表現した日帝の戦争で、海外で二〇〇〇万人以上の無辜の市民が命を落とし、国内で三一〇万人の犠牲者を出した。

神社本庁系の「日本会議」メンバーで閣僚、党役員を固めた安倍晋三政権（自公野合）は、日本が侵略戦争の被害国の人々が納得する過去の清算を済ませ、恒久平和を希求する国としてアジアと世界で共生して行くために村山富市元首相が一九九五年に出した戦後五〇年の村山談話の核心部分を否定する七〇年の新談話を出そうとしていた。そこで、安倍新談話はどうあるべきか、市民は今何をすべきかを村山氏と話し合った。対談は四月二〇日、東京永田町にある社民党本部の党首室で行われ、村山氏に対談記録を確認してもらった（対談は『自然と人間』二〇一五年六月号に掲載）。

ここで、日本の侵略の過去を振り返り、今通常国会で審議されている安全保障関連法制法案（侵略戦争法案）について筆者の見解を述べておきたい。この法案は日本の戦後最大の危機であり、辺野古基地建設と共に、全人民の力で絶対に阻止しなければならないと思う。

日本は戦後、インドネシア（一九五八年）、韓国（一九六五年）、中国（一九七八年）と戦後処理を済ませてきたが、朝鮮民主主義人民共和国（ＤＰＲＫ、朝鮮）との間では今も過去清算が手つかずの状態で、国交もない。戦後処理が終わった国々の政府と人民の中には、日本国と日本国民が過去を真摯に反省しているのかを疑問視する声が絶えない。特に神社本庁・靖国神社系の「国民会議」などの極右靖国勢力の中心人物である安倍氏が政権を取ってから、靖国神社参拝、歴史教科書改竄、日本軍慰安婦などの歴史認識で戦前への回帰が進んでいる。

安倍首相は二〇一二年末、第二次政権に就いて以降、村山談話、日本軍「慰安婦」問題をめぐる河野洋平官房長官談話（一九九三年）の見直しをたびたび言明し、周辺国のみならず米国、欧州連合（ＥＵ）を含む国際社会も、首相が今年の八月一五日までに出すという「新談話」で、村山談話や小泉純一郎首相六〇年談話にあった「国策を過った戦争」「侵略・植民地支配」「心からのお詫び」というキーワードを踏襲するか否かを凝視している。

村山談話は日本の過去を振り返り、こう書いている。《わが国は、遠くない過去の一時期、国策を誤り、戦争への道を歩んで国民を存亡の危機に陥れ、植民地支配と侵略によって、多くの国々、とりわけアジア諸国の人々に対して多大の損害と苦痛を与えました。私は、未来に誤ち無からしめんとするが故に、疑うべくもないこの歴史の事実を謙虚に受け止め、ここにあらためて痛切な反省の意を表し、心からのお詫びの気持ちを表明いたします。》

二〇年前のこの談話で明確に示された歴史認識は世界各国から高く評価され、日本外交の基礎となってきた。ところが、安倍首相は四月二二日、ジャカルタで開かれたアジア・アフリカ会議（バンドン会議）の演説では「先の大戦の深い反省」としか述べず、四月二九日の米議会演説でも、「戦後の日本は、先の大戦に対する痛切な反省を胸に歩みを刻んだ」と述べただけで、慰安婦問題に全く触れず、「侵略」など三つのキーワードは表明せず、中国、韓国などを失望させた。

■立憲主義もポツダム宣言も理解せず

村山氏は私との対談の後、何度か講演を行い、六月九日には河野洋平元官房長官・自民党総裁と一緒に、日本記者クラブで記者会見した。政界を引退して久しい元首相と元自民党総裁がわざわざそろって記者会見に臨んだのは「安倍談話」に危機感を募らせているためだ。二人は会見で、歴代政権が引き継いできた歴史認識を踏襲するよう強く要望した。

新聞報道によると、村山氏は会見で「村山談話は、謝ることを目的に出したのではない。平和憲法を持つ日本が、戦争はしないと宣言する。そのために、過去の歴史をしっかり反省し、再び過ちは繰り返さないという決意を表明する必要があった」と述べた。

村山氏は、安倍政権が集団的自衛権の行使容認を閣議決定したことに関し、「立憲主義を否定して、内閣が勝手に憲法の解釈を変えることは許されない」と批判した。衆院憲法審査会で参考人の憲法学者三人が安保関連法案を「違憲」と指摘したことについて、村山氏は「国会にも内閣にも憲法を順守する義務がある。本当に（憲法を）守れるのか、という議論をもっとすべきだ」と注文を付けた。国会で審議中の安全保障関連法案について「この国会で（法案を）通すことは無理だと判断して、考え直してほしい」と述べた。河野氏も同法案が憲法に違反していると断言した上で、首相が一四年一二月の衆院選で「国民の審判を受けた」と述べていることについて、「（獲得議席は）経済政策に対する支持だ。安保法制の問題で民意が反映されているとは到底思えない」と指摘した。「特定秘密保護法をやり、武器輸出禁止を緩和し、憲法の解釈をまったくかえる閣議決定をバタバタとやる。一方で、中国がもうすぐ攻めてくるのではないかと危機感をあおっている。到底、国民の理解は得られない。安倍政権は安全保障問題に非常に熱心だが、いかにも早すぎる。乱暴だ。国の形をこれだけ大きく変える議論はもっと民意に沿って行われる必要がある。政府が一度法案を引っ込めて、再検討するのがよい」と強調し、廃案を求めた。

安倍首相は侵略戦争法案の国会審議で、「日本の行政権力の責任者の私が言うのだから間違いない」「私は合憲だ、安全だと確信している」などと、何の根拠も示さず暴論を繰り返している。安倍氏と「日本会議」の存在こそが日本と世界の危機であり不安定要因だ。首相は国会の論戦で、関係閣僚を押しのけて幼稚な議論を展開している。

党首討論で志位和夫共産党委員長に「首相はポツダム宣言をお読みになりましたか」と聞かれて「まだその部分をつまびらかに読んでいないので、直ちに論評することは差し控えたい」と開き直った。国策を過った戦争の要因であるファシズムを根絶やしにして平和な新日本を建設すると公約した「ポツダム宣言」受諾は都合が悪いから読まないのだろう。

ネットの huffingtonpost.jp によると、ポツダム宣言の現代語訳は以下のとおり。

《1. 我々、アメリカ合衆国大統領、中華民国主席とイギリス首相は、我々の数億の国民を代表して協議した結果、この戦争終結の機会を日本に与えることで意見が一致した。

2. アメリカ、イギリス、そして中国の陸海空軍は、何度も陸軍、航空編隊の増強を受けて巨大になっており、日本に対して最後の一撃を加える体制が整っている。この軍事力は、日本が抵抗をやめるまで同盟国によって維持できるものだ。

3. 世界中の自由な人々は立ち上がった。それに対してドイツが採った無益かつ無意味な抵抗の結果は、日本の人々に対しても極めて明快な例として示されている。現在日本に向かって集中しつつある力は、ナチスの抵抗に対して用いられた力——全ドイツ民の生活、産業、国土を荒廃させるのに必要だった力——に比べると、測り知れないほど大きいものだ。決意をもって、我々の軍事力全てを投入すれば、日本軍は壊滅し、また、日本の国土は焦土と化すだろう。

4. 日本が決断する時は来ている。知力を欠いた身勝手な軍国主義者によって制御され続け、滅亡の淵に至るのか。それとも、理性の道を選ぶのか。

5. 我々の条件は以下の通り。条件からの逸脱はないものとする。代替条件はない。遅延も一切認めない。

6. 日本の人々をだまし、間違った方向に導き、世界征服に誘った影響勢力や権威・権力は、排除されなければならない。無責任な軍国主義が世界からなくなるまでは、平和、安全、正義の新秩序は実現不可能である。

7. そのような新秩序が確立されるまで、また日本の戦争遂行能力が壊滅したと明確に証明できるまで、連合国軍が指定する日本領土内の諸地点は、連合国軍がこれを占領するものとする。基本的目的の達成を担保するためである。
8. カイロ宣言の条項は履行されるべきものとし、また、日本の主権は本州、北海道、九州、四国及びわれわれの決定する周辺小諸島に限定するものとする。
9. 日本の軍隊は、完全に武装解除されてから帰還を許し、平和で生産的な生活を営む機会を与えることとする。
10. 我々は、日本を人種差別し、奴隷化するつもりもなければ国を絶滅させるつもりもない。しかし、われわれの捕虜を虐待した者を含めて、全ての戦争犯罪人に対しては厳重なる処罰を行うものとする。日本政府は、日本の人々の間に民主主義的風潮を強化しあるいは復活するにあたって、障害となるものは排除する。言論、宗教、思想の自由及び基本的人権の尊重が確立されなければならない。
11. 日本は産業の維持を許される。そして経済を持続し、正当な戦争賠償の取り立てに充当する。しかし、戦争を目的とする軍備拡張のためのものではない。この目的のため、原材料の入手はこれを許される。ただし、入手と支配とは区別する。世界貿易取引関係への日本の事実上の参加を許すものとする。
12. 連合国占領軍は、その目的達成後そして日本人民の自由なる意志に従って、平和的傾向を帯び、かつ責任ある政府が樹立される限りにおいて、直ちに日本より撤退するものとする。
13. 我々は日本政府に対し日本軍の無条件降伏の宣言を要求する。かつ、誠意を持って実行されるよう、適切かつ十二分な保証を求める。もし拒否すれば、日本は即座にかつ徹底して撃滅される。》（傍点は筆者）
ポツダム宣言は、軍国主義勢力と人民を区別し、日本人民自身が「日本の人々をだまし、間違った方向に導き、世界征服に誘った影響勢力や権威・権力」を根絶し、無責任な軍国主義を払拭し、平和、安全、正義の新秩序に基づく人民主権の民主主義政府の樹立を求めるまっとうな内容だ。

軍国主義を推し進めた罪で巣鴨プリズンに収容され、絞首刑になるはずだった祖父を尊敬する安倍氏には、読むに耐えない文章だろう。

戦争法案の行方、安倍新談話、辺野古新基地はこの夏にすべてが決まる。村山氏の非戦・平和主義から学び、平和憲法を実現する非武装中立の日本をつくる時だ。

■村山元首相に聞く

村山元首相と私の対談の主な内容を、以下紹介しよう。

最初に安倍晋三自公政権の極端な右傾化、軍国主義的な暴走について聞いた。

《国会における質疑応答を聞いていても、質問によって答弁がくるくる変わっていくから、どこに安倍さんの真意があるかというのは計りかねます。あの人ははっきりものを言ったことはない。村山談話についても「全体として継承する」と何度も言ってきたんだけれども、「全て継承するわけではない」とも言う。とどのつまりは、大筋としては継承しますと、言っています。だからどういう意味で七〇年談話を出すつもりか、何を言いたいのか、よくわからない。

有識者の意見を聞くというが、総理として、一つの見解をもっておるはずなんだからね。識者らの意見を聞くことを悪いとは言わないけれども、聞いて自分の意見が変わるなんていうことはないだろうからね。》

安倍首相は一五年一月二五日放送のＮＨＫ「日曜討論」に出演し、司会の島田敏男ＮＨＫ解説委員が村山談話、小泉談話に関し、「そうすると、安倍首相の新談話にはキーワードの、侵略、痛切な反省、お詫びという文言は入らないということか」と聞いたのに対し、「そういうことだ（入らない）」と明言した。首相は同時に「こまごまとした議論になる」とも指摘した（安倍首相は四月二〇日、BSフジの番組に生出演し、「植民地支配と侵略」「心からのおわび」などの文言を使うかどうかについて、「（村山、小泉両談話の）基本的な考え方を継いでいくということはもう申し上げている」「引き継いでいくと言っている以上、これをもう一度書く必要はないだろうと思う」と指摘し、「同じことを入れるのであれば談話を出す必要はない」と述べた）。

村山談話にある「国策を過り」、「侵略と植民地支配」、「心からのお詫び」という三つは使わない方針だ。

村山氏は、

《だから七〇年談話では、過去の歴史に関する部分はできるだけ省略して、後段のこれからの平和主義というものに対して、未来に向けて強調したいという意味じゃないですか。

安倍さんが言う積極的平和主義というのは、よくわからない言葉だが、戦争を放棄した日本の憲法を変え、周辺国と相応に軍備を強化して軍事力も伴いながら積極的な平和主義で役割を果たしていくということではないか。集団的自衛権の行使を認めるというのは、やっぱりそういう前提として言っていることでしょう。だから積極的平和主義というのは、非武装の無抵抗主義で今まできたけれども、それではやっぱり平和は守れないと。よくわからないが、国際的に協力して、日本も一定の軍事的役割を果たすという意味で、積極的平和主義というのを言っているのではないか。

安倍政権は「国際平和支援法案」などと「安全平和」という言葉を法案名に使って、誰も反対できない法案名にしている。

平和主義というのは、そういう一応軍事力の役割というものを前提にして、日本もそういう役割を果たせるようにしたいと。そして積極的な平和主義を貫いていきたいというふうに言っているのではないかと思いますけれどもね。今まではそうではないですよね。日本は平和憲法をもっているから、戦力は使わないと明言してきた。今までの平和主義からかけ離れたというか、方向を変えていきたいということだろうな。

安倍自公政権の危険な流れを止めるためには、一つは国会の中で野党に頑張ってもらうことだが、国会の中は政権与党の方が大変強く「一強」になっているので全面的に期待は持てない。だから国会を取り巻いている国民が、その批判を強めていく以外にないのではないか。民意を喚起して、国民の批判という声を高めていく。各社の世論調査を見ると、集団的自衛権行使容認の閣議決定や憲法九条改定には反対という声が大分強い。しかし、なかなか国政選挙に反映しない。もう少し反映できるような方法も考えなければならない。国民の声がだんだん高まってくると、それは国会議員だって、国民の声は無視できないからね。国会の状況も変わってくると思うんですよ。だからもう少しやっぱり政権基盤である国民の声を高めて、国民が承知しないよというくらいの声がずっと高まってくるとね。それは国会の皆さんも考えざるを得ない。国民運動しかない。》

村山氏は、沖縄の辺野古新基地阻止の闘いを高く評価した。

《沖縄はやっぱりこれまでの歴史経過の中で、もうこれは許せない、と。それで沖縄県民全体が立ち上がってきた。これは

▲…村山富市・元首相と（撮影：山木かおり）

無視できない、力ではね。それと同じようなことが言えると思うんですよね。もうやっぱり平和憲法を変えるなんていうことは、これからの日本の方針をガラッと変えていくわけだから。これは七〇年間平和を維持して歩いてきた、この七〇年間の歩みを否定するというんだからね。それはやっぱり国民全体がこれは許せないというくらいの気持ちにならないといけない。なってほしいですね。

辺野古の新基地建設について、政府はもう決まったことだからと言って通すのではなくて、やっぱり沖縄県民の気持ちをもう少しきちんと汲み上げてね、何か良い解決法はないかと言って、お互いに話し合いをして、道を切り拓いていくという努力をしていかなければ、もう一方的に決まったことだからと押し付けるようなものではないわね。日本は民主主義の国だから。去年の選挙で沖縄の民意は反映されたわけだからね。

安倍政権が基地建設を強行するなら、日本から離れて琉球国として独立した方が良いんじゃないかという声を出さざるを得ないような、追い込まれた状況だからね。それはやっぱりもう少し政府が考えないといけない。そんなことにはならないと思うけれどもね。させてはいけない。現実的にもう沖縄県民があれだけ意志を明確にしているわけだから、その沖縄県民の意志というものをもう少し汲み上げて、政府も誠意をもって沖縄と話をして何かいい打開策を見出すという努力をすべきだと思うんです。

今やっているボーリング調査をいったん止めるのがいい。現状では建設しようとしてもできないんだから。だから話し合わざるを得ないでしょう。これは当然の話でしょう。国民同士の話だからね。

沖縄はもう日本から独立してなんていうことに飛躍させるのではなくて、沖縄県民は県民だから、その県民の声を反映して政府も誠意を持って、何かいい打開策はないかと、やっぱり胸襟を開いて話し合いをするくらいのことで対応していかないと、このまま押し付けて突っ張ってもと、僕は思いますね。》

政権党のメディア抑圧についてはこう述べた。

《あまり政権与党がマスコミに圧力をかけるのは「報道の自由」からしたら、それは許されないことです。私の首相時代には当然なかった。報道機関へ文書で圧力を送りつけることも起きている。やっぱり権力に奢っているんだな。》

安倍首相が各紙の論説委員や著名なジャーナリストと、高級飲食店で頻繁に会食していることについては、こう述べた。

《それはもうお互いの良識があってしておるんだろうからな。呼ばれる人も。これは行かない方が良いと判断して行かなければ止まるわけだから。それはもう、客観的な批判は自由だけれども、当人同士はそれぞれ良識をもってしとるんだろうから。だからそれは、呼ぶ方も悪ければ呼ばれる方も悪い。呼ばれて、出かけて行く方も悪い。

私が首相の時代には、全然そんなことはしたことはないわ。必要ないもの。》

日本軍慰安婦問題をめぐる日韓の対立については、次のように述べた。

《一四年二月、韓国に行った時に、元日本軍「慰安婦」被害者の女性たちの写真展に行った。国会の演説もした。韓国の皆さんも、それなりに本音で話は聞いてくれましたし、お互いに懇談ができて良かったと思っています。僕はその後も二回ほど招待されて韓国へ行きましたけれどもね。これは国会だけれども、国会だけではなくてね、北東アジア平和財団とかいうのがあって、そこに呼ばれていって、皆さんと会合をしましたけれどもね。そこには挺身隊対策協議会（挺対協）の皆さんも出席していたらしいけれどもね。例えば女性基金の問題なんかについても、報告をして話は聞きましたけれどもね。僕が全体的に受けた印象は、それは日本国民が思う以上に韓国の皆さんは、日本が右傾化するということに対して、非常に心配しているということを感じましたね。

何で女性基金をつくったかという経過を説明したわけです。だからそれは善意で、国民の善意でこれだけのことをしたのだったら何らかの償いをしなければいかんというので、皆さんが協力してくれたと。そういう善意については、やっぱり正当に理解してほしいと。》

韓国では、憲法裁判所が二〇一一年八月三〇日に「日本に対し賠償請求の手続きを履行していないことは、韓国政府の不作為で違憲」とする決定を出している。だから、朴槿恵政権は政権間協議を申し入れており譲れない。それは昔とちょっと違う展開になっている。

《それはだから、慰安婦の問題なんかに関しても、僕に言わせればもうせっかく河野談話を出して、韓国、中国との合意の上で談話を出されたことだし、あの談話を僕らは受けて、もう日韓関係の基本条約で、賠償関係は全部解決している、だから国はもう出せないというから、それに代わって国民が償いをしようと言って、基金を作ってやってきたんだと。そういう経過を正しく受け止めて、韓国政府と日本政府との間で話を十分すれば解決している問題じゃないかと、僕に言わせたらね。それを安倍内閣になって、あの河野談話には裏付けの事実がないとか、いろいろつまらんことを言って蒸し返して、また慰安婦問題が国際的な問題になったというような経過を考えた場合に、何をしているかさっぱりわからない、自分には。身体を拘束するなどの強制性があったとか、そういうことについては、記録にもないし、慰安婦の皆さんに聞けば、こうしてやられた、ああしてやられたと言うだろうしね。だからそれは、真実はなかなかわからないわけだから。これはもう、仕方がないんですよ。だけど慰安所というのはね、軍が作戦上必要としてつくったんだから。政府の責任の上でつくったことは間違いない。だから軍に責任があるのであってね、もうそれだけで十分じゃないかと僕は思う。

慰安所などの施設は軍が管理していたんだから逃げられなかった。だからそれは事実のことはね、それは記録もないかもしれないし、わかり様がないけれども、しかし慰安所をつくってやったというのは、それは軍の責任でつくったんだから。政府の責任でつくったんだから。だから政府に責任があるのは当然ではないかと。それは違法か、合法かなんて言ってみたってね。女性の一番大事なものを、金で買って、売春に使ったなんていうことは、決していいことじゃないんだから。それをまた、事実があったとかないとか、あげつらって言ったって仕様がない話じゃないか。それよりももっとやった行為に対して責任を感じて、きちんとお詫びをし、償いをするというのは当たり前のことではないかと思うね。》

安倍第二次政権が発足してから、右翼と一部メディアが組んで、朝日新聞が慰安婦問題を世界に広めたみたいなことを言っていることについて、

《それはマスコミだからね。それなりの影響をもって報道されたかもしれない。だけどそれは、真実がわかればそれで良い話であって。朝日が報道するとしないとに関わらず、慰安婦の問題というのは裁判にもなって問題になっているわけだから。》

《自衛隊の海外派兵を正当化するために、日本という国家の存立が危うくなった時国民の生命、安全が脅かされる時でなく、「国」（かつての「国体」）を守るというその発想が私は間違えているんではないか（と思う）。そういう発想をすること自体が、あってはならないことなんだけれども。日本の存立が危なくなるようなことが無いようにするためにはどういう努力が必要かを考えるべきです。危機があったらどうするかという話はね、あったらもう取り返しがつかないよ、これは。僕に言わせたら、そういう発想が間違いなんだ。村山談話の言うところの、「国策を誤り」というところだ。戦争なんかしたらいかんということですよ。富国強兵から、明治維新からずっと日本はやってきたわけだ。日本を近代化したことは、それはそれなりの功績があったにしても、そういう力を武力に活用していったということだよね。拡大主義をとったというこ

とは間違いないね。もう日露戦争で勝って酔ったわけだ。》

日本人は「戦後が終わった」と思っているが、日本政府とマスコミが「北朝鮮」と呼ぶ朝鮮半島の北半分を占める主権国家である朝鮮民主主義人民共和国（朝鮮）とは戦後処理が終わっておらず、未だに国交がない。一四年五月のストックホルムでの政府間合意で歩み出したのに、一五年三月二六日、朝鮮総連の議長、副議長宅にマツタケ密輸容疑事件の関連先として家宅捜索が入り、朝鮮側がそれに対して怒って、対話の雰囲気が消えそうになっている。

《日朝は不幸な関係だ。それはやっぱり隣の国だから、戦後七〇年もたって、いまだに国交がないなんていうことは全く不自然だし、おかしな話でね。それはもちろん、朝鮮も難しい国だからね。簡単にいかないことはわかるけれどもね。何かやっぱり、南北朝鮮もね、金大中大統領に会った時に言っていましたけれども、それは「北と統一しようなんていうことを私は考えていません」、と。ただ、お互いに敵対関係でなくて、反省ができて交流ができるような関係だけにはしたいと、こういうふうに金大中は言っていた。僕はそれはそれで良いと思うんですよ。だから日本は日本で、朝鮮とは交流ができるような道を開くべきだと思うね。そういう話し合いをできるようにしないといけない。だから何も、あの国はけしからん国だと言って叩くだけではなくてね。やっぱり話ができることはちゃんと話をして進めていくくらいのことをしないとね。解決しないわね。

僕は平壌に二回行った。難しいから、簡単にはいかないわね。だけど朝鮮があれで良いかと言ったら、朝鮮にとっても決して良いわけではないからね。核をもったって何にもならないよ。持っている、持っているというだけでね。使い物にならない。全然。あんなものを使う金があったら、国民のためにお金を使って、飢えた人なんかを救っていくくらいのことをした方がよっぽどいいよね。

朝鮮の問題についても、韓国にとっても今までの関係というのは決して良いとは思わないしね。日韓、日朝関係にしても決して良いわけじゃないからね。だからやっぱりもう少し六者協議なんかを活用して、話し合いができるようにして、遠くアジアについては六者協議を主体にした安全保障体制というものをこれから考えていくというようなことも大事なことではないかな。

米国とキューバが国交を正常化しようとしている。これからは、そういう時代なんだから。だから中国が、毎年防衛費をつぎ込んで強化している。これがやっぱり脅威になるというようなことは、よけいなことだというよね。中国はあれだけの広大な国だから、それは広大な国を守るためにはこれだけの武力は必要だと言って金を増やしているのだから。何も日本が脅威を感じるなんていう必要はない。そんなことはよけいなことなんです。だけれども、中国が武力を強化して戦争でも起こすというのなら別だけれども、そんなことはない。中国に行って話をすれば、「そんなことは全然考えていません」と。アジアの覇権など求めないと、宣言しているわけだから。だから余計なことを言って、余計な心配をして、お互いに脅威を感じ合って対立するというようなことはやめた方が良いですよ。

北京は一昨年行った。去年は健康が許さずキャンセルした。今年は九月に来てくれと言うので行く予定にしています。中国政府の招待です。戦勝記念館ができたので。

中国も、日本と仲良くしたいというのがありますね。みんなそういうふうに思っているんだからね。別府に立命館アジア太平洋大学がありますね。あそこだって中国が一番多いよね。韓国も一緒だよね、やっぱり日本と仲良くしたいと。中国も今、米国とすごく経済を一体化して、親密になっています。両方とも無視できないからね。それはもう経済的に大きな力を持っているから。日本が中国に対抗して危機感をもったりするというのは、余計なことですよ。それよりももっと仲良くする方法を考えた方が良いよ。安倍さんはやっぱり何を考えているか分からない。

日本みたいなちっぽけな国は、やっぱり外国との関係というものをうまく仕切らないとね。特に中国なんかは隣の国だしね。長い歴史の関係がある大きな国だから。それを敵対視する必要は、一つもないわ。》

村山さんは、労働組合と市民運動に期待を寄せている。

《日本の右傾化に一番関心がある。やっぱり気になるわね。それから、もう少し労働組合なんかも、もっとしゃんとしてほしいと思うしね。第一もう今は無法地帯だからね。採用、解雇が自由だもの。だからそれはせっかく法律によって労働者の権利は保証されているわけだから、与えられた権利を労働者のために使えるところは使うぐらいの運動をしてほしいと思う。

資本主義社会の中では、組織された労働者をどのようにカバーしていくかというのは大事だからね。健全な資本主義のためにも労働組合が大事ですよ、役割は大きいですよ。

だからそれ相応の力をもってね。社会的に反映できるような運動をつくるのが必要ですよ。

資本の力に対抗する力というのは、もう組織された労働者の力しかないんだから。だから健全な資本主義社会を守っていくためには、それなりの労働運動というのは必要なんですよ。最低限。この力がなくなったら、もう一方的に資本の力だけが入ってくるからね。だから今、最低生活を保障する最低賃金制というのがあるけれども、最低保証賃金以下で働いている労働者はたくさんおるわ。

連合をはじめとする労働界は、労働者の最低レベルを支える力というのをやっぱりつくっていかないとね。大の男が八時間働いて、生活保護以下の賃金しかもらえないと、働くのが嫌になりますよ。

僕らが戦後若いときは、各職場を歩いて労働組合の話をしておった。もう少し労働者は団結しないといけないと。だからもう、労働組合は雨後の竹の子のごとくグーッとできた。そして全国的に総評というものに結集して、あれだけの力をもった運動をしていたわけです。戦後復興の大きな力にもなっている。公害問題とかで企業の社会的責任を果たさせる先進的な役割を果たしてきたわけだ。今は力がなくなってきた。どうにかして、その力を取り戻したい。》

村山氏が学者らと共に日本軍慰安婦への謝罪と償いのため、九五年に設立した「アジア女性基金」をどう総括しているかは重要である。二〇一四年二月、村山氏は韓国での記者会見で、私の「女性基金は法的賠償を実現するための阻害要因になったのではないか」との質問に、「当時は、国としての賠償は無理だったので、民間の基金にした。現在の韓国側の要求を考えると、日本政府として最終的な決着をつけるために努力すべきだ。被害女性が生きている間に解決すべきだ」と答えた。

また、同基金の活動をまとめた本の出版記念の会合が一四年一一月九日、東京都内であり、当時の政府関係者らが意見交換した。村山氏は「河野談話や村山談話が議論の俎上にある。基金の果たしている役割と評価の検証が必要だ。日韓の首脳が腹を割って意見交換をすれば解決する問題ではないか」と訴えた。

村山さんは五月一九日から二一日まで韓国紙・朝鮮日報の招待でソウルを訪問し講演した。私も同時期に韓国を訪問し、「定期水曜デモ」に参加した。

韓国では元慰安婦約五〇人が健在だ。今回取材した七人は「我々は歳をとって病気でいつ死ぬかもしれない。生きている間に、解決するようにしてほしい」と訴えた。「安倍首相は私たちが死ぬのを待っているとしか思えない。だから私たちは死ねない。もし、私たちがみんな死んでも、天はずっと日本がやったことを見ている」という慰安婦被害者もいた。日本政府と日本人民は、東アジアで共生するため、国家として慰安婦問題で公式謝罪と法的賠償を行い、ハルモニたちの心の傷を少しでも癒すよう努力すべきだ。

また、中国政府は九月三日の「反ファシズム戦争勝利・抗日戦争勝利記念日」の記念行事の記念行事に村山さんを招待している。安倍自公政権と記者クラブメディアは日中平和条約を無視して、「中国の軍事的脅威」を煽る愚挙を猛省して、日中の友好促進を進めるべきだ。

■村山氏が安倍談話を酷評

安倍首相七〇年談話（八月一四日）については、本書冒頭の「序に代えて」でも簡単に論じたが、村山氏は一四日夜、大分市で記者会見し、安倍談話について、村山談話が継承されたという認識は「ない」と述べ、「出す必要はなかった」と厳しく批判した。

村山氏は「『植民地支配』『侵略』『おわび』という言葉は入っているが、日本がやってきたことに対して不明確だ」「『植民地支配』とか『侵略』という村山談話のキーワードをできるだけ薄めたい、という気持ちだったのだろう。焦点がぼけて、何を言いたかったのか分からない」と酷評した。

安倍談話には多くの問題があるが、村山談話、小泉談話や小渕恵三元首相らが認めてきた朝鮮半島への侵略と植民地支配の反省を認めなかったことは悪質だ。

首相はこう述べた。

《我が国は、先の大戦における行いについて、繰り返し、痛切な反省と心からのお詫びの気持ちを表明してきました。その思いを実際の行動で示すため、インドネシア、フィリピンはじめ東南アジアの国々、台湾、韓国、中国など、隣人であるアジアの人々が歩んできた苦難の歴史を胸に刻み、戦後一貫して、その平和と繁栄のために力を尽くしてきました。》

わざわざ台湾（国連では中国の一部）を中国の前に持ってきて言及し、朝鮮半島の南半分の韓国（大韓民国）だけを指摘し、敗戦後七〇年、過去清算を放置し敵視政策を続けてきた朝鮮を無視した。朝鮮の宋日昊・日朝国交正常化大使は八月一七日、ピョンヤン市内の私たち日本代表団と会見した際、安倍談話について「我が国は四〇年間植民地支配されているのに、朝鮮人民に触れた言葉は一字もない。太平洋戦争で約四年支配したインドネシアやフィリピンには触れている。あの談話では隣の国との関係が改善されるはずがないと、ドイツの新聞が報じたとおりだ」と論評した。

談話は最後に《我が国は、自由、民主主義、人権といった基本的価値を揺るぎないものとして堅持し、その価値を共有する国々と手を携えて、「積極的平和主義」の旗を高く掲げ、世界の平和と繁栄にこれまで以上に貢献してまいります》と述べている。

戦後、国際法違反の侵略戦争を繰り返してきた米国と共にグローバルに戦争ができる国にする憲法違反の戦争法案を強行成立させようとしている安倍政権が人権擁護などの「基本的価値」を持つとは思えない。また「積極的平和主義」の旗という用語には強い違和感がある。

私に敵意を持ち、クーデター・暗黒裁判で同志社大学から私を追放した同僚の渡辺武達名誉教授（三月末、七〇歳で定年退職）は三月一四日、同志社大学今出川キャンパス「良心館」で行われた「最終講義」の中で、安倍氏の掲げる積極的平和主義について、「わたくしは、現在の安倍晋三首相より数十年前に『積極的公正中立主義』を唱えた」と語った。安倍氏より前に同じような用語を考案したと自慢するのは、まさに御用学者だ。

安倍暴走政権に「白紙委任」を与えたマスコミ

■第三次安倍内閣が発足

「激しい抵抗もあるが、今回の衆議院選挙で『引き続き、この道を、まっすぐに進んで行け』と国民の皆様から力強く背中を押していただいた。『信任』という大きな力を得て内閣が一丸となってまい進していく」。

経済政策の失敗、沖縄県知事選の敗北、政治とカネ、武器輸出解禁、原発再稼働、中韓との対立など政権の行方に黄色信号がともった自公野合の安倍政権は、政権延命のためだけの「今のうち」解散を強行し、総選挙で現状維持の議席を確保した。第三次内閣を発足させた安倍晋三首相が、二〇一四年一二月二四日の記者会見で語った言葉だ。

誰が見ても一国のリーダーたるべき知性と見識に欠ける政治家（ポツダム宣言の「知力を欠いた身勝手な軍国主義者」にあたる）がトップに留まれたのは、ジャーナリズム（報道）とアカデミズム（大学）がこの国で全く機能していないからだ。その両方に籍を置いてきた私から見ると、安倍政権は対米隷従の高級官僚、大手広告代理店の電通・博報堂を使った巧みなメディアコントロールで成り立っていると思う。

東電福島原発事件で放射能汚染が拡大し、十数万人の住民が今も避難生活を強いられ、オール沖縄が辺野古新基地建設に反対し、特定秘密保護法施行と集団的自衛権行使容認の閣議決定に反対する声が高まっている中で、二〇一六年夏の参院選挙まで株価の値上がりで恩恵を受ける支配階級、大資本だけが利益を受ける政治経済社会システムが続くことになる。

投開票日の四日前の一二月一〇日に特定秘密保護法が施行された。選挙戦の最中に国家機密保護法である危険な法律が施行されたのに、メディアはほとんど報じなかった。

安倍首相は選挙中、アベノミクスと称する経済政策だけを争点にして戦ったが、自公で三分の二の議席を獲得するや、「今回の衆議院選挙では外交・安全保障政策も大きな争点となった」と強調した。安倍首相は首班指名後の二四日夜に開かれた記者会見で、「今回の衆議院選挙の公約でも憲法改正に取り組むことを明記しており、歴史的なチャレンジと言ってもいい」「三分の二の多数を衆参それぞれで構成していく必要があり、その努力を進めていく。憲法改正が発議されたあとの国民投票で過半数を得ることが正念場であり、改正の一番大切なポイントと言ってもいい。どういう条文から国民投票を行うのかなど、国民的な理解を深める作業をしていきたい」と述べ、在任中の憲法改悪の意図をむきだしにした。

そして首相は、政権選択の国政選挙に勝ったのだから、今後四年間、国民から白紙委任を受けたという勝手な解釈だ。菅義偉官房長官も特定秘密保護法、集団的自衛権行使容認の閣議決定なども国民の支持を得たと解釈し、「丁寧に説明していく」と繰り返した。「説明」さえすれば、後は官憲をバックに数の力で強行するという姿勢だ。

しかし自民党は比例区で有権者の六分の一の支持しか得ていないことを知るべきだ。

今回の総選挙では投票率は史上最低の五二・六六％で、半数近い国民がボイコットした。比例代表の得票では与野党の数は共に二五〇〇万票前後で拮抗していた。自民党の比例代表での得票率は三三％に過ぎず、全有権者の一六・三％である。選挙制度の致命的欠陥から、大量の死票が出てしまうのだ。

共産党が八議席から二一議席に増えて大躍進し、沖縄選挙区で非自民候補が四議席を独占、佐賀一区で民主が勝ったのは良かった。佐賀の市民がオスプレイの佐賀空港配備についての前知事の性急な承認（衆院転出）に反発したのだ。しかし、共産党と共に「脱原発」「憲法改悪反対」を掲げて戦った社民、生活両党が振るわなかったのは残念だ。

自公が進めようとしている改憲、軍事経済、原発再稼働、辺野古基地建設などの政策課題での報道機関の世論調査では反対の声が過半数だ。国会での議席数と民意のずれは深まるばかりだ。

一二月二五日正午のNHKニュースでは、安倍晋三首相が初閣議のため官邸に入る映像が流れ、記者団に「総理、第三次内閣で初登庁の今朝のお気持ちはいかがですか」と聞かれ、「すがすがしい気持ちです」と答えていた。

安倍首相は当初、前内閣の全閣僚を再任するとみられていたが、江渡聡徳防衛相を更迭し、後任には防衛大卒で自衛隊出身の中谷元・元防衛庁長官を起用した。江渡氏は、自らの資金管理団体の政治資金収支報告書で、法で禁じられている自身への寄付を記載（後に訂正）した問題を抱えており、安保法制の審議への影響を懸念して更迭したと思われる。

韓国で大韓航空の財閥三世の女性副社長による「ナッツリターン」騒動が起きているが、自民党議員の多数が二世、三世だ。安倍首相は、東条内閣の商工相だった元A級戦犯被疑者、岸信介の孫である。日本帝国主義の侵略・占領の被害を受けたアジア太平洋諸国（米国を含む）の政府と人民は、中国侵略と第二次世界大戦は自存自衛のための戦争で、アジアを欧米列強から解放したとみなし、極東軍事裁判を否定し、日本軍慰安婦・南京大虐殺をなかったとまで言い張る安倍グループを警戒している。

■自民党の報道弾圧

今回の選挙は、立憲主義、人権を否定する憲法改正草案を提示している安倍自民党の暴走を阻止できるかどうかが争点だったが、記者クラブメディアは、アベノミクスの継続か否かが争点だと報じた。安倍首相の背中を力いっぱい押したのが記者クラブメディアだった。

典型的だったのがＮＨＫだ。官邸クラブの岩田明子解説委員のコメントは、常に安倍首相の代弁だった。ＮＨＫは衆院解散から選挙当日まで、「アベノミクスの継続か否かを争点にした総選挙」という枕詞で選挙を報じた。菅官房長官らが、「選挙の争点は政府与党が決める」と言い放ったのに素直に従ったのだろう。

ＮＨＫの籾井勝人会長（元三井物産副社長）は二〇一四年一月二五日の就任会見で、従軍慰安婦について「戦争をしているどこの国にもあった」と述べた上で、尖閣諸島・竹島など領土問題については、国際放送で「明確に日本の立場を主張するのは当然。政府が右ということを左というわけにはいかない」などと話した。籾井氏は発言を撤回したが、辞任は拒否している。安倍首相はＮＨＫの経営委員にお友だちを四人も送りこみ完全支配した。今回の選挙で民放各局も支配下に置いた。

民放の情報番組での選挙報道は前回の三分の一に激減したという。有権者が政治に関心を持たないように世論操作したのだ。

選挙の争点を決めるのは有権者だ。有権者が争点は何かを考えるために、必要な情報を人民に提供するのが、人民の知る権利を代行することを職業とするジャーナリストの責務である。また、アカデミズムの立場から人民に羅針盤を示すのが政治学などの学者ら知識人の仕事のはずだが、その両方が機能していない。

「一強」として圧倒的な権力を持つ自民党は一一月二〇日、萩生田光一筆頭副幹事長と福井照報道局長の名義で、「在京テレビキー局各社の編成局長、報道局長」宛てに「選挙時期における報道の公平中立ならびに公正の確保についてのお願い」と題した文書を送った。萩生田氏らが各局の官邸記者クラブキャップに手渡したようだ。

問題の文書は、衆院選は短期間で、報道の内容が選挙に大きく影響しかねないとした上で「あるテレビ局が政権交代実現を画策して偏向報道を行い、それを事実として認めて誇り、大きな社会問題となった」と指摘。①出演者の発言回数や時間について公平を期す、②ゲスト出演者の選定について公平中立、公正を期す、③テーマについて特定の立場から特定政党出演者への意見の集中などがないよう、公平中立、公正を期す、④街角インタビュー、資料映像などでも一方的な意見に偏らない、あるいは特定の政治的立場が強調されることのないよう、公正中立、公正を期す——などについて「特段のご配慮をお願い」するという内容だ。

テレビ各局は文書を受け取ったことをひた隠しにしていたが、「NO BORDER」社のネット番組「ニューズ・オプエド」（上杉隆アンカー）が同月二六日の放送の中で「衝撃スクープ」として報道した。

上杉氏は番組の冒頭で、文書について「言論弾圧で、報道の自由への挑戦」「こういう報道はするなよという脅しともとれる内容」だと紹介した後、川島ノリコ・アナウンサーが文書の全文を読み上げた。この番組は今も無料で見ることができる。

上杉氏は「無礼極まりない行為だ」と指摘し、文書が二〇日に出されたことについて、「一八日夜にＴＢ

SのNEWS23に生出演した安倍総裁が、アベノミクスを批判する街頭の声を聞いて激怒することがありこの文書になったのではないか」と指摘した。

上杉氏は番組の中で、「文書が出たのは二〇日だ。この六日間、テレビも含めてこの文書のことを明らかにしていない。テレビ局は文書を持っているのだから、自分たちの番組の中で、自民党による不当な言論介入だとやるべきではないか。テレビにジャーナリズム精神がまだ少しでも残っているのなら、この事実を発表してフェアに報道してほしい」と呼び掛けた。

一一月二六日放送の「オプエド」のゲストだったオランダ人ジャーナリストのカレル・ヴォルフレン氏（元アムステルダム大学教授）は次のように語った。

「この警告・威嚇が選挙管理委員会などからではなく、政権を持つ政党から来たことに驚く。日本は民主党政権で一・五党支配になったが、自民党は『我々は一党独裁の国なのだ』と言いたいのだろう。日本のジャーナリストは、真実を取材し知ったことを伝えないことにより、民主主義を失っていることを認識すべきだ。また、自由な取材を妨害している記者クラブ制度は戦時体制の軍による検閲制度下に生まれたもので、戦後、マッカーサーが使った制度が残っていることも確認すべきだ」。

私は翌日たまたま同番組に出演し、その場で文書のコピーを受け取り、「権力者が口頭などでメディアに注文を付けることはあったが、字にまでして脅したのは初めてではないか」とコメントした。

上杉氏のスクープはfacebookなどのソーシャルネットワーク（SNS）で拡散し、五〇〇〇件以上ツイートされたという。このため、読売新聞を除く主要新聞社や通信社が二七日夜から後追いした。

二八日の朝日新聞は《在京民放5局は27日、朝日新聞の取材に対し、自民党からこの文書を受け取ったことを明らかにした。そのうえで、これまでも選挙の際には自民党だけでなく複数の党から公正中立を求める文書が来たこともあるなどとして、「これまで同様、公正中立な報道に努める」（ＴＢＳ）などとコメントした。ＮＨＫは「文書が来ているかどうかを含めてお答えしない」とした》と報じた。

同紙によると、テレビ東京の高橋雄一社長は二七日の定例会見で自民党の文書について聞かれ、「こうした要請はこれまでの選挙でもいろんな党から来ている」と指摘し、「構えたり、萎縮したりすることはないか」との問いに、「全然ないですよ」と答えた。

民主党は朝日の取材に対し「与党時も野党時も、このような内容の文書を発出した記録はありません」と回答した。

朝日など新聞各紙がこの文書について報道したのは、自民党が五放送局の幹部らに文書を手渡してから約一週間後だった。朝日は二九日の社説で、文書にある「あるテレビ局」は、テレビ朝日報道局長が一九九三年衆議院選挙後の民間放送連盟の会合で「反自民の連立政権を成立させる手助けになるような報道をしようという考え方を局内で話した」という趣旨のことを言った問題を指しているとして次のように論じた。

《局長は国会で証人喚問され、テレビ朝日が5年に1度更新する放送局免許にも一時、条件がついた。／ただし、放送内容はテレビ朝日が社外有識者を含めて検証し、「不公平または不公正な報道は行われていない」との報告をまとめ、当時の郵政省も「放送法違反はない」と認めた。文書がこの件を指しているとすれば、〈偏向報道〉は誤りだ。》

一方、共同通信は、衆院選をテーマにしたテレビ朝日系の討論番組「朝まで生テレビ！」（二九日未明放送）で、パネリストとして出演予定だった評論家の荻上チキさんが「（政治家ではない）ゲストの質問が一つの党に偏るなどして、公平性を担保できなくなる恐れがある」としてテレ朝側から出演を取り消されていたことが二八日に明らかになったと報じた。ほかにタレントの小島慶子さんの出演も取りやめになって、パネリストは政治家のみとなったという。荻上さんによると、衆院が解散された二一日に出演を依頼されたが、二七日に「局の方針で決まった」と番組スタッフから告げられたという。

朝日によると、首相は一二月一日の日本記者クラブでの党首討論会で、「いちいち私はそんな指示はしない」と文書送付への関与を否定したが、ある自民党幹部は「街頭でアベノミクスは失敗の声ばかり、成功は一人というＶＴＲを見て、総理は頭にきてしまった」と話している。

■影響を与えた自民威圧文書

ＮＨＫは文書を受け取ったかどうかも明らかにしていない。ＮＨＫ広報部はいつもは取材に答えるのに、この問題では私の質問書に一度も答えなかった。民放五局は、上杉氏の呼び掛けを無視して、ニュース番組で自民党文書のことを報じていない。

しかし、一二月一〇日の朝日には民放関係者の率直な声が出ている。

《解散から１週間の放送時間でみると、前回の２０１２年と比べ約３分の１になっていることが分かった。高視聴率が見込めないことが大きな理由だが、自民党がテレビ各局に文書で「公平」な報道を求めたことで、放送に慎重になっている面もある。》

《別の民放幹部は「形としては間違いなく『圧力』。報道番組に萎縮はないが、情報番組は慎重になってしまう部分がある」と話す。》

一二月一八日の毎日新聞によると、衆院選の公示後一二日間の選挙期間中、ＮＨＫを含む在京の地上波テレビ六局で、選挙関連の放送時間が、前回衆院選（二〇一二年一二月）の同期間に比べ、約四割減った。《視聴率がとれないとの判断に加え、自民党側が各局に放送の公平中立を求める要望書を渡していたことも影響したとみられる》という。

日本民間放送労働組合連合会（赤塚オホロ委員長）は二日、「政権政党が、報道番組の具体的な表現手法にまで立ち入って事細かに要請することは前代未聞」として報道への介入を厳しく批判した抗議声明を発表した。

放送法第一条（目的）は「放送の不偏不党、真実及び自律を保障することによって、放送による表現の自由を確保すること」「放送が健全な民主主義の発達に資するようにすること」と規定しており、自民党の今回のような圧力を排して、民主的な選挙になるよう放送の自由を保障していると解すべきだ。

読売新聞はこの文書についていまだに一字も伝えていない。世界一の発行部数を誇る新聞社が、政権党の言論抑圧を全く報じないのだ。誤報も問題だが、知っていることを報じないのも大問題だ。

私は一二月五日、読売新聞に以下のような質問書を送った。

《1　読売新聞は同文書を入手していますか。

2　「NO BORDER」の報道では、主要新聞・通信社の中で、読売新聞だけが同文書について報道していないとありますが、どうでしょうか。報道した場合は番組名と日時を教えてください。報道していない場合、その理由を教えてください。》

読売新聞グループ本社広報部から一二月八日、ファクスで回答があった。

《取材の経緯、記事掲載（不掲載）の理由は従来お答えしていませんが、ご指摘の文書に関しては記事等では報じていません。なお読売新聞は、選挙報道における中立性・公平性には万全を期すよう留意していることを申し添えます。》

新聞社が記事不掲載の理由を答えないというのは理解できない。読売の言う「中立性・公平性」は安倍政権と大企業に奉仕（隷従）するという意味なのだろうか。

主要メディアは、今回の文書について報じる際、「オプエド」「NO BORDER」の特ダネだったことに全く触れていない。海外のジャーナリズムでは、人民が知るべき情報をスクープした者への尊敬の念を込めて、「○○社が△△日に報じたところによると」とスクープした媒体、個人を明示して報じるのが普通だ。

ネットの「弁護士ドットコム」だけは「NO BORDERがスクープして、それを各社が後追いした」と事実関係を正確に報じ、「もし最初のスクープがなければ、こうした文書の存在は世間にあまり知られず、大きな問題にならなかったかもしれません」という田島泰彦上智大学教授の的確なコメントを掲載している。テレビ局の沈黙を批判する新聞社はない。日本の民放のほとんどが新聞社の系列下にあるからだろう。

一二月五日、私はテレビ朝日に、①いつどのような形で、同文書を受け取ったか、②文書について放送番組の中で報道したか、③政権党から類似の文書を受け取ったことが過去にあるか、④文書は過去の例として、「あるテレビ局が政権交代実現を画策して偏向報道を行い、それを事実として認めて誇り、大きな社会問題となった事例」を持ち出しており、この記述は一九九三年のテレビ朝日の報道局長の発言を指していると指摘が朝日社説などにあるがどう考えるか、⑤「朝まで生テレビ！」パネリストとして出演予定だった評論家の荻上チキさん、タレントの小島慶子さんの出演が取りやめになったことと文書とに何か関連はあるか——を文書で質問した。

テレビ朝日広報部の担当者は一二月二六日、次のような回答をファクスで送ってきた。

《当社は自民党から、「選挙時期における報道の公平中立ならびに公正の確保についてのお願い」という11月20日付の文書を手渡しで受け取りました。この件については、11月28日の「朝まで生テレビ！」で取り上げ、議論しました。／また、政党から様々なご意見をいただく場合もありますが、詳細は控えさせていただきます。文書の主旨については、コメントする立場にございません。／なお、出演者も含めて、放送に至る過程については、従来お話ししておりません。》

担当者によると、「朝まで生テレビ！」以外の番組では報道していないという。

■「朝生」だけが自民文書を取り上げた

テレビ朝日が回答で「取り上げ、議論」したというのは、司会の田原総一朗氏の「朝生」での冒頭発言のことだが、これはテレビ朝日としての見解表明とは言えない。テレビ朝日関係者は「田原氏は当社幹部と打ち合わせて自民党文書を取り上げた」と私に話したが、テレビ朝日社長らが見解を表明すべきである。

自民党は、朝日の社説の言うとおり椿報道局長発言を一つの根拠にして文書を送っているのだから、テレビ朝日として事実誤認に関して抗議すべきだ。

「朝生」のテーマは「総選挙直前！ 激論！ これでいいのか?! 日本の政治」で、パネリストは八党の政治家だった。田原氏が「討論に入る前ですが、今日（一一月二八日）の朝日新聞と毎日新聞にとても気になる記事が出てます」と述べて、自民党文書の内容を紹介した。

「つまりなんか変な意見を持った人は出さないという内容になってます」「上智大学の田島教授が、かなり具体的に介入した文書であり、報道が委縮するような圧力になっている、と言い、毎日新聞では立教大学の服部教授が、これは要するに実態はテレビ局への恫喝である、と書いています」。

「実は余計な事ですが毎日新聞によると、このあるテレビ局が政権交代実現を画策して偏向報道を行ったというのは、実は、これはテレビ朝日の椿問題を言ったと、この局です。ということは、私も当事者の一人になるわけですが、当時の事を非常によく覚えておりますが、偏向報道などをやった事はない、この選挙の時には、各党の人みんな出てきて今日と同じようにやってますね。これを偏向報道などという言い方をするのは、いかがなものかと思いますが」。

田原氏は「こういうものが二〇日付で送付されて、朝日新聞や毎日新聞が報道するっていうのは、これは問題で、私は本当ならばね、在京各社民放各社の報道局長なりなんなりがこれらに対して集まってきちんと討議をして、抗議をすべきだ」と提言した。

一二月一二日の東京新聞によると、田原氏は都内で開かれた学者らの自民党文書批判の会見の場で、「僕は〝朝生〟の冒頭、あの二〇～二五分やった。(略)かつてない萎縮ムードが蔓延しているというのはウソ。あの文書で自民党は何百万票も減らしたはず」と述べた。

しかし、田原氏の予言は全く当たらなかった。

■報道が有権者の棄権を煽った

今回、投票率が最低だったのは、安倍政権が危険な政治集団であることをメディアが隠しているので、市民が危機感を抱かなかったからだ。

選挙後のメディアでは、「争点が明確でなかった」「与野党の違いがほとんどない」という解説がなされている。確かに政権党と民主・維新の違いはそう大きくなかったが、自公と共産・生活・社民三党との違いは鮮明だった。

記者クラブメディアはこの三党の主張を真面目に取り上げない。三党の視点で社会を見ているのは沖縄の二紙、ブロック紙の東京新聞（中日新聞東京本社）と一部地方紙だけだ。

安倍自公政権はメディアコントロールに長けている。安倍首相がメディア幹部やジャーナリストと会食を重ねているのはよく知られているが、総選挙の開票から二日後の一二月一六日夜、安倍晋三首相は「選挙圧勝祝い」としか思えないベテラン記者との会食をした。

一七日の各紙に載った「首相動静」によると、《6時59分、東京・西新橋のすし店「しまだ鮨」。時事通信の田崎史郎解説委員、朝日新聞の曽我豪編集委員、毎日新聞の山田孝男特別編集委員、読売新聞の小田尚論説主幹、日本経済新聞の石川一郎常務、ＮＨＫの島田敏男解説委員、日本テレビの粕谷賢之解説委員長と食事。9時37分、東京・富ヶ谷の自宅。》

しんぶん赤旗によると、《首相との会食を終えて、おみやげを持って出てきたマスメディアの関係者の多くは足早にタクシーへ》《(田崎氏が）店外で待っていた記者8人に簡単なブリーフィング。「あらかじめ座る席が決まっていた」などと説明。「完オフ」（完全なオフレコ）が条件の会食とされ、何が話し合われたかは語らなかった》という。

安倍首相と政治記者との食事会は定期的に開かれており、選挙の日程が決まる前からこの日の会食は決まっていたというが、あまりにも時期が悪すぎる。

記者たちは、首相の料金も含め記者たちの割り勘だったというが、その証拠はない。内閣機密費で支払われると、チェックは不可能だ。一月一四日の朝日によると、曽我編集委員は「政治記者として、最高権力者である総理大臣がどういう思いで政治をしているかを確かめる取材機会を大事にしたい」と釈明しているが、自公政権の政策によって苦しむ民衆の思いに寄り添うのが記者の本分ではないか。

朝日新聞「慰安婦」報道叩きの犯罪

■用意周到なリベラル・メディアつぶし

二〇一四年九月に終わったNHKの朝の連続ドラマ「花子とアン」で、アジア太平洋戦争中に官憲だけでなく一般市民が、欧米教育を受けた隣人を「非国民」「国賊」と激しくののしる場面が多く出てきた。中国と朝鮮を露骨に「敵国」とみなし、尖閣・竹島の「領土」保持と、「拉致」被害者の奪還こそが日本の生命線だとして偏狭なナショナリズムに陥っている現代の日本は、あの時代に酷似していると思う。

「米国と共に、いつでもどこでも戦争ができる国」を目指している安倍政権にとって、憲法問題、原発問題、増税で異を唱える朝日新聞などのメディアは目障りで仕方なかった。安倍氏は二〇一二年一一月、日本記者クラブ主催の党首討論会で「朝日新聞の誤報による吉田清治という詐欺師のような男が作った本が、まるで事実のように日本中に伝わって問題が大きくなった」と断言した。そこで、第二次安倍政権が誕生すると、産経新聞、読売新聞と文藝春秋が先頭を切って、「『慰安婦』問題は朝日新聞の誤報・捏造によって作られた」と決め付け、「一億国民が報道被害」「売国のＤＮＡ」などというファナティックな非難を展開した。

特定秘密保護法、集団的自衛権行使容認の閣議決定、原発再稼働などの暴走を続ける安倍政権と政権を操る極右反動靖国勢力は、朝日新聞の三二年前の日本軍慰安婦報道を中傷して、「慰安婦」制度そのものまでなかったことにするという歴史の改竄を企んでいる。

安倍内閣ほどマスメディア幹部、著名なジャーナリストとの会食を重ねて、電通・博報堂を抱き込んだ広報戦略を重視する政権はない。極右勢力と極右メディアが共謀して始めた朝日新聞バッシングは、政権にとって目障りな報道機関を統制下に置くために仕組まれた用意周到なリベラルメディアつぶし戦略の一環である。

ジャーナリズム論を専攻する私から見ると、朝日新聞は「左翼」でも、「反政府・反体制」でもなく、海外のクオリティペーパーと比較すると権力監視の調査報道の力が弱いと思うが、戦時中の大本営発表報道を是とする安倍政権と自公勢力には、憲法問題、原発問題で安倍政権に異を唱えることのある朝日新聞などのリベラルメディアは目障りなのだろう。「朝日程度の政府批判さえも許さない」というおごりだ。ＮＨＫの経営委員に四人のお友だちを送り込み、政府広報を肯定する会長を据えた安倍首相には、ＴＢＳテレビの報道特集、サンデーモーニング、テレビ朝日の報道ステーションなども何とかしたいのだろう。

産経新聞とネットで「『慰安婦』問題は朝日新聞の誤報・捏造によって作られたもの」と中傷された朝日新聞は、八月五、六日に「慰安婦問題」の自社報道検証記事を掲載。記事では、まず、「元山口県労務報国会下関支部動員部長」を名乗る故吉田清治氏の証言を検証し、《済州島で２００人の若い朝鮮人女性を「狩り出した」》とする証言などの記事を虚偽として取り消した。この検証記事に力を得た極右靖国反動メディア・政治家・歴史改竄主義者は計画的に朝日を追い込み、朝日は九月一一日に全面屈服した。

九月一一日、朝日新聞の木村社長は記者会見し、東京電力福島第一原発「事件」の吉田昌郎元所長「調書」報道（五月二〇日付一面トップ《所長命令に違反　原発撤退》）の記事を取り消すとともに、「慰安婦」報道をめぐる誤報撤回の遅れと併せて謝罪した。一二日付の朝日は一面に《みなさまに深くおわびします》と題した木村伊量社長の謝罪文を掲載し、吉田調書の報道経緯を中心に関連記事を計九ページにわたり詳報した。朝日は、杉浦信之取締役の編集担当の職を解き、木村社長は改革と再生に向けた道筋をつけた上で進退を決めるとした。極右勢力への全面屈服である。

八月五、六日の検証記事だが、まず吉田清治氏の証言が検証されている。吉田氏の《済州島で２００人の若い朝鮮人女性を「狩り出した」》とする証言について、証言の裏付けが得られず、証言は虚偽として記事を取り消した。また、「慰安婦」と「女子挺身隊」を混同した誤用を認め、《元慰安婦　初の証言》記事に当時の植村隆記者による事実の歪曲はなかったとした。

「強制連行」については、朝鮮や台湾に限れば「軍による強制連行を直接示す公的文書」は見つかっていないが、他の地域には証拠もあること、問題の本質は軍の慰安所で女性たちが自由を奪われ、意に反して「慰安婦」にされたという強制性にあることだと書いた。

朝日の一面記事では杉浦編集担当が《慰安婦問題に光が当たり始めた90年代初め、研究は進んでいなかった》として、軍需工場などに動員された「挺身隊」と「慰安婦」を混同するなどした背景を説明した。その上で《「慰安婦問題は捏造」という主張や「元慰安婦に謝る理由はない」といった議論には決して同意できない》と強調した。

朝日は八月二八日付三面《慰安婦問題　核心は変わらず》の記事でも、一連の朝日批判に反論した。

この検証記事は、「慰安婦」問題が表面化した一九九〇年代以降の内外における調査・研究に概ね沿っており、常識的な内容だった。ところが、極右メディアは、朝日が誤報を認めたとか、訂正までに三二年かかった、謝罪がないなどと非難した。また、自民党の石破茂幹事長は「朝日新聞の国会招致もあり得る」などと国家権力による報道統制を公然と主張。一三年五月に「慰安婦制度ってのは必要だということは誰にでもわかる」と放言して国際社会から批判された橋下徹大阪市長は「当時、慰安婦は必要だった」と再び持論を展開し、「朝日新聞が日韓関係をこじらせた責任者だ」と全く見当違いの非難を行った。

これを受け、一四年初めから朝日の「慰安婦」報道を非難してきた右翼政治家と極右メディアによって、「慰安婦」制度そのものがなかったかのようなキャンペーンが展開された。

■植村記者らの強い要望で検証

極右メディアは前々から日本軍慰安婦の存在そのものを否定してきており、特に、第二次安倍政権が発足した二〇一二年末以降、日本軍慰安婦の強制性を認めた「河野洋平官房長官談話」(一九九三年八月四日)を目の敵にしてきた。

朝日の記者たちによると、朝日は一四年四月に、過去の「慰安婦」報道を検証するためのチームをつくった。社会、政治、外報、特別報道の各部からメンバーが出て、当時の記者やデスクにも取材して検証した。

第二次安倍政権が発足した当初、河野談話を否定する動きがあり、読売が《慰安婦問題は朝日の誤報によって起きた問題》と主張した。しかし、米国の意向もあり、安倍政権は河野談話を継承すると軌道修正したので、この問題は消えたという雰囲気が朝日社内にはあった。ところが一四年に入って、産経が朝日の過去の「慰安婦」報道を批判する連載記事を始め、ネット上での攻撃もすさまじいものになった。東京、大阪の両本社前では、週に二、三回のデモが始まった。「在日特権を許さない市民の会」に近い人たちが組織したのは間違いない。朝日のビルに入っているテナント企業や紙面に広告を出している会社に、様々な嫌がらせも続いた。朝日の専売店には「新聞をとりたくない」という電話が相次いだ。

朝日の検証チームの一員だった記者は私の取材に、「過去の『慰安婦』記事に関し、紙面で何らかの訂正をしなければならないと決まったのは、元記者が勤務する大学が脅されたり、教授に就けなかったりしたことが大きい。特に、二〇一三年三月末、早期退社した植村隆氏は週刊誌やネットで激しい攻撃を受けた。社のトップは、元記者の教員が朝日時代に書いた記事で攻撃を受けているのを放置できないし、これからも書き続けなければならないので、過去の記事の間違いを整理しなければならないと考えた」と打ち明けた。

植村氏は三月末に朝日を早期退職した。四月から神戸松蔭女子大学に教授として赴任するはずだったからだ。ところが、『週刊文春』が一四年二月六日号に《〝慰安婦捏造〟朝日新聞記者がお嬢様女子大教授に》という記事を載せた。植村氏が同年四月に同大学の教授になるという内容だった。この記事が出た一月末からネット上で植村氏の教授就任を辞めさせようという呼びかけが始まり、同大学へ抗議のメールや電話が殺到した。大学側は三月植村氏に就任辞退を求め、契約解除となった。また、在職中の一二年度から非常勤講師を続けている北星学園大学（札幌）にも、植村氏を辞めさせろという圧力がかかった。

『週刊文春』は四月一七日号でも《朝日慰安婦記者義母の巨額詐欺　反日無罪の噴飯　判決文入手》と題した記事を載せている。植村氏の義母は太平洋戦争犠牲者遺族会の会長であり、日本軍慰安婦問題と直接関係はないし、この事件の判決とも何の関係もない（義父はソウルの裁判で無罪になっている）。

「そのころは、『敵』は産経とネット右翼だという認識で、見通しが甘かった。読売が朝日叩きに本格的に参加、ほとんどの週刊誌が加わり、報道の自由に理解のある学者やジャーナリストまでもが読売・毎日紙上で朝日批判を展開し始めて、謝罪以外に道はなくなった。八月末、池上彰氏の《新聞ななめ読み》記事掲載拒絶問題が出て、社長謝罪になった」。

朝日の検証記事の中で、記者の実名が出ているのは植村記者だけだ。植村氏が朝日に対し、産経やネットによる批判に対し、精緻な反論記事を載せるよう要請したようだ。

調査報道に携わるベテラン記者は「朝日は大組織で、中が官僚化しているのは事実だ。このままいくと、朝日に希望はないかもしれない」と悲観的だ。

九月一二日の朝日に載った木村社長の謝罪文は「慰安婦」報道について次のように述べている。

《戦時の女性の尊厳と人権、過去の歴史の克服と和解をテーマとする慰安婦問題を直視するためには、この問題に関する過去の朝日新聞報道の誤りを認め、そのうえでアジアの近隣諸国との相互信頼関係の構築をめざす私たちの元来の主張を展開していくべきだと考えたからです。この立場はいささかも揺らぎません。

（略）

慰安婦報道については、報道と人権委員会（ＰＲＣ）とは別に社外の弁護士や歴史学者、ジャーナリストら有識者に依頼して第三者委員会を新たに立ち上げ、寄せられた疑問の声をもとに、過去の記事の作成や訂正にいたる経緯、今回の特集紙面の妥当性、そして朝日新聞の慰安婦報道が日韓関係をはじめ国際社会に与えた影響などについて、徹底して検証して頂きます。こちらもすみやかな検証をお願いし、その結果は紙面でお知らせします。

吉田調書のような調査報道も、慰安婦問題のような過去の歴史の負の部分に迫る報道も、すべては朝日新聞の記事に対する読者のみなさまの厚い信頼があってこそ成り立つものです。

わたしたちは今回の事態を大きな教訓としつつ、さまざまなご意見やご批判に謙虚に耳を澄まします。そして初心に帰って、何よりも記事の正確さを重んじる報道姿勢を再構築いたします。そうした弊社の今後の取り組みを厳しく見守って頂きますよう、みなさまにお願い申し上げます。》

木村社長が会見の質疑応答で、慰安婦の強制性があったとの認識に変わりがなく、今後も慰安婦問題の報道を続けると明言したのはよかった。

朝日は一〇月三日、第三者委員会（委員長＝元名古屋高裁長官・中込秀樹弁護士）のメンバーを決定したと発表した。初会合は九日午後、東京都内で開かれた。委員は、外交評論家の岡本行夫氏、国際大学学長の北岡伸一氏、ノンフィクション作家の保阪正康氏ら六人。

この人選をみると政府の有識者委員会のようで、安倍氏のブレーンも複数入っている。歴史の専門家は一人も入っていない。一〇月九日、林博史関東学院大学教授らが朝日の委員会に慰安婦問題で学術的業績のある研究者や人権団体が含められるべきだと要望した。

■吉田清治氏の虚偽証言こそ調査報道を

歴史から学ばない極右新聞は社説で、《広義の強制性があったとして日本政府の責任を問うことは、議論のすり替え》（八月六日読売）、《「強制連行」の根幹崩れた》（同産経《主張》）と主張し、朝日の吉田証言などの報道が《河野談話の伏線となったことは間違いない》などと書いて批判しているが、河野談話は各国の公文書、旧軍・朝鮮総督府・慰安所関係者などへの聞き取り調査を基に作成されている。

繰り返すが、朝日の「慰安婦」報道は国際的な基準から見れば、両論併記的で右からも左からも批判される優柔不断な論調だ。八月の検証記事も、一九九〇年代からの「慰安婦」研究の成果を知る人には、常識的な内容だった。むしろ、識者談話のトップに安倍氏に近い氏の虚言を掲げるなど、現在の「慰安婦」問題の本質を曖昧にしていると思う。朝日は一貫して、村山富市首相時代に行った民間のアジア女性基金を評価し、日本国家による謝罪と賠償を求めていない。日本軍慰安婦の「強制性」の歴史的事実を認めるならば、河野談話を国会決議にして、日本政府が謝罪と補償をすべきだと主張すべきである。朝日の「慰安婦」問題の論調は極めて生ぬるいと私は思っている。

私が不思議でならないのは、日本社会が、朝日を含む日本の主要メディアをまんまと騙した吉田氏をなぜ三二年間も放置してきたのかということだ。詐欺（話）師に騙された記者、報道機関も悪いが、一番悪いのは私小説まで書いて、虚偽証言した吉田氏ではないか。当時、吉田氏を知る人たちは、彼の証言が虚偽とすぐにわかったはずだ。

一部週刊誌、ネットでは、吉田氏の長男ら遺族が登場して、「記事でも利用され、三二年後に再び記事取り消しで使われた」「せめて、生前に記事を取り消せなかったのか」と朝日を非難しているが、私には違和感がある。

吉田氏はなぜあの時期にウソを書いた「私小説」本を二冊も出版し、記者たちに虚偽証言をしたのか。背後関係はなかったのかを知りたい。

朝日は吉田清治証言を虚偽と認定したが、『人権と報道・連絡会ニュース』一四年一〇月号（第三〇八号）によると、「『戦争と女性への暴力』リサーチ・アクションセンター」（ＶＡＷＷ　ＲＡＣ＝バウラック）共同代表の西野瑠美子さんは《吉田証言の何を虚偽としたのかが曖昧です。その結果、「強制連行」全否定や「慰安婦」問題はでっち上げ、というキャンペーンに使われた》、《秦郁彦さんも「済州島の事件が無根だとしても、吉田式の慰安婦狩りが無かった証明にはならない」（『正論』九二年六月号）と言っていた》

と強調した。

《朝日は「強制連行」という表現を使って「虚偽」とした。しかし、吉田氏は証言で「慰安婦の狩り出し」「慰安婦徴用」等の言葉を使っているが「強制連行」という言葉は使っていない。》

《「慰安婦」問題は「韓国人慰安婦」問題ではない。植民地・占領地での徴集の違いや特徴を整理することは必要だが、「韓国」に軸足を置いた目線は事実認識を誤らせる。》

《93年の河野談話以降、約500件の資料が発見されていて、それを検証に生かせばいいのに弁明ばかりになり、否定派の思うように使われてしまった。》

《「裏付けが得られないから虚偽」という判断には大きな問題がある。それは、オーラルヒストリーについても「裏付けがないから虚偽だ」として、「慰安婦」証言を否定していく前例につながる。NHK番組改変の時、秦さんは「目撃証言がないから」と「慰安婦」証言を否定した。それなら、日本人拉致問題も全部そうなる。》

刑事事件報道で、警察・検察の発表内容が後に虚偽であったとわかることが珍しくない。ウソの自白、目撃証言をした人間がいても、それを取材し報道した記者の責任は問われない。新聞社は「警察が被疑者を犯人と見て、逮捕したのは事実」「警察が自白したと報道発表したのは事実」だという理屈だ。真実しか報道できないとなると、人間には不可能な仕事になる。結果論で、真実でなかった場合は謝罪し、訂正・取り消しをするということになれば、新聞は毎日、記事取り消し、謝罪するしかなくなる。

新聞を含む報道機関が過去の「誤報」を検証し、謝罪すべき問題は他に山ほどある。冤罪事件の被害者の捜査段階での報道はほとんどが誤報だ。戦前は、「天皇の記者」としてアジア太平洋諸国への侵略戦争に加担し、大量破壊兵器と核開発というウソを垂れ流しての米英のイラク侵略・占領を煽り、違憲の自衛隊イラク派兵を支持し、「原子力マフィア」の主力となって原発安全神話をばらまき、福島原発事件では「ただちに健康に被害はない」という政府と東大教授のウソを垂れ流し、無数の市民を被曝させた。小沢一郎政権を阻止するために検察と共謀して「陸山会事件」を捏造した罪もある。

■性奴隷を否定する安倍首相と自民党

安倍首相は一〇月三日の衆院予算委員会で、朝日が慰安婦問題で、吉田証言を取り消した報道に関連し、「日本のイメージは大きく傷ついた。日本が国ぐるみで性奴隷にしたと、いわれなき中傷が世界で行われている」と発言した。安倍首相はさらに、「政府としては客観的な事実に基づく正しい歴史認識が形成され、日本の取り組みに対して国際社会から正当な評価を受けることを求めていく」「これまで以上に戦略的な対外発信を強化していかなければならない」と踏み込んで答弁。これを受け、自民党はさっそく、海外への情報発信の方法を検討する特別委員会の設置を決めた。

安倍首相は九月一四日のＮＨＫ番組でも、「世界に向かって取り消していくことが求められている」とし、「事実ではないと国際的に明らかにすることを、われわれも考えなければならない」と述べていた。

稲田朋美自民党政調会長は「吉田証言をもとに日本の名誉は地に落ちている。世界中で広まるいわれなき不名誉な汚名を不作為によって、そのままにしておくのは将来に禍根を残す」と言明した。また、自民党は党の国際情報検討委員会の決議（九月一九日）でも朝日の記事取り消しで「性的虐待も否定された」として、性奴隷としての「慰安婦」制度の本質を否定している。

自民党の萩生田光一総裁特別補佐は一〇月六日のＢＳ番組で、「慰安婦」問題で日本軍の関与と強制性を認め、謝罪を表明した河野談話について、「見直しはしないけれども、もはや役割は終わった。骨抜きになっていけばいい」「来年は戦後七〇年、新たな談話を出すことによって、結果として骨抜きになるんじゃないか」と述べた。

『週刊現代』一〇月一一日号は、《世界が見た「安倍政権」と「朝日新聞問題」》という特集で、《ヒステリックな朝日叩きによって、日本の国際的イメージは、恥をさらすことになっている。安倍政権は戦時中の責任を回避しようと必死になっていると映る》などの海外コメントを紹介。《日本人が考えている以上に世界が日本を、急速に見放しつつある》としている。

安倍首相は「河野談話を継承する」と明言した上で、「河野氏が記者会見時で（強制連行があったのかと聞かれ肯定する返答をした）発言をしたのは問題だ」と強調した。菅官房長官も一〇月二一日の会見で、河野氏の発言について「大きな問題だ」と指摘した。

一〇月二日の朝日新聞は《大学への脅迫　暴力は、許さない》と題した社説で、かつて「慰安婦」報道に関わった元朝日記者が教授を務める帝塚山学院大（大阪府狭山市）に九月、別の元記者が非常勤講師を務める北星学園大には五月と七月、それぞれの退職を要求し、応じなければ学生に危害を加えるという趣旨の脅迫文が届いた事件を取り上げた。

《家族までもがネット上に顔写真や実名をさらされ、「自殺するまで追い込むしかない」「日本から出て行け」などと書き込まれた。》

元朝日ソウル特派員の植村氏は、元慰安婦の裁判を支援する韓国人女性が氏の義母に当たるため、『週刊文春』（四月一七日号）などは、その関係を利用して都合の良い「捏造疑惑記事」を書いたのではないかと非難していた。植村氏は当時大阪社会部に勤務しており、ソウル支局長からの連絡で韓国に向かって取材しており、縁戚関係を利用して特別の情報を得たことはない。また、取り上げた元慰安婦の経歴についても意図的に不都合な記載を避けたことはない。

一〇月二四日の新聞各紙は、植村記者が講師を務める北星学園大に「爆弾を仕掛けてやる」との脅迫電話をかけたとして、北海道警厚別署は二三日、威力業務妨害の疑いで新潟県燕市新生町、施設管理人の男性(六四)を逮捕したと報じた。男性は「朝日新聞の一連の報道が気にくわなかった」などと供述しているという。極右新聞、人権侵害・悪徳週刊誌を読んで洗脳されたのだろう。

■販売競争に利用、朝日を追い込んだ毎日

安倍政権の暴走が始まって、新聞界には、安倍政権に批判的な朝日・毎日・東京(中日)対安倍政権に近い読売・産経・日経という二分化が復活したと思っていた。ところが、その毎日が九月一一日に突然、七面で朝日慰安婦報道に関する特集面を組んだ。毎日がこの特集で、《朝日「慰安婦報道　点検」をめぐって　吉田清治証言　国際社会に誤解広める　国連報告などが引用　朝日は影響に触れず》との見出しを掲げ、読売・産経に酷似した朝日批判を全面展開したことで、朝日は完全に孤立した。ある朝日記者は、「毎日の急変は朝日上層部にとってショックだった。『サンデー毎日』などでリベラルとされるフリージャーナリストやメディア学者が朝日批判を展開して、社長の謝罪しかないと判断した」と説明する。

読売は専売店に三〇〇万枚の朝日攻撃のリーフレットとチラシを配布し、毎日も同じようなチラシを配ったという。ある毎日記者は「八月の朝日の検証の後、朝日から読売、毎日、地元紙にのりかえる読者がかなりいた。いまは止まっているが、朝日は危機感を持ったと思う」と話している。新聞界では、十数年前から

部数の漸減状態が続いている。黒薮哲也氏が『週刊金曜日』一〇月一〇日号で書いたところによると、読売は二〇一三年一一月から七七万部以上も部数を減らしている。両紙の朝日批判は、販売戦略上の都合もあったのだろう。

毎日の特集は朝日を次のように批判した。

《吉田証言は韓国や国連など国際世論に無視できない影響を及ぼしてきた。この問題をめぐる混乱は、人間の尊厳と歴史認識が絡む慰安婦問題の解決を遠ざけ、日本の立場に対する国際社会の理解を妨げている。吉田氏の証言は「慰安婦が強制連行で集められた証拠」とされ、誤った認識を世界に広めた。》

《朝日報道をきっかけに、韓国各紙は慰安婦問題を集中的に報道し、韓国世論を憤激させた。》

《96年1月に出た国連人権委員会報告書（クマラスワミ報告）は、旧日本軍の慰安婦制度を「軍性奴隷制」（military sexual slavery）と定義し、日本政府に国家賠償や謝罪、加害者の処罰などを勧告した。報告書は吉田氏の著書を引用し、「強制連行を行った吉田清治は戦時中の体験を書いた中で（中略）1000人もの女性を『慰安婦』として連行した奴隷狩りに加わっていたことを告白している」と記した。クマラスワミ報告について、慰安婦問題に長く関わってきた大沼保昭明治大教授は「不正確な引用を含み、総体的にみて学問的水準の低い報告」と指摘している。》

特集記事の左肩に、《現代史家の秦郁彦氏》の顔写真入りの談話が載っている。秦氏は、朝日が今も「慰安婦＝性奴隷」説に追随していると批判、《慰安婦は兵士の数十倍の収入があり、廃業帰国や接客拒否の自由もあった》などという持論を展開し、《今後の日韓関係を心配する人がいますが、私は、韓国は放っておけばいいと思う》とまで言い放っている。朝日も八月六日の検証記事の左肩に秦氏の寄稿記事を載せている。

特集記事には編集編成局長の《事実と謙虚に向き合う》という見出しの署名記事がある。《朝日新聞の一連の報道で、「吉田証言」のような軍の組織的強制連行があったとの誤解が世界に拡散したとされるように、報道は社会に大きな影響を与え、外交にも不幸な事態を招きかねません。（略）一方で、この問題をめぐる混乱が、日韓両国の未来構築をも阻む一因になると懸念します。》

大沼教授のコメントこそ「学問的水準の低い」内容と私は考える。

毎日は九月一二日にも、一面に小川一編集編成局長の署名記事を掲載した。小川氏は、《今回の朝日社長の謝罪と進退への言及は、ジャーナリズム史の分水嶺となるはずだ。報道の使命と責任はいかに重いか。（略）時代の厳しい要請を痛烈に告げられた日として歴史に刻まれることだろう》などとして朝日の対応の遅さを批判した。

私から見れば、毎日が読売・産経に同調した「9・11」こそ、「ジャーナリズム史の分水嶺」となる恐れがあると思う。日本には権力を監視するジャーナリズムが育っていない。強大な権力を持つ政府や大企業を監視する調査報道が衰退するのではと危惧する。

毎日は、朝日の報道が世界に拡散したというのだが、日本語で出している新聞の報道で世界の世論、国連の認定が左右されるということはあり得るのか。日本の一新聞社にそんなに大きな力があるというのは小川氏の妄想でしかないと思う。

毎日は特集の中の《本紙はどう伝えたか》で、《一方、最近の韓国の強硬姿勢を巡り、毎日新聞は社説で冷静な議論を呼び掛けている》と書いている。朝日も同様だが、日本の主要新聞は一九六五年に締結された日韓基本条約で戦争被害者の請求権は消滅していると見ている。しかし、慰安婦問題が出てきたのは一九九〇年代であり、新しい問題である。

■国連報告書に訂正要求

毎日はクマラスワミ報告書が吉田氏の著書を引用したと批判するが、毎日幹部は九月四日の毎日（中部）夕刊社会面に載った《従軍慰安婦問題：報告「修正不要」　国連報告者「吉田証言以外も証拠」》という見出しの共同通信記事を読むべきだ。

《【コロンボ共同】旧日本軍の従軍慰安婦を「性奴隷」と位置付け、日本政府に謝罪や賠償を勧告した1996年の国連報告書（クマラスワミ報告）を作成したスリランカの女性法律家、クマラスワミ元特別報告者が4日までに共同通信と会見し、報告書の内容について「修正は必要ない」との考えを示した。（略）

報告書は吉田氏の著書を引用しているが、クマラスワミ氏は吉田証言について「証拠の一つにすぎない」と主張。

元慰安婦への聞き取り調査などに基づき「日本軍が雇った民間業者が（元慰安婦らを）誘拐した」事例があったと主張した。（略）

クマラスワミ報告については、吉田氏の証言など信頼できない情報にも立脚しているとの批判があるが、スリランカのコロンボで会見したクマラスワミ氏は調査に基づき「慰安婦たちには逃げる自由がなかった」と強調。慰安婦を「性奴隷」と定義したのは妥当だったと述べた。

慰安婦問題への日本政府の対応について「日本の人権政策は非常に進歩的だが、（慰安婦問題に関して）年老いた被害者のために、なぜ正義が実現できないのか理解できない」と語った。

元慰安婦への償い事業のための「アジア女性基金」が設立された95年当時よりも、日本の対応が後退していると指摘。「慰安婦問題に関して日本は寛大になるべきだ」とも述べた。》

「国連は吉田証言を使ってクマラスワミ報告を出した。これで世界が日本をバッシングする構図が作られた」というのはデマである。

クマラスワミ氏は一九九四年に国連人権委員会から特別報告者に任命された。九六年に出した報告書の付属文書で、《戦時中に行われた狩り出しの実行者であった吉田清治は、著書のなかで、国家総動員法の一部として労務報国会のもとで自ら奴隷狩りに加わり、その他の朝鮮人とともに1000人もの女性たちを「慰安婦」任務のために獲得したと告白している》と吉田証言に触れている。

報告書はまた、《東京の歴史家、千葉大学の秦郁彦博士が「慰安婦」問題に関する幾つかの研究、とくに済州島での「慰安婦」の状況について書いた吉田清治の著書に反論したことを指摘しておく》と、秦郁彦さんの反論をより詳しく載せている。吉田証言で報告書を書いたわけではないのだ。

読売は一〇月一六日、日本外務省の佐藤人権人道担当大使が一四日午前、米国ニューヨークでクマラスワミ元報告官に吉田証言を引用した部分など、報告書の一部内容の撤回を要求したが、当事者から《(吉田証言は報告書作成で活用した)証拠の一つに過ぎない》という拒否意志の伝達を受けたと報道した。外務省筋の話として、国連の報告書を訂正することは通常ありえないというコメントも報道された。

安倍政権は、「慰安婦の強制連行はなかった」と申し立てて、国連報告書の一部修正を求めたのだが、クマラスワミ氏に拒否された。日本の恥の上塗りである。

日本の極右メディアは前々から日本軍慰安婦の存在そのものを否定してきており、特に、第二次安倍政権が発足した一二年末以降、日本軍慰安婦の強制性を認めた「河野談話」を目の敵にしてきた。安倍氏は一九九七年に設立された「日本の前途と歴史教育を考える若手議員の会」事務局長で、中学校の歴史教科書から「慰安婦」を抹消させた。

西野瑠美子さんは次のように分析する。「愛国心と国益を要にした歴史と記憶の権力統制が動き始め、特に教育再生と称した教育への介入はすさまじく、教育委員会も教科書も完全に統制されている。『日本会議国会議員懇談会』という組織がある。安倍さんが特別顧問で、東京新聞は『日本最大の右派組織』と形容した。安倍内閣ではそのメンバーが一九人中一六人になった」。

安倍首相は、官房副長官だった〇一年一月には、日本軍性奴隷制を裁く「女性国際戦犯法廷」を取り上げたNHK「ETV特集」番組に対し、放送直前にNHK理事を官邸に呼びつけ、「公正・中立にやってほしい」と注文を付け、番組を改竄させた。安倍氏がNHKに対して同番組の改編を求めたことは、市民団体がNHK相手に起こした民事裁判の東京高裁確定判決で認定されている。安倍氏の言動は、憲法で禁止されている検閲に当たる。ところが、朝日は、安倍氏らがNHKに圧力をかけた事実を報じた本田雅和・高田誠両記者らのスクープ記事について、一部書き過ぎがあったと謝罪し、安倍氏の復権を許した。

安倍首相は一〇月九日の衆議院予算委員会で、「かつて中川さん（故中川昭一議員）と私がNHKの番組に圧力をかけたという朝日新聞の報道があったが、そんなものはなかったことが明らかになった」と発言したが、西野さんは、「番組のデスクだった長井暁さんが『涙の記者会見』で圧力があったことを明らかにしている。これを『なかった』という発言にはびっくりした。安倍さんは判決文を読んでいないのではないか。裁判の記録集（日本評論社）を読めば事実は明らかだ」と話している。

■「慰安婦」について無知な日本民衆

新聞社が過去の誤った報道についてお詫びと訂正を行うことは悪いことではないが、誰が何のために朝日を攻撃してきたかを見極め、朝日の全面謝罪によって、日本の国家と人民の歴史認識がより一層「世界の非常識」になっていくことを見なければならない。二〇一五年は大日本帝国が連合軍（国連）に無条件降伏してから七〇周年を迎える。読売・産経・文春の持つ歴史観では、日本は世界で孤立し、自滅するしかない。

悪徳週刊誌が朝日攻撃を展開するのは、日本軍慰安婦否定を喜ぶ民衆がいるからだ。

中学の歴史教科書から日本軍慰安婦の記述が消え、日本の侵略戦争の過去についてきちんとした教育がなく、記者クラブメディアがほとんど報道しないために、日本軍慰安婦を左翼の捏造と思い込んでいる市民が多い。今、朝日など報道機関に求められているのは、日本軍慰安婦問題の真実を明らかにして、すべての人民が歴史的事実と向き合うことだ。

「三千人からの大部隊だ。やがて、原住民の女を襲うものやバクチにふけるものも出てきた。そんなかれらのために、私は苦心して、慰安所をつくってやったこともある」。

中曽根康弘元首相が『終りなき海軍』（松浦敬紀編著、文化放送開発センター、一九七八年）に「二十三歳で三千人の総指揮官」と題した寄稿文で、こう自慢げに書いている。中曽根氏は当時、インドネシア・ボルネオ島の設営部隊の海軍主計士官主計長だった。自ら日本軍慰安所を設置し、慰安婦の調達までしたというのだ。

この手記を裏付ける物証が防衛省防衛研究所の戦史研究センターにある。ネットの「ＬＩＴＥＲＡ」によると、同センターに保管されている「海軍航空基地第２設営班資料」に、幹部名として「主計長　海軍主計中尉　中曽根康弘」という記載がある。「第二設営班」は、一九四二年一月ごろ、飛行場設営を目的にダバオ（フィリピン）などを経てバリクパパン（インドネシア）に転戦した部隊だ。

「攻撃機による蘭印作戦が始まると工員連中ゆるみが出た風で又日本出港の際約二ヶ月の旨申し渡しあり

し為皈（ママ）心矢の如く気荒くなり日本人同志けんか等起る様になる。主計長の取計で土人女を集め慰安所を開設気持の緩和に非常に効果ありたり」。

資料には元民家の「設営班慰安所」を示す地図もあるという。

一四年七月にジュネーブで開かれた国連の自由権規約委員会は、「慰安婦」問題（「慰安婦」に対する性奴隷慣行）について日本政府に対し、以下のような所見を出した。

《委員会は、締約国が、慰安所のこれらの女性たちの「募集、移送及び管理」は、軍又は軍のために行動した者たちにより、脅迫や強圧によって総じて本人たちの意に反して行われた事例が数多くあったとしているにもかかわらず、「慰安婦」は戦時中日本軍によって「強制的に連行」されたのではなかったとする締約国の矛盾する立場を懸念する。委員会は、被害者の意思に反して行われたそうした行為はいかなるものであれ、締約国の直接的な法的責任をともなう人権侵害とみなすに十分であると考える。委員会は、公人によるものおよび締約国の曖昧な態度によって助長されたものを含め、元「慰安婦」の社会的評価に対する攻撃によって、彼女たちが再度被害を受けることについても懸念する。委員会はさらに、被害者によって日本の裁判所に提起されたすべての損害賠償請求が棄却され、また、加害者に対する刑事捜査及び訴追を求めるすべての告訴告発が時効を理由に拒絶されたとの情報を考慮に入れる。》

国際社会が問題視しているのは暴力的な連行の有無ではなく、「被害者の意思に反して行われた」行為なのだ。

国連自由権規約委員会は、日本政府への六項目の勧告（「慰安婦」被害の訴えについての捜査と加害者処罰、完全な被害回復、証拠の開示、教育、公的な謝罪表明と国家責任の認知、被害者の侮辱や事件の否定への非難）を行った。

■米国を含む国際社会は歴史改竄を認めない

朝日の編集担当・杉浦信之氏は八月五日、特集記事を掲載するに当たって、《朝日記事慰安婦問題の本質、直視を》と題し、《「慰安婦問題は捏造」という主張や「元慰安婦に謝る理由はない」といった議論には決して同意できません。(略)戦時中、日本軍兵士らの性の相手を強いられた女性がいた事実を消すことはできません。慰安婦として自由を奪われ、女性としての尊厳を踏みにじられたことが問題の本質なのです》と強調した。

朝日はこの杉浦氏の約束を守ってほしいと強く願う。

ある在日朝鮮人は、日本人は過去の侵略の事実についてその責任を問われると、「証拠を見せろ」「いつまで言うのか」「日本だけがやったのではない」という三つのパターンで反論するのが特徴だと私に言った。

この日本軍慰安婦問題でも同じだ。「強制という証拠はあるのか」「反省償いは十分している」「海外の軍隊も同じようなことをやっている」というわけだ。証拠がないのは、日本の軍関係者が、戦犯として訴追されることを恐れて、関係書類を焼却してしまったからだ。また、慰安所を使った日本兵が真実を語ってこなかったからだ。日本の慰安婦制度は、これまでの戦争の歴史にもない、軍性奴隷制度だったから問題になっているのだ。

また、韓国に対してだけ、慰安婦問題で必死に否定するのは、一九一〇年の日韓併合から一九四五年まで、朝鮮は日本の一部であり、同じ国民同士での強制連行はあり得ないという身勝手な考え方があるのだと思う。日本で「慰安婦は単なる売春婦だった」と考える人たちは、米国が河野談話と村山談話を国会決議にしたうえで、国家として被害者に謝罪・賠償するよう要望していることを知ったほうがいい。米国は慰安婦問題を戦時下の女性が蒙った人権侵害問題ととらえているのだ。

霍見芳浩・米ニューヨーク市立大学名誉教授は八月一四日、朝日の杉浦・編集担当に次のような手紙を送っている。

《八月五日と六日の紙面の特集では、「慰安婦問題の本質の直視を」とお望みですが、現時点での日本にとっての慰安婦問題の本質は、明らかにされておりません。吉見、小熊、グラック、そしてモチズキの各教授の談話で朝日に代わって問題の本質に触れてもらっているのでしょうが、慰安婦否定者の秦教授のナンセンスな話を紙面のトップに置いたりしているので、問題の本質がボカされています。

私自身は一九七〇年代と八〇年代に韓国と東南アジアでの日本企業進出の現地調査をした折に、日本軍による慰安婦狩りこみと慰安所経営について聞いて以来、この問題を追ってきています。従いまして、吉田清治証言が本人の伝聞を講釈師よろしく仕立てたものとは気付いていました。秦教授の手法と同じです。しかし、吉田証言を除いても、慰安婦が秦氏一派が言うように、「自発的商行為だった」とは、日本として恥ずかしい虚構弁護であると確信しています。

今回の特集が、朝日として過去の吉田証言の採用と女子挺身隊との混同の弁解に紙面の多くを割いているのは、問題の本質をボカしています。吉田証言以外に朝日としては何を根拠に「戦時中、日本兵士らの性の相手を強いられた女性がいた事実を消すことはできません」と断定しているかを堂々と記してほしかったと惜しまれます。

安倍晋三首相以下、慰安婦否定論者たちが各界の主流にいて、日本の恥を世界に広めています。首相自身はやっと河野談話を再確認すると言いながらも、この国会決議、またせめて閣議決定を拒み続けています。このために対中国関係と、対韓国関係だけでなく、対米関係も悪化させて、日本の孤立を深めています。従って、安倍首相が、「慰安婦問題を政治化せずに、未来志向を」と呼びかけるのが白々しく聞こえて、世界での日本不信は倍加するだけです。これが慰安婦問題の本質です。》

ある元外交官は霍見教授に次のような手紙を送っている。《日本政府が国連の慰安婦報告書の一部修正を求めて拒否された。久し振りに今回ワシントンを訪れた際に後輩からこの件で日本政府は批判されていて自分達も辛い思いをしているとの話を聞いた。日本のメディアは欧米やアジアで慰安婦問題がどの様に受け止められているかしっかりと報道すべきと考えている。日本の右傾化は危惧すべきことであり、今後日本が国際社会で一人前の国家として認められるためには過去の過ちを確りと認識、反省しなければならない。》

霍見教授は「安倍日本の恥をそそぐためにも、朝日は堂々と安倍首相以下の不当な朝日非難と歴史の歪曲に反論すべきだ。朝日以下の各紙が吉田証言に基づく記事を訂正したからとて、韓国の慰安婦問題がなくなることにはならない」と述べている。霍見教授はまた「日本政府は北朝鮮の日本人拉致には、甘言でだまして連行するのも強制連行と正式に定義していながら、日本軍の慰安婦拉致には力ずくでの連行以外は強制ではないとナンセンスなことを主張している。安倍政府の二枚舌が世界の日本不信を深めている。読売新聞、産経新聞以下の国粋メディアは安倍政府の二枚舌を増幅している」と指摘している。

ニューヨークタイムズは慰安婦問題に関し、《日本は従軍売春宿の国連報告書の修正を求めたが一蹴された》(二〇月一七日)、《慰安婦と日本の戦争に関する真実》(一一月一六日)と題し、何度か的確な論評記事を載せているが、日本のメディアは全く紹介しない。

米国は安倍首相と主要閣僚の靖国神社参拝、東京裁判否定などの極右靖国反動思想を警戒している。

オバマ大統領は四月二五日、日本の次の訪問国の韓国・朴槿恵大統領との共同記者会見で、同問題について「戦争中であることを考えても、女性たちは衝撃的な形で性暴力を受けた。これは甚だしい人権侵害だ」

と語った。

安倍晋三首相らは海外の訪問先で、「自由と民主主義、市場経済など共通の価値観を持つ両国」とよく言うが、米国も安倍首相の日本軍慰安婦問題など歴史認識問題を深く懸念している。

また、オランダのティマーマンス外相は一〇月三日、インドネシアでの慰安婦問題について、日本メディア向け記者会見で、「強制売春そのものであることには何の疑いもない、というのが我々の立場だ」と述べた。

■慰安婦に会うことの重要性

私は一九八九年から九二年まで共同通信ジャカルタ支局長を務めたが、インドネシアでは五〇年代の本に、日本軍が各地に慰安所を設置していたことが書かれていた。インドネシアだけでなく、東南アジアでは日本軍慰安婦のことは今でも、ianfu と表記されている。日本軍政時代に使われた romusha(強制徴用労働者)という用語もインドネシア語にある。

朝日の大阪社会部の記者たちは、日本軍が徴集したインドネシア人の兵補の賃金未払い問題を八〇年代にスクープしている。

インドネシアでは、オランダ人女性が慰安婦とされていたことを、私がジャカルタを離れた翌年に朝日がスクープした。

浅野ゼミは一九九八年九月にナヌムの家を訪問し、金順徳ハルモニらにインタビューし、韓国の学生たちとの交流や、朝日の植村特派員らの取材を行った。浅野ゼミは九九年一二月、『ナヌムの家を訪ねて――日本軍慰安婦から学んだ戦争責任　ＧＥＮＪＩＮブックレット（10）』（現代人文社）を出版した。この時の学生たちの中には、山陽新聞の則武由（のりたけゆい）さんのように、新聞記者となった人も少なくない。

　学生たちはある月刊誌の九九年三月号にも記事を書いたのだが、東京の新宿郵便局の消印のある手紙（質問書）が二回送られてきた。彼の手紙の内容は、慰安婦は日本国家による強制連行ではなく、日本は女性基金などで反省と償いをしているという主張だった。氏名を名乗らない手紙の主は三回目の手紙で、ゼミ員とのやりとりと自分の意見を公表すると書いてきた。

　ナヌムの家を訪問した後、同志社大学の京田辺校地で慰安婦の写真展を開いた学生もいた。二〇年間続いた浅野ゼミで、学生たちは様々なテーマで発信してきたが、慰安婦問題では、こうした薄気味悪い威嚇が絶えなかった。ゼミのメンバーには女性が多かったので、脅迫状ともとれる手紙の扱いには神経をつかった。

　学生たちはハルモニたちと直接会い、対話することで、慰安婦問題を理解できた。

　東京にはアクティブ・ミュージアム「女たちの戦争と平和資料館」（ｗａｍ）がある。資料館には、一〇代から二〇代の頃に慰安所に監禁された女性たちは残虐な被害と、半世紀を経て勇気を持って名乗り出て、日本政府に対して裁判を起こし、謝罪と賠償を求めて立ち上がった歴史が残っている。

　日本の民衆は、日本軍慰安婦について学び、国際社会が問題視しているのは直接的な「強制連行」の有無ではなく、「被害者の意思に反して行われた」行為なのだと認識し、世界の中で生きていくために、高齢になるハルモニたちに、国家による謝罪と賠償を実現すべきだ。

　また、報道界は今回の朝日の極右勢力への屈服によって、権力を監視するジャーナリズム機能を弱めてはならない。報道従事者は国際社会に通用する歴史観をもって、「慰安婦」問題に関する多角的な取材を行い、真実を明らかにしてもらいたい。

辺野古で続く日本政府の暴力

■安倍政権は何を守ろうとしているのか

沖縄県名護市辺野古にある大浦湾は日本でも数少ない生物多様性に富んだ豊かな海だ。美ら海(ちゅらうみ)と呼ばれるこの海には、生命の宝庫のサンゴ礁が生息する。サンゴには一センチ成長するのに半世紀かかる種類もある。大浦湾のサンゴ礁が、四五トンもあるコンクリートの塊によって無残にも破壊されている。反対住民を暴力で弾圧し、サンゴ礁を砕いているのは日本政府だ。この海は二〇一四年一二月下旬から米軍新基地建設を強行する対米隷従の日本政府と、これを阻止しようとする「オール沖縄」民衆との間で戦争状態にある。

日本政府と本土の記者クラブメディアは普天間基地の「移設工事」と表現するが、新基地は普天間基地とは全く違う米軍の最新鋭の基地だ。強襲揚陸艦が接岸できる米軍部隊の出撃拠点になる。耐用年数は二〇〇年だ。米国が沖縄の本土復帰前の占領時に建設を計画した、ロシア・中国・朝鮮半島をにらんだ侵略の最前線基地なのだ。
辺野古での闘いを見ると、安倍晋三政権（自公野合）が、何を守ろうとしているかがはっきり分かる。安倍晋三自公政権は米帝国主義の世界戦略を守り、米英日の新自由主義に抗う人民を抑圧するための武装装置だ。「日本のトップとして、国民の命と安全を守る」という安倍首相のウソがばれている。

■翁長知事が岩礁破砕許可取り消しを警告

沖縄の新聞によると、翁長雄志沖縄県知事は二〇一五年三月二三日、県庁で臨時の記者会見を開き、日本政府が進めている海底ボーリング調査を含め「海底面の現状を変更する行為」を三〇日までにすべて停止することを文書で指示したと発表した。その上で指示に従わない場合は「岩礁破砕許可を取り消すことがある」と警告した。防衛局が海底に設置したコンクリートブロックがサンゴを傷つけていることを受けた措置で、同時に臨時制限区域内でのサンゴ損傷の潜水調査に向け、立ち入りを許可するよう米軍へのあっせんも求めた。

地元のダイバーがブロック設置によってサンゴを破損していることを示す映像を公表し、沖縄県も二月二六日から海底調査を開始した。これに対し菅義偉官房長官は会見で「一方的に調査を開始したのは極めて遺憾だ」と述べた。地方自治、環境保護を全く理解しない暴言だが、記者クラブメディアは無批判にこの発言を垂れ流した。また、中谷元防衛相も二七日の会見で「許可なく制限区域に入って調査が行われたのは極めて遺憾」と決めつけた。防衛相は三月三日の国会で、沿岸部を埋め立てる本体工事を夏ごろにも始めると表明した。

仲井眞弘多前知事が岩礁破砕を許可したのは、埋め立て区域だけだ。ブロック投入場所は県の許可の範囲の外側だ。また、前知事が埋め立てを許可した際の附帯条項に「環境を破壊しないこと」とある。区域の外でサンゴが破砕されたため、県が調査したのだ。破砕が確認されたのだから、県漁業調整規則違反だ。

今回は「許可区域を含め、海底面の現状を変更する行為の全ての停止」を沖縄防衛局に要求し、許可区域内を含むボーリング調査などの作業停止を指示した。会見で翁長知事は二月に行った許可区域外からの潜水調査結果などから、サンゴ損傷について「許可を得ずに岩礁破砕行為がなされた蓋然性が高いと思量され、漁業調整規則違反の懸念が払拭できない」と述べた。

作業停止を拒む政府に対し、翁長知事は「腹は決めている」と述べた。埋め立て本体工事の基盤となる岩礁破砕許可も取り消される公算が大きくなった。

翁長知事の作業停止指示に対し、沖縄防衛局は、関連法を所管する農相に審査請求し、一時的な効力停止も申し立てた。林芳正農相は三月三〇日に効力を一時停止。沖縄県は四月下旬、停止指示の正当性を主張する弁明書を農相に提出し、防衛局が五月下旬に反論書を出していた。県は七月七日、作業停止指示は「適法性を確認するための当然の行為」と主張する書面を農相宛に発送した。

菅義偉官房長官は三月七日の会見で「法治国家として粛々と進める。この期に及んでこうした措置をすること自体、甚だ遺憾だ」と不快感を示し、「工事を中止する理由は認められない。現時点で作業を中止することは認められない」と重ねて強調した。「この期に及んで」と五回も繰り返し、沖縄県側に不快感を示した。中谷元防衛相は「日本は法治国家だ。法令に従って適正に進めている。引き続き粛々と進めていきたい」と述べ、県の指示に従わず、工事作業を継続する考えを述べた。沖縄民衆の声を無視する政権が法治国家を名乗れるのかと呆れる。

政府高官は同日夜、「もし許可が取り消されたら、無効を求めて訴える。その間は工事を止めない」と明言した。二六日に開かれた自民党国防部会では、法廷闘争も辞さず工事続行を求める意見が相次いだ。

一月以降、埋め立て海域とは関係ない海域で巨大なブロック投入によってサンゴ礁が無残に砕かれている。「無許可行為」が確認されれば、県は岩礁破砕許可取り消しなどを命じることができる。知事の作業停止指示には環境破壊を防ぐ法的正当性がある。ところが、米国務省の副報道官は「環境に影響はない」と会見で語った。米民主党オバマ政権は沖縄の環境破壊を調査もせず、居直っている。

二四日の琉球新報社説は次のように訴えた。

《安倍政権と米軍が気脈を通わせた県排除の構図だ。日本国内の環境を守るための調査さえかなわないなら自発的な「主権喪失」と言うしかない。安倍晋三首相が国会などで連呼してきた「主権」は沖縄では存在しないかのようだ。

見たくない現実から目を背け、都合のよい事情だけ取り入れて強がり、恫喝する。仲井真前知事による埋め立て承認にすがりつき、沖縄の民意を問答無用で組み敷くことしか打つ手がないことの表れだ。子どもじみた心性が際立つ。民主主義の価値を損なう政権の低劣な品格が映し出されている。

沖縄の民意は「普天間固定化ノー、辺野古新基地ノー」だ。掘削強行や人権無視の過剰警備など、安倍政権のやることなすことが沖縄社会の反発を強める悪循環に陥っている。「辺野古移設か、固定化か」という脅しも沖縄に基地を押し込める差別を助長している。

普天間飛行場は戦後、米軍が民有地を強制接収して造った。奪われた土地にできた基地を動かす先がなぜ県内なのか。かつて県内移設を認めていた県民も根本的な疑念を深め、今は総じて七割超が反対している。普天間飛行場を抱える宜野湾市でも民意は鮮明だ。昨年の県知事選と衆院選で危険性除去を訴えた前知事と自民党現職は大差をつけられた。
民主主義を重んじる正当性は沖縄にある。安倍政権は工事停止指示を受け入れるべきだ。追い込まれているのは政権の側である。》

しかし、日本政府は翁長知事の作業中止指示を無視して二四日以降も海底ボーリング調査を続けている。また、沖縄防衛局は二四日、翁長知事の停止指示を不服とし、行政不服審査法などに基づく対抗措置として、取り消しを求める審査請求書と、指示の効力停止を求める申立書を林芳正農相に提出した。国と県は全面対決に入り、法廷闘争に発展する可能性も高まった。

米軍キャンプ・シュワブゲート前では新基地に反対する市民らが「ボーリング調査を今すぐやめろ」と抗議した。

■米軍が反対派のリーダーを連行

二月二二日、米軍キャンプ・シュワブ前で「止めよう辺野古新基地建設！　国の横暴・工事強行に抗議する県民集会」が五〇〇〇人の参加で開かれた。集会前の午前九時過ぎ、山城博治沖縄平和センター議長と谷本大岳さんが米軍に拘束され、名護署に逮捕され三五時間後に釈放された。

琉球新報、沖縄タイムスの報道によると、山城氏は基地敷地と公道の境界を示す黄色のラインを超えようとしていた反対派市民を公道側に押し戻そうとしていたところ、米軍が雇用する民間警備員に後ろから羽交い絞めにされ、両足を引っ張られて基地内に連行された。県警機動隊は米軍による不当逮捕を黙認した。沖縄タイムスは警備員が乱暴に山城氏らを引きずり連行する場面の写真を掲載した。

二三日夜、釈放された山城氏は記者団に「機動隊とのせめぎ合いが厳しくなった時、いったん下がろうと言っているところを、後ろから羽交い締めにされて連れて行かれた。基地の侵入というなら分かるが、侵入していない。黄色いラインから出ようというわけでもなくて、逮捕されて引きずられるのはほとんど理解できない。嫌がらせ目的の逮捕だ」と語っている。

「米兵から『フェンス沿いに腰を下ろせ』と言われ、立ったまま金属製の手錠を掛けられた。脚を引っ張ったのは米軍の警備員で、手錠を掛けたのは迷彩服を着た海兵隊員だった」。

軍施設の中に呼び出された時には逮捕状も示さなかったという。「やがて帰されるだろうと思っていたら、身柄を名護警察署に引き渡すと言われたとき、また外されていた手錠を掛けられて、車に乗せられた。その時も逮捕状は示さない。刑特法の何条違反で、身柄を送致されたので、名護署に連れて行くという簡単なコメントがあった。その時も逮捕状はない。名護署にも地検にも、逮捕状を示さないで逮捕はあり得ないと伝えた」。

県警と地検が山城氏らを拘束した嫌疑は、刑事特別法（在日米軍基地に侵入）違反だという。新基地建設反対闘争で、米軍の海兵隊や軍警が前面に出たのは初めてのことだった。県民集会の盛り上がりに、日米両政府は危機感を抱いたのだろう。

米軍による山城氏らの逮捕は本土メディアでは、単なる犯罪報道にすぎなかった。報道しない新聞もあった。朝日は第一社会面の下のベタ記事で、毎日も同じ扱いだった。朝日、毎日の一面には東京マラソンの写真がカラーで大きく載っている。会長が「政府が右というものを左とは言えない」と公言して政府広報を自認するＮＨＫは「市民グループの二人は『基地の敷地内に立ち入った』として米軍に拘束された」と県警広報文を垂れ流しただけだ。ＮＨＫ記者は現場にいなかったのか。

東京新聞（中日新聞東京本社）だけは一面トップで《「辺野古」2800人集会前　米軍、反対派2人を拘束》という見出しで、名護署前で不当逮捕された山城氏らの釈放を求める住民の写真を載せ、二面に県議会議長、国会議員の挨拶などを写真入りで報じた。東京新聞は原発問題でも被害住民の立場に立った記事を載せており、高く評価できる。

辺野古では二月一三日朝にも、海上保安庁の違法警備に抗議していた男性が県警の機動隊員を引きずり倒したなどとして、公務執行妨害の容疑で名護署に現行犯逮捕された。地元テレビの報道によると、市民は「もみあいの中で足がもつれて転んだ際に警察官を巻き込んでしまった。事故だった」と話しているという。抗議活動する市民が機動隊員に暴力をふるえるはずがない。市民らが名護署に駆け付け「不当弾圧はやめろ」「仲間を返せ」と抗議した。

これらの事件は、沖縄はいまだに米軍占領が続く植民地であることと、日本政府と記者クラブメディアは米国にマインドコントロールされていることを明確にしたと思う。

翁長知事は一月二六日、仲井眞前知事による埋め立て承認の是非を検証する有識者委員会を設置。知事は日本政府に対し、委員会の検証中はボーリング調査を見合わせるよう要請したが、政府は翌二七日、大型作業船を投入し、準備作業を本格化していた。知事は記者会見で「あらゆる手法を駆使して、辺野古に新基地をつくらせないという公約実現に向け、訴訟もその考えに沿って対応したい」と語った。

政府は昨年八月に辺野古沿岸部で海底ボーリング調査を始めたが、台風や選挙の影響で翌九月中旬から調査を中断。今年一月に大型の作業船を投入し、再開に向けた作業を進め、ついに三月一二日、海底ボーリング調査を再開した。

新基地に反対する翁長雄志氏が県知事に就任して以降、県と安倍晋三首相、関係閣僚の対話は途絶えた。

政権幹部は前知事には頻繁に会っていた。

一方、沖縄県は、沖縄防衛局の作業に伴う辺野古沖海底のサンゴの状態などを調査するために、岩礁の破壊が県による許可の範囲内に収まっているかどうかを確認するため、米軍キャンプ・シュワブ沖の制限区域への立ち入りを求めていたが、米側は三月一一日までに「運用上の理由」で拒否した。辺野古沖海底のサンゴの状態などを調査するために沖縄県が求めていた海域への立ち入りの申し立てが米側によって拒否された。

三月二一日には、辺野古・瀬嵩（せだか）の浜で、約四〇〇〇人が参加した抗議集会が開かれた。集会に翁長知事の代理として駆け付けた副知事は、作業を強行する政府の姿勢に「決して屈してはならない」「知事が近々のうちに必ず最大の決断をする」と表明し、県による許可決定の取り消しを強く示唆した。稲嶺進名護市長は、目の前で進む海上作業に「とてもじゃないが許されない」と表明した。

■平和船から環境破壊の工事を見た

私は二月一日、反対派住民の平和船「勝也丸」（略称・勝丸、相馬由里船長）に乗り、約三時間、海上から防衛省の出先である沖縄防衛局が大型クレーンなどを使って進める作業の最前線を見た。

午前八時半ごろ、汀間漁港から「ＯＤＢ」と書いた監視船約一〇隻が出港した。その後、地元紙記者、映画製作者、フリージャーナリスト、市民と私を乗せた勝丸が大浦湾に出た。数分後、オイルフェンスに近づくと、海上保安庁第一一管区海上保安本部（那覇）のゴムボート二隻が猛スピードで接近してきた。職員は黒い防水服に身を包み、マスクやサングラス姿で顔を隠している者も多い。

原田浩二共同通信編集委員は三月一三日配信の「写真ニュース」五枚組みで、《悲しきマスク　辺野古、対立の現場で》という見出しで、《通常、激化する市民運動の現場では、反対派市民に見られるものだ。ところが、辺野古では警察官、海上保安官、米軍基地の警備員らが顔を覆う。この状況に関して、県警名護署、海上保安部、沖縄防衛局は、「（マスクなどは）個人の判断による着用」と回答した。（略）2月22日、キャンプ・シュワブのゲート前で、山城議長ら反対派市民2人が米海兵隊に拘束された。抗議する市民たちと向かい合う警察官、米軍基地の警備員は、誰もがマスクで顔を覆っていた。素顔のままなのは、騒動を遠巻きに見る米兵だけだった》と書いている。

相馬さんは「臨時制限区域」（当局が反対行動を妨害するため勝手に定めた常時立入禁止区域）の規制線になっている油防止膜（オイルフェンス）を超えて、十数分、制限区域内に入って、前日までに設置されたトンブロック、ワイヤーチェーンを撮影した。澄み切った美ら海のサンゴが破壊されている。

我々を見つけたゴムボートの指揮船が猛スピードで迫り、指揮者がスピーカーで「相馬由里船長、直ちにオイルフェンス外に出ろ。出ないと確保する」と繰り返す。「船の全乗員を特定せよ」「船に併走し禁止区域に入らせるな」とゴムボートの職員に命じると、さらに増えたゴムボートが接近し、動画と静止のカメラが私たちを無表情で撮影する。

沖に出ると大型の巡視船が数隻、辺野古沿岸を囲むように停泊している。物音もたてず、人影も見られない。全国各地の海保から出動してきている。

湾内にあるアオサンゴ群落、ハマサンゴも見た。サンゴの周りには熱帯で見るような鮮やかな色の魚が泳いでいる。キャンプ・シュワブのゲート前で抗議活動をしている市民、学生が瀬嵩の海岸で「埋め立て工事をやめろ」「きれいな海を守れ」などとシュプレヒコールを繰り返すのが、海保職員まで届いていた。

▲…抗議船を監視する海上保安庁のゴムボート

相馬さんは、二月四日、氏名不詳の海保職員を特別公務員暴行陵虐致傷容疑で那覇地検に告訴した。複数の海保職員が一月一九日、相馬さんの船に乗り込み、相馬さんの持つビデオカメラを奪おうと強く引っ張った際、右手首に打撲を負わせたという。

大浦湾では連日、反対派が抗議船八隻とカヌー三十数艘で抗議活動を展開しており、他にも三人が告訴状を提出している。また、米軍キャンプ・シュワブ前の抗議活動現場ではこれまでに七人が負傷している。

海保の保安官、職員は名札を付けていないので、役職、姓名が分からない。暴行を受けた市民が加害者の職員に名前を聞いたら、「海保太郎だ」とうそぶいたという。

太田昭宏国土交通相（公明党）は二月一三日の会見で、辺野古での海保の警備が過剰だとの批判が高まっていることについて聞かれ、「現場海域での安全確保と法令順守の観点から、適切に対応している」「けがを負わせた事実は確認されていないとの報告を受けている」と答えた。現地での実態を把握もせず、官僚の虚偽報告を真実と信じての判断だ。平和と人権を看板にしてきた公明党は人民の敵になった。

「海上ヘリ基地建設反対協議会」の安次富浩共同代表に電話で聞いた。安次富さんは浅野ゼミが沖縄で調査する際に、毎回のように学生たちに会ってくれている。二月一日に辺野古で取材した際、安次富さんは東京、福島で講演をしており会えなかったが、抗議船の取材のアレンジをしてくれた。以下は安次富さんとの質疑応答である。

——辺野古新基地問題でのヤマト（本土）と沖縄メディアについてどう思うか。

本土のメディアの状況はさらに悪い流れになっている。沖縄問題、とりわけ普天間・辺野古新基地問題について、なぜこんなに沖縄の人たちが日本政府の無慈悲なやり方に怒りを持っているのか、それはなぜなのかを、一部メディアは手をつけているが、大手メディアの大半は伝えようともしない。あたかも沖縄の人々がわがままを言っているような政府のキャンペーンに乗せられ、同調しているようになっている。

去年一月の名護市長選から知事選、衆院選と続いた選挙イヤーで、沖縄の民意が明確に示された。民意を無視して、国策を重んじるのでは、地方自治をないがしろにすることになる。日本に長く横たわっている沖縄差別がある。メディアがそこに目を向けることはなかった。

翁長知事も言っているが、米軍基地は沖縄の経済の阻害になっている。基地収入は県の収入の五％にすぎない。仲井眞前知事もこれは同じ意見だ。基地関連収入で経済が潤っているのではなく、阻害物になっている。基地をなくすことによって経済が発展する。そのために辺野古に新基地を建設することに反対している。それを取材し、報道することが本土メディアにはない。こういうことを取材記者に言っているが報道されない。

――全国紙も那覇に支局を置いているが。

沖縄の支局の記者は記事にするが、東京本社でボツになるようだ。メディアで、ジャーナリズムの精神が劣化している。

読売新聞、フジサンケイグループはひどい。朝日もよくない。ローカルメディア、特に地元二紙は生き生きしたジャーナリズム精神を持っている。

――政府の工事強行で、トンブロックがサンゴなどを破壊しているという映像をダイバーが撮影して、東京新聞（琉球新報提供）、赤旗、テレビ朝日「報道ステーション」、TBS「ニュース23」などが報じたが、その他のメディアには出ないことをどう思うか。

全国紙は報じない。ダイバーのグループに依頼すれば、すぐに映像を入手できる。私たちは常に情報をオープンにしている。

これだけのことがやられており、日本の戦後民主主義が問われている。民主主義が民衆の根っこを張っていない。福島と沖縄からこの国の在り方を問ううねりを作り出したい。中央の政治はあてにならない。戦後民主主義の組織疲労が醸し出されている。

――琉球新報の記者は、地方紙の記者やフリージャーナリストに、船に乗ってもらって取材してもらい、報道をという動きをしている。

記者さんたちが持ち上げようとする視点、地方から中央へという取り組みが重要だ。今の日本がつくられた明治維新も地方から始まった。

――安倍自公政権は沖縄の民意を無視して実力で工事を強行する意向で、今後の闘いは壮絶なものになると思うが。

腹の座った闘いになる。本当は日本のみなさんの問題なのですよ、集団的自衛権、原発再稼働、特定秘密保護法、戦後レジュームの見直しと称して、いろんなことが仕掛けられている。

「私には関係ない」と考える人が多い。そういうことを押しつけてきたのが自民党政権。反撃をさせない。民衆は権力に操作されていることを見破り、操作に対して闘いを続けたい。そうしないともう一度戦争になり、多くの被害を出してしまう。そして反省では遅い。

なぜ今の時代にヘイトスピーチが横行するのか。知識層も含めこの社会が疲弊しているからだ。大きな意味でしっぺ返しを受ける。まずもって、日本がアジアを侵略したかどうかを明確にしなければならない。日本会議は、アジアを解放したとまた言い出している。こういう流れを阻止し、戦争を止めなければならない。

――海保、県警の反対行動の市民への暴力は今も続いているのか。

変わっていない。海保は、我々を犯罪者とみなしている。抗議船八隻、カヌー三〇艘で連日抗議活動をしている。学生から高齢者まで幅広い人たちが抗議行動を展開している。

■地元市民を人間と見ない日本政府

地元のある新聞記者は、「地方紙記者やフリージャーナリストに、現地に来て船に乗ってもらって取材してもらいたい」と呼び掛ける。

記者は「二月中旬になって、トンブロックのサンゴ礁破壊の様子は報道されるようになったが、海保や警察の弾圧は現場取材もしない。当局が暴力行為の事実を認めないから報じないということだ。おそらく、工事そのものは合法であり住民の抗議行動に肩入れしていると権力に見られたくない――と考えているのだろう。しかしサンゴ礁の破壊は相手がサンゴであり、その映像は『客観的事実』と言えるから、これなら報道できるし、権力から文句を言われても言い訳ができる、ということではないか」と説明した。

本土メディアは、小笠原諸島周辺での中国のサンゴ密漁船取り締まりを熱心に報じた。密漁船は、ピーク時、伊豆諸島周辺も含めて計二〇〇隻以上いたとされる。太田国土交通相は一四年一一月二〇日、「漁船を排除できる態勢を整える」と述べ、複数の巡視船などを派遣して小笠原諸島周辺に当時四七隻いた漁船を一掃する方針を明らかにした。

小笠原諸島沖でサンゴを密漁したとして、外国人漁業規制法違反の罪に問われた中国人船長に横浜地裁は三月二三日、懲役一年六カ月、執行猶予五年、罰金四〇〇万円の判決を言い渡した。海上保安庁は小笠原のサンゴと沖縄のサンゴを差別している。

安倍首相は三月一七日の参院予算委で共産党の山下芳生書記局長の質問に対し、「普天間飛行場は住宅地の真ん中にあるが、辺野古は違う。米軍の抑止力を維持しながら、同時に普天間の危険性の一刻も早い除去を考えれば、辺野古に移設するしかない」「サンゴ礁を適切な場所に移植するなど、最大限の環境保全措置を講じる。最適の方法によって作業を進めていく考えだ」「（岸壁の整備は）強襲揚陸艦の運用を前提とするものでは全くない。運搬船が係留できるようにするためだ。米軍とも共通認識がある」と述べた。首相はサンゴ破壊の現実を認めず、基地の本質についてウソをついている。

しかし、沖縄の人々は妥協しない。私たちは沖縄の人民を見下し、米軍と共にいつでもどこでも戦争をする国になろうとする安倍自公政権を打倒しなければならない。中谷元防衛相ら閣僚は、翁長知事に対し「移設工事阻止しか言っていない。もう少し沖縄県のことや国の安全保障を踏まえ、お考えいただきたい」「反対運動のパフォーマンスに使われる面談はしない」などと言い放っている。翁長知事は四月五日に那覇で菅官房長官と会談し、在沖縄米軍基地の歴史を振り返り、「沖縄県民が自ら基地を提供したことはない」と強調。普天間基地などが米軍の銃剣とブルドーザーで作られたと指摘した。官房長官が使う「粛々」という言葉は、サンフランシスコ講和条約で米軍の軍政下に置かれた時のキャラウェイ高等弁務官の「沖縄の自治は神話である」という姿と重なりあうと語った。

また四月一七日、訪米前の安倍首相とも会談し、沖縄の人々は辺野古新基地建設を拒否していることを米政府に伝えるよう要請した。

知事は五月二七日から六月五日まで訪米し、米国務省・国防総省高官、議員らと面接し「新基地を絶対に作らせない」と説明した。

沖縄県の辺野古埋め立て承認を検証する第三者委員会は七月中に報告書をまとめる方針だ。

七月七日、新基地に反対する米軍キャンプ・シュワブゲート前の座り込み抗議行動が、この日一年を迎えた。

私たち日本の人民は、日米安保条約を破棄し、日米軍事同盟を解消し、日本国憲法を守る政府をつくるしかない。本土が民主化しなければ、沖縄の民衆は日本からの分離を求め非戦平和主義の琉球国を再建する道を選ぶのではないかと思う。

■辺野古工事一時中断

安倍政権は、八月四日の菅官房長官会見で、八月一〇日から九月九日までの一カ月間、辺野古基地建設に関わる工事をすべて中断し、沖縄県と集中的に協議を行うと発表した。翁長知事も同日会見し、工事中断中は県として新たな法的・行政的手続きを行わないことを明らかにした。菅氏は沖縄との協議について「普天間の危険除去、辺野古移設に関する政府の考え方、沖縄県の負担軽減を実現する取り組みを改めて丁寧に説明したい」と述べた。菅氏はまた、県がサンゴ礁の損傷を調べるため在日米軍に申請している辺野古沖の臨時制限区域での潜水調査も、実現できるとの見通しを示した。

沖縄県の翁長知事の諮問を受けて、仲井眞弘多前知事による埋め立て承認について調査していた県の第三者委員会は七月一六日、「法的瑕疵（かし）」を指摘した報告書を提出。翁長知事は二九日、報告書の全文を公開し、前知事による辺野古沿岸部の埋め立て承認を取り消す意向を強く示していた。

第三者委員会は、辺野古新基地建設のために前知事が埋め立てを承認した経緯の妥当性を検証するために翁長氏が設置し、計一三回の会合を開いて県職員からの聞き取りなどを重ねた。政府は七月二四日、埋め立て本体工事に着手する前の手続きとして、設計の詳細などを示す協議文書を県に提出。県は二九日、設計に必要なデータを集めるための国のボーリング調査が完了していないとして、文書をいったん取り下げるよう沖縄防衛局に文書で求めた。

沖縄とヤマトの「一時休戦」が実現した。オール沖縄の闘いの成果である。

祖父の野望を実現するために極右反動政策を進める安倍首相にとって敗戦七〇年の夏は難しい政治課題を抱えている。戦後七〇年談話、九電川内原発の再稼働、戦争法案などに直面し、内閣支持率の低下が続く中、辺野古問題の強行が困難になった。この一カ月の間に、新基地の白紙撤回を求める闘いの再構築が求められている。

花田達朗早稲田大学教授は七月一三日の琉球新報で、《「国と県との溝」などと迎合的な言葉を使わずに、「日本の中央政府と沖縄の地方政府の対立」と言うことから始めてはどうか》と提言している。

政権の「工事中断」決定以降、日本の中央政府と沖縄地方政府との集中協議は八月二九日までに四回開かれた。ヤマトのメディアは両者に「歩み寄りはなかった」と報道しているが、沖縄が譲歩する必要は全くない。菅官房長官は二九日、自民県連役員に「工事は予定通り（集中協議の）一カ月が終わったら再開する」と述べた。工事強行のアリバイ作りの一時中止をオール沖縄は許すはずがない。

Ⅱ○人権とメディア 2012.12-2015.4

▲…柳原浩さん国賠勝訴の会見

「殺意を認めた」情報の解明を　尼崎女性自殺――2012.12

兵庫県尼崎市の連続変死事件で、中心人物とされた被告人女性が二〇一二年一二月一二日、兵庫県警本部三階の留置場で自殺した。

田宮栄一・元警視庁捜査一課長は朝日新聞一二日夕刊で《自殺はある意味で最大の「証拠隠滅行為」であり、捜査にも深刻な影響を与える。動機などの内面の問題は、本人の供述に頼るほかない》と述べ、ジャーナリストの大谷昭宏氏も同日、共同通信に《共犯者が□□容疑者に責任をなすりつける可能性もある》（□□は本文では実名、以下同様）などとコメントした。二人は女性を犯人視し、黙秘権を認めた憲法を理解していない。

主要紙は五日夕刊以降、女性の殺人容疑での再逮捕を伝える記事で大誤報をしている。《□□容疑者は「悪いのはすべて私です」と殺意と虐待行為を認め》（朝日）、《□□被告は殺意を認め、「悪いのは全て私です」と供述しているという》（読売）。各紙は五日の〝前打ち〟記事でも、《「悪いのは全て私です」と容疑を認めているという》（毎日）などと伝えていた。

ところが、一二月一二日夕刊では《殺人容疑などで再逮捕され、「悪いのは全て私です」と供述。だが、その後は取り調べにほとんど応じず、供述調書は1通も作成されていないという》（読売）などと伝えた。女性の弁護人の高木甫弁護士が一二日の記者会見で、「供述内容として、公式に殺意を否認している」と述べたためだ。

兵庫県警県民広報課報道係の石田充調査官は「自殺に関する県警の検証結果がまとまれば記者クラブで発

表する。逮捕の際の発表で、『悪いのはすべて私』との供述内容と、逮捕容疑を認めているということだけを説明した。殺意については何の言及もしていない」と話している。殺意を認めたという情報はどこから出たのか解明すべきだ。

高木甫弁護士は五日私の取材に次のように述べた。

「『殺意を認めた』情報は捜査官から記者が個別に入手したと思う。マスコミの多くは、女性が逮捕直後の弁解録取手続の際、『殺意を認めた』と報道した。女性が『すべての責任は私にある』という趣旨の弁解をしたことが殺意を認めたとされ、報道された。当時、私は、マスコミにコメントを求められ、県警の発表でも、直接、具体的に殺意を認めた趣旨の弁解をしたとはなっていないのに、なぜ、報道で『殺意を認めた』という報道になるのか理解できないと言った」。

「私は、殺意を認めているとも、否認しているとも述べていない。私が、殺意を否認していると述べたのは、自殺後の会見の席が最初。これは、ご本人の生前の希望によるものだ。それまでは、『県警発表の事実関係を前提として、殺人が成立するか。本当に殺意を認めた人がいるのだろうか。全証拠が開示されるまで、何とも言えない』というコメントを出していただけだ」。

高木氏は「裁判員裁判では本人の供述調書よりも、法廷での証言を重んじるという傾向にあるが、今回のような報道があって、すぐに裁判員裁判が始まったら、被告人は吊し上げ状態になるだろう」と指摘した。

「報道関係者に連日、付きまとわれ、まとわりつかれ、不意に現れると、本当に精神的にきつい。五月雨式に家に来る。事務所にも来る、生活が脅かされる。いつ終わるかも分からない。テレビのほか、週刊誌も来る。単発ならまだいいが、次から次へと来る。それでこちらから会見するから個別の取材は控えてほしいということにした」。

一般刑事事件の公判前取材で弁護士が恐怖を感じるマスコミは、他の国にはないだろう。

映画「死刑弁護人」を上映 —— *2012.12*

首相になってはいけない危険な人物が二〇一二年一二月二六日、何と二回目の首相になった。安倍晋三氏は祖父の岸信介・元A級戦犯被疑者を敬愛し、日本軍慰安婦問題を取り上げたNHK番組を改竄させた人物だ。

有権者の四〇％が棄権する中、比例では二七％しか得票しなかった政党が、やり放題だ。日本の過去の侵略の歴史を改竄し、沖縄戦の真実を隠蔽してきた下村博文、稲田朋美、山本一太、古屋圭司、新藤義孝各氏ら安倍氏の極右反動靖国派仲間が入閣した。韓国の中央日報は、一八人の閣僚のうち一一人を「右翼性向」と分析しており、「閣僚の六〇％以上が右翼」と断じた。

谷垣禎一法相は二七日の会見で、「国民感情や被害者感情からみて死刑制度を設けていることは根拠がある。その法の下で執務をしていく」と述べ、処刑を行うと明言した。憲法改悪、戦争体制へ向かう権力が国際的な死刑廃止の流れに逆行し、国家総動員体制を「取り戻す」決意表明だ。

同志社大学浅野ゼミは天皇ヒロヒトの誕生日でA級戦犯処刑日に当たる二三日、映画「死刑弁護人」を上映し、映画の主人公である安田好弘弁護士、映画プロデューサーを務めた阿武野勝彦・東海テレビ報道スポーツ局専門局長を招いて討論した。「京都から死刑廃止をめざす弁護士の会」（堀和幸会長）が後援してくれた。

映画は齊藤潤一監督と阿武野氏のコンビで制作され、オウム真理教、和歌山毒カレー、名古屋女子大生誘拐、光市母子、新宿西口バス放火の各事件で弁護人を務めてきた安田氏の生き様を描いた。

安田氏は映画の中で、名古屋事件のKさんが処刑されたことについて「死刑執行の停止を求める嘆願書ではなく、あらゆる方法で再審請求をすべきだった。自分のミスだ。私がちゃんととやれば今も生きていると思う」と自分を責める。バス放火事件の無期懲役で服役中のMさんが刑確定の一一年後に自死を選んだことを回想するシーンでは、「弁護人は法廷だけで仕事が終わると思っていた。そのバカさ加減が情けない」と、確定後に一度しか面会しなかったことを悔やんだ。自分の職責に忠実であろうとする姿勢に感銘を受けた。

安田氏は討論の中で「死刑」については二つの側面があると述べた。「一つには、国家が絶対的権力行使手段として保持する手段としての意味がある。外患誘致罪は死刑単独法定刑だ。『大逆事件』などがそうで、戦争反対運動を弾圧し、社会の雰囲気そのものを変えてしまう力がある。思想を潰す国家政策意思表示だった。もう一つが、被害者がいる死刑で、個人個人の生活感、倫理に根ざした死刑だ」。

安田氏は韓国では、加害者と被害者をケアする施設ができたことを紹介した。「カトリックの人たちがソウルに五階建ビルをつくり、刑務所へ派遣するボランティアスタッフ（一般市民・元受刑者・矯正専門家）への研修を行っている。出所者への起業資金を融資する経営コンサルタントもいる。隣の三階建てビルは殺人被害者が自由に使える。犯罪被害者や遺族支援組織が入居している。被害者側と加害者側をつなぐのだ」。「一方的押しつけ、威嚇ではだめだ。更生への社会全体の信頼醸成が必要だ」と安田氏は強調した。

阿武野氏は〇八年に日本民間放送連盟賞最優秀賞を受賞した「光と影～光市母子殺害事件弁護団の３００日～」の企画段階で、社長から「鬼畜弁護団を取り上げる君たちは鬼畜社員だ」と言われた。しかし、作品を見た人たちが評価してくれ、社長も今は「いい番組だ」と言っているという。

安田氏は前日、大阪で和歌山カレー再審請求事件の弁護団会議に出ていた。弁護団の中に若手が増え、現在一二人になっている。

「確定判決で林眞須美さんが亜ヒ酸をカレー鍋に入れたとされる紙コップの色が青とされていたが、カラー写真で確認すると黄か白にしか見えない。カレーから検出された亜ヒ酸と、逮捕四日後に林さん宅の台所の流しの下から押収された亜ヒ酸が同じ成分だったというのが有罪の論理だ。しかし、一二年秋になって、和歌山県警科学捜査研究所の技官による鑑定捏造（対象物の入替・検査スコア改ざんなど）が発覚した。県警はわざわざ、『カレー事件については、改ざんはない』と発表した。しかし、カレー事件の鑑定記録中でもこの技官の名が頻出していたので、追及する」。

安田氏は「映画を作った二人を信頼した。自分が『撮られる』のは嫌だったが、スタッフの皆さんとの会話、飲酒は良かった」と話した。

「この映画でありがたいと思ったことが二つある。一つは、林さんへの見方を変える力がある。一八〇度変わるのではなくても、直接証拠がなく、裁判所すら動機も解明できず、このレベルの証拠で究極的な死刑と判断していいのか、こういう裁判は怖いことではないかという疑問は投げ掛けてくれている。また、私のやっている死刑廃止を目指す『フォーラム90』に、一五年ぶりくらいに二〇代の若い参加者が増えた。その中にはこの映画を見たのがきっかけの人たちがいた」。

「人間が変わらないはずはない。歴史、家庭、教育、友人関係から事件は起きる。生まれながらの悪人はいない。犯罪は社会的な出来事であり、社会全体が引き受け、被害者支援、加害者の更生支援をすべきだ」。

安田氏は、少年がアベックを殺害した事件を例に出して語った。

「一審で死刑判決を受け、『死刑になってもいい』と彼は言っていた。死刑執行は怖くなかったし、それですべてが片付くのではと考えていた。その後、いろんな人や母の話を聞き、命の大切さが分かり変わった。やがて高裁で無期に減刑され、岡山で服役することになった。毎月の作業賞与金と謝罪の手紙を遺族に送り続けた。そして七年目になって、被害者の父親から『頑張りなさい』と記載された葉書が返ってきた。その後毎年、葉書が届いた。葉書には『君の更生への努力は理解できる。社会に出ても同じ気持ちでやってほしい。信頼している。早く釈放されるようにと（更生保護委員会へ）手紙を書いた』などと書かれていた」、「私もご遺族にお会いした。とても厳しい人で、事件当時は会ってもらえなかった。事件から一七年経って、被害者の父親も救われたという気がする。もう一度『この憎い人間』が生き直そうとしている。もう一度、『人間を信頼してもいいのかな』と変わった。どこかで新しい関係を作り、一生償いをしていく人との関係性を模索する。そのほうが処刑で終了する関係性よりも良いのではないか。これを事件ごとの一対一ではなく、多数の被害者、多数の加害者の間をつなぐことを、社会として対応できないかと思っている」。

「死」による抹殺で解決するという排除の容認では粗暴化社会になるというのだ。安田氏は、被害者支援制度が日本では不十分だと指摘した。

「ひき逃げ死亡事故で遺族は約三〇〇〇万円を受給される反面、殺人では一〇〇〇万円もいかない被害者給付制度が問題だ。サポートする官庁は警察だけだ。犯罪抑止の視点のみで細やかなフォローがない。これでは、司法の場での仕返しに頼るしか、精神的バランスを保持する手段がない。ドイツのように、直ぐボランティアが赴いて被害者を支援するネットワークが必要だ。ダメージがゼロにはならなくても、もう一度生きていこうと行く気力が喚起される。修復的司法の考え方だ」。

阿武野氏は「犯罪被害者支援に関して番組を制作した。そこで得られた答えは、被害者が誰でも死刑を求めるものなのだ、と決めつけるのは間違いだったということだ。そう思い続ける人もいる。しかし他方で、時間の経過と共に、また、事件後の人との出会いで、考え方が変わる人もいる。犯罪被害者とはこういうものなのだ、と一律に思い込むのは間違いではないか」と話した。

三浦和義さんの戦い ―― *2013.1*

一月一九日の朝日新聞第三社会面に《「ロス疑惑」報道、本社の勝訴確定　最高裁決定》という見出しの次のような記事が出た。

《「ロス疑惑」で殺人罪に問われて無罪が確定した三浦和義氏（故人）が、二〇〇八年二月に米国ロス市警に殺人容疑で逮捕されたことをめぐり、三浦氏の遺族が「報道で名誉を傷つけられた」と朝日新聞社に一一〇〇万円の損害賠償などを求めた訴訟の上告審で、最高裁第一小法廷（横田尤孝〈ともゆき〉裁判長）は、遺族側の上告を退ける決定（一七日付）をした。

請求を退けた一、二審判決が確定した。

問題とされたのは、三浦氏が逮捕された後の〇八年二月二五日付の記事。「ロス市警『新証拠ある』」などの見出しで、市警が逮捕に踏み切った理由について、米連邦捜査局（ＦＢＩ）が警察庁に回答した内容などを報じた。

昨年二月の二審・東京高裁判決は、「ロス市警が逮捕に踏み切った理由として新証拠の存在を挙げていることについて、真実だと信じる相当の理由があった」とする一審・東京地裁判決を踏襲した。》

この記事を読むと、朝日がこの裁判に勝ったと思うだろうが、朝日は「勝訴」などしていない。昨年二月東京高裁判決は、ロス市警が逮捕に踏み切った理由として「新証拠」が存在した事実を認めていない。判決は、朝日の記事の内容について、「真実だと信じる相当の理由があった」として名誉棄損を免責しただけだ。

朝日はこの裁判で、「新証拠がある」という情報は信頼できる警察庁の幹部から入手したとして、幹部の役職名も挙げて正当化した。警察幹部から聞いたので、「真実だと信じた」というのだ。問題は、最高裁も含め日本の裁判官が、日本の裁判所は記者クラブメディア、特に東京の大新聞を負けさせることはほとんどないという現実だ。

警察の偉い人から聞いたのでそのまま書いたというのなら、ジャーナリズムは官憲情報の広報（ニュースポーター＝情報の運搬者）にすぎなくなる。

朝日新聞の〇八年二月二五日の記事は《ロス市警が今回の逮捕に踏み切った理由として、「新証拠」を挙げていることが二四日わかった。（略）米連邦捜査局（ＦＢＩ）が二四日までに、事実確認を求めた警察庁に回答した》と大きく報じた。記事の情報源は「捜査当局」「警察庁」とあるだけで、誰がどのような経路でこの情報を明らかにしたのかがわからない記事だった。書いた記者の署名もない。

その後、毎日新聞などの報道で、ＦＢＩから公式ルートで、ＦＢＩの担当者が日本の捜査当局へ新証拠が見つかったという通知はなかったと判明している。

共同通信も同年二月二四日、《ロサンゼルス・サイパン発》のクレジットで、《日本の捜査当局によると、米連邦捜査局（ＦＢＩ）の担当者は「新証拠が見つかり、逮捕に踏み切った」と話した》と報じた。この配信記事は二五日の東京新聞（一一版）の《ロス疑惑に「新証拠」米捜査当局》という見出しで、一面トップ記事になった。また、テレビ各局も「新証拠」が異例の逮捕につながったと報じた。その後、この「新証拠」に関する報道はトーンダウンし、誤報だと分かった。

原告になった三浦さんの遺族の代理人を務めた弘中惇一郎弁護士は「米国では三〇年間も逮捕状が有効という野蛮な制度を持っていて、それだけを根拠にした逮捕だった。何も新しい証拠はないのに日本で無罪が確定している事案で不当に逮捕した。朝日はこの新証拠報道を大きく報じたので、悪質と考え提訴した。朝日新聞の記事内容は誤報だということは裁判でも明白になっているのに、勝訴したと言い張るのは、事実に反している」と述べている。

朝日は「新証拠があったため逮捕に踏み切った」という事実はなかったという訂正記事を出すべきだ。

三浦さんは一九九八年七月の人権と報道・連絡会の定例会で「一人で始めた虚報との闘い」と題して報告した。『人報連ニュース』（同年七月三〇日号）によると、三浦さんはこう訴えた。

《八五年九月に逮捕された後、「こんなでたらめな報道にあっていったいどうすればよいのか」と本当に悩みました。（略）悩んだあげく、「報道は事実ではない」とはっきり言うために、朝日新聞はじめ多くの新聞社に抗議をした。しかし、半分以上は返事ももらえない。返ってきても「当社としては信じるに足りる取材・報道をした」で終わりです。

私は一個人です。しかし新聞社は何億という資本金を持った大会社です。一対一になるのはどうすればいいのか。結局民事訴訟を起こして、法廷に彼らを引き出し、裁判所にどちらが正しいか判断してもらうしかない、そう考えて、初めて訴状を書いたわけです。

訴状は、『本人訴訟はこうすればできる』という本を参考に書き、四八六件の訴状を出して争ってきました。》

《名誉毀損は、人の社会的評価を低下させた、というところで発生します。関連する法律は民法七二三条など。メディアが訴訟に負けるということは法を侵したということ。メディアは人の行為を責めながら、平

然と法を侵し続けたのです。》

《報道被害に遭ったら、どんどん訴訟を起こしたらいい、私はそう言ってきましたし、現に名古屋、大阪、東京拘置所で三人の方が三〇件以上の訴訟を起こし、何件かは勝訴もしています。拘置所にいる間はほとんどできませんでしたが、これからは彼らに私の民事訴訟の訴状、準備書面、判決などのコピーを送って、どんどん訴訟を起こしてほしいと思っています。》

企業メディアによってウソをばらまかれた報道被害者は、三浦さんから学んで名誉棄損訴訟を提起しよう。

いじめと自殺・読売の虚偽報道 —— *2013.1*

記者クラブメディアには過去の誤報・虚報を真摯に反省する姿勢がない。

大津市で一一年一〇月、いじめを受けた市立中学二年の生徒が自殺した問題で、市の第三者調査委員会（委員長＝横山巌弁護士、六人）は一月三一日、「いじめが自殺につながる直接的要因になった」などとする調査報告書を越直美市長に提出した。報告書は中三の生徒二人を加害者と認定した。

報告書は最後に、読売新聞が二〇一二年一二月二三日、《いじめと自殺　因果関係明示へ》と報じた記事について「虚偽報道」と断定した。記事は《各委員が取材に、同級生三人による暴行など少なくとも九件の行為を列挙し、自殺との因果関係が分かるよう立証したいとの考えを示した》などと書いていた。この報道で、加害側とされる生徒の保護者が「委員会との信頼関係が壊れた」としてこの生徒の三回目の聞き取りを拒否したため、調査活動に重大な支障を受けたと言及した。

また別の報道関係者が情報を得ようと、生徒に現金をちらつかせたケースもあったと指摘した。

しんぶん赤旗によると、報告書は「読売新聞社の虚偽の記事は、生徒に振り返りの機会を永遠に奪った。大人は信用できない、社会は信用できないという不信感を与えた」「何のために、いじめに関する報道をしているのか」と報道と存在意義そのものを問うている。

委員会は、読売新聞に記事の撤回、謝罪を求めたが、同紙は拒絶。委員会は、これに抗議する声明を出していた。委員の一人である尾木直樹法政大学教授は一月三一日、近畿のテレビに生出演して、読売記事を「捏造記事」と批判した。

読売新聞は報告書の読売批判を報道した。大阪本社版の記事によると、同社は、同月二六日に「事実ではない」との抗議を第三者委から受け、《当該記事は、調査委の会合後に複数の委員らに取材した内容と独自取材に基づくもの》と回答。同社広報宣伝部は《記事は複数の委員らに取材した内容と独自取材に基づく。本紙の記事は、社会的関心に応えるものであり、委員会には、報道機関の責務についてご理解いただきたいと思います》とコメントした。

同社のライバル社の朝日は報告書のメディア批判について、《過熱したマスコミ報道が事態を混乱させたとも指摘した》と書いただけだった。共同通信もほとんど言及していない。毎日、産経は報告書の報道批判を詳しく書いている。

海外では報道に関する事実は市民の関心が高く、朝日のような姿勢は軽蔑され、読者を失う結果になる。

アルジェリア人質事件　犠牲者遺族の了解は？——2013.1

二〇一三年一月一六日に起きたアルジェリア人質事件で、当初、被害者の氏名は明らかにされなかった。内閣記者会は二二日、政府に「氏名など基礎情報」の公表を求めたが、政府の公表は二五日午前になり、公表されたのは氏名と読み仮名だけだった。

テレビや新聞は二二日から被害者の名前を出している。死亡か行方不明なのかも分からない時点で、家族や友人が取材に応じた段階で、被害者の実名、顔写真など順次報道した。政府の氏名公表前には、一〇人すべてが実名報道されていた。

近畿のテレビで見た限り、フジテレビ「FNNスピーク」が二二日午前一一時半にトップで、鹿児島県出身のHさんの氏名を伝えたのが最初だ。Hさんが食事をしている写真を出し、鹿児島に住む実兄と義姉が家の中で涙を流してインタビューに応じた。

夕方のTBS「Nスタ」は「スピーク」と同じ写真を映し、「Facebookから」というキャプションを入れた。「次はアフリカ大陸に位置するアルジェリアに行き砂漠で星空を眺めることに期待を込め!!」という書き込みの画面を映し、兄が登場した。

NHK「ニュース7」は宮城県南三陸町出身のIさんの写真（ネットからか）を出し、東日本大震災で被災し、仮設住宅で一人暮らしの母親Fさん（八二）が取材に応じた。画面右上に「震災被災地の母親」とのタイトルが出て、Fさんが「どこさ行っても人には褒められる。あんないい子が殺されなきゃいけねえのかなあ」と語った。

「自宅にあったIさんの思い出の品は一つも残っていません」とのナレーションがあり、Fさんが「鉛筆一本ねえ。箸一本ねえ。津波で全部流れたあとだから何もない」と語った。「Iさんが同級生に送った来月の還暦祝いの出欠届です」と、画面に出欠届のはがきが映った。Iさんの同級生が「参加するが泊まらないで当日母さんの所に帰りたいと。できればうそであってほしい」と顔出しでコメントした。

NHK「ニュースウォッチ9」は、Iさんが震災四日後に書き込んだネットの掲示板を映した。大越健介キャスターが「私たちはご家族に取材のご協力を得て、その一部の方について、実名で紹介させていただきました」などと述べ実名に理解を求めた。

新聞では、読売新聞と毎日新聞が二三日、Fさんのインタビュー記事を載せた。

Fさんの友人は「Fさんには地元に住む息子さんがもう一人いるが、騒がれたくないということで、地元で葬儀はせず、お墓に納骨すると聞いた。報道陣が仮設に来て、Fさんを探し回って大変だった」と話した。『『NHKです』と言って入ってきたら取材を断れない。六畳一間の狭い部屋で取材された。Iさんの妻や兄弟の了解は得ているのだろうか。町役場に勤める同級生も出た。こっちの方の人たちは記者が来たら話してしまう。涙を流しているシーンは絵になるのだろうが、人には見られたくない。Fさんは気が強いほうでない。高齢で、テレビに出たことで、精神的にきつくなったのではと心配だ。報道が彼女を追いやるのではないか。Fさんの今後の生活のことを考えた上での放送なのか疑問だ」。

報道界は「実名原則」に固執しているが、日本人が海外で被害に遭った場合、メディアに氏名が出ることは少ない。一〇数年前から、外務省が「すべてのケースで、本人または家族の了解を得ずに個人情報を公表することはしない」と決めているからだ。報道界は、外務省が行っているような意思確認をする仕組みを作るべきだ。

被疑者写真の盗み撮りは妥当か　ＰＣ遠隔操作事件――2013.2

パソコン遠隔操作事件で逮捕された男性に関する報道は、ジャーナリズム史上、類を見ない官憲依存の〝犯罪報道の犯罪〟と言える。

報道各社は、逮捕前日の二〇一三年二月九日午後に都内で男性を撮影した姿を報じ、全社が一〇日午前八時半すぎ、江東区の自宅から連行される男性を撮影し報じた。

共同通信とＮＨＫは、九日午後、浅草の猫カフェで猫を抱いている姿を撮影し報じた。共同通信が撮った写真は、猫カフェでソファに座りくつろいでいるところを真正面から撮っている。カメラ目線ではないが、まるで記念撮影のようだ。加盟紙のほか民放各局も使った。ほとんどの雑誌もＫＫ共同から提供（有料）されたこの写真を載せた。

共同の『編集週報』二月一六日号（加盟社にも配布）に、《よくこんな位置から隠し撮りできたものだと驚いたが、記者によると本人は猫に夢中で、おそらく気付いてはいないという。そもそも猫カフェという場所は猫と遊び写真を撮るのが普通なので、さほど目立つことはなかったらしい》と書いてある。共同通信のＯＢとして、隠し撮りを賞賛していることに驚いた。

また共同の配信記事を考査する「記事審査室」責任者は《ここまで突っ込んだ取材をしていたとは！　聞いてみると、マークは厚くしていたが、撮影は本人に気付かれていないという。猫カフェには携帯のカメラなどで猫の写真を撮る人が多いといい、浅草の繁華街を歩く姿も風景撮影で構えているカメラの視野にたまたま入ってくる形で…》などと振り返っている。「！」を付けたいのは、このベテラン記者の人権感覚の方だ。

ＮＨＫは一一日のニュース番組で、男性が九日に猫カフェでくつろぐ映像を詳しく放映した。共同社内で評価されたこの猫カフェ内の写真は掲載中止になっている。共同は加盟社に使用を差し止めた。ＫＫ共同も他媒体への提供をやめた。ＫＫ共同フォトセンターの責任者は、「（撮影した）猫カフェ店がネットで激しく批判されるなどの事態が起き、共同として総合的に判断した結果、エディトリアル（編集）関係の出版社などへの提供はやめている、いつからかは言えない。ＮＨＫも同じような映像を放送したが、その後はオンエアしていない」と話した。

共同とＮＨＫは尼崎不審死事件で、被疑者の写真を取り違えた。被害に遭った女性は両社に対し、損害賠償を求めている。被疑者の顔写真は市民の知る権利の対象なのかを検討すべきだ。

〇一年の「佐賀市農協背任事件」主任検事で『検事失格』（毎日新聞社）著者の市川寛弁護士は「多数の記者が逮捕前日に尾行し、任意同行で前打ち記事が出た。現場には何の得もない報道だ。誤認逮捕で挽回をはかりたい警察上層部によるリークだろう」と指摘した。

「警察・検察・報道がスクラムを組んでいるのが末恐ろしい。名前や顔を出し、『私はやっていない』と完全否認しているのに、報道は『動機の解明が焦点』と書く。否認の事件に動機を求めるのは、自白をしてくれということと同じだ」。

市川氏は男性の弁護人の佐藤博史弁護士らの活動について、「怒涛のような報道の後、メディアへ働きかけたやり方はお手本になる。警察検察も困っているのではないか。取調べの可視化をしなければ調べに応じないと通告して、検察は二月一九日以降取り調べを事実上やめた。弁護人が可視化を申し入れたら、取り調べをやめるというのはどういうことか」と述べた。

報道界は足利事件の真実を解明した弁護士から学んでほしい。

谷垣法相、死刑執行――2013.2

谷垣禎一法相（自民党前総裁）は東京大学法学部を卒業、弁護士を経て、父・谷垣専一元文相の死去に伴う補選で一九八三年に旧京都二区補欠選挙に自民党から出馬し初当選した衆議院議員（一一期）で、影佐禎昭元陸軍中将は祖父だ。

死刑廃止を求める京都にんじんの会、「死刑を止めよう」宗教者ネットワーク、京都から死刑制度廃止をめざす弁護士の会の三団体は二〇一三年二月一七日、京都府福知山市にある谷垣氏の地元事務所を訪問し、「谷垣新法相、死刑執行しないで！」要請行動を行った。行動には「フォーラム90」の安田好弘弁護士らも参加した。

同じく地元綾部市には宗教法人「大本」があり、谷垣氏の支援者の中には大本の信者もいることから、谷垣事務所は日曜日にもかかわらず、要請行動に対し丁寧に対応した。三団体は「死刑執行停止を求める要請文」を提出した。要請行動の前には、大本本部の大本みろく堂で死刑執行をされた人と犯罪被害者への祈りの会も行われた。

ところが、谷垣法相はこの要請行動から四日後の二月二一日朝、東京・大阪・名古屋の各拘置所でそれぞれ一人の死刑を執行したと発表した。民主党の滝実元法相が昨年九月に執行して以来五カ月ぶりで、昨年末の政権交代後、自公の安倍政権としては初の執行。確定死刑囚は一三四人となった。

執行されたのは、茨城県土浦市で起きた九人殺傷事件の甲氏、奈良市の女児誘拐殺害事件の乙氏、名古屋市のスナック経営者殺害事件の丙氏の三人。

法相は「いずれも誠に身勝手な理由からの犯行で、きわめて残忍。被害者や遺族にとって、無念このうえない事件だ」と説明した。

谷垣氏は法相に就任してから二カ月しかたっていない。乙、丙両氏の事件はいずれも被害者が一人で死刑が確定した事件で、甲、乙両件は一審の死刑判決で確定している。どういう理由で三人に決めたかのも不明だ。

菊田幸一明治大名誉教授は二一日の朝日新聞夕刊に、《就任から2カ月しかたっておらず、死刑囚の記録をきちんと読み込んだのか疑問だ。(谷垣法相は)過去に終身刑を検討するチームの座長をしていただけに残念だ。乙死刑囚は死刑を望んでいた。しかし、死刑確定から7年、再審請求の棄却から3年での執行は、ほかの死刑囚と比べても早い》とコメントしている。

甲氏は「国に殺してもらえる」と早期の執行を望んでいた。二一日の読売新聞夕刊によると、甲氏は一〇年一月に死刑判決が確定するまで、読売の取材に四〇回近く応じ、犯行動機について「世の中がつまらないから。自分で自分を傷つけるのは怖い。人にやってもらった方が楽なので死刑を選んだ」などと語っていた。この場合、死刑制度は犯罪の抑止に全くなっていない。

乙氏は逮捕直後から公判でも死刑を望み、控訴を取り下げて死刑が確定したが、〇九年一二月に再審を請求した。最近も、一審で真実を話せなかったことに不満を持ち、新たな再審請求を準備していた。乙氏の主任弁護人を務めた高野嘉雄弁護士(元甲山事件弁護団員、一一年九月死去)は「加害者が自分の犯した罪にどう向き合い葛藤し、被害者への謝罪をするかが重要だ。生きることでしかそれはできない」と話していた。

乙氏は昨年秋、福島瑞穂参院議員のアンケートに、「日本の刑法は（中略）『目には目を』の復讐法ではない」と死刑制度に反対の考えを示した。

朝日新聞によると、法相は会見で国際的に死刑廃止の流れがあることについて、「死刑は極めて大きな内政上の問題。国民感情の方が重要だ」と反論した。国連や欧州連合（EU）はたびたび、日本政府に対し、死刑の執行停止や廃止の検討を勧告してきている。死刑は人権問題である。自衛隊の海外派兵や朝鮮民主主義人民共和国のロケット発射では、国際貢献とか国連の要請などを持ち出すのに、死刑問題では「内政問題」と言うのでは悪しきダブルスタンダードだ。

安倍政権は国際会議で「価値観の共有」を強調するが、先進国で死刑を国として存置している国はない。

また、民主党政権下で初代の法相の千葉景子参院議員（当時）が法務省内に「死刑の在り方についての勉強会」を設置し勉強会を設置し、現行の絞首刑を見直すかどうかの検討もあった。しかし安倍政権は米国といつでも戦争ができる国にするため、国家による殺人である死刑の存廃論議さえ封じ込んだ。与党公明党の支持団体は宗教団体だが、なぜ死刑を認めるのかと思う。

法相は世論が死刑を支持しているとも強調するが、死刑肯定の世論は記者クラブメディアでつくられている。記者クラブメディアは法相の処刑強行を支持した。

読売新聞は二二日の社説《3人死刑執行　凶悪犯罪の抑止につなげたい》で次のように論じた。

《いずれも、社会を震撼させた、卑劣かつ残虐な犯罪だ。被害者・遺族が受けた傷は大きく、処罰感情も厳しいものがある。（略）殺害した被害者が1人であっても、凶悪な性犯罪では極刑を免れないという厳罰化の流れが明確に示されたケースだろう。》

産経新聞は二三日の《主張》で、《死刑の執行　犯罪抑止のために必要だ》という見出しで、《死刑存続については国連など海外からの批判もある。しかし、谷垣法相は「死刑は極めて大きな内政上の問題だ。治安維持や国民感情という観点をしっかり考えるべきだ」と反論し、「制度の大綱について、現時点で見直す必要はない」と言い切った。法相の発言を支持したい》と述べた。

大手メディアで死刑執行を批判する社は一つもなかった。日本では凶悪犯罪は減り続けている。死刑囚が増えているのは、社会的に処罰感情が強まった影響で、死刑判決が増えているためだ。メディアは大きな事件を情緒的に報じて、犯罪に関する真実を伝えず、誤った「世論」をつくっている。

乙氏の事件の被害者女児（当時七歳）の父親は二一日、奈良県警を通じ、報道機関に談話を寄せた。談話の中に《乙死刑囚の命も一つの命であり、今後私たちは□□の命、加害者の命の重さを背負っていかなければなりません。二度と尊い命が失われることがない社会になることを心から願います》（□□は娘の名前）という文言があった。

光市事件の遺族も同じような気持ちを語っていた。被害者側がいつも死刑を望んでいるわけではない。

被害者遺族がなぜ警察を通じて談話を発表するのか。日本には報道機関を束ねて、市民からの声を受け付ける組織がないので、すべて官憲任せになっている。

冤罪被害者の立場から語る死刑制度――2013.3

桜が満開の二〇一三年三月三〇日、京都で著述家・松本サリン事件被害者の河野義行さんの講演会があり、私は二部の討論に参加した。「京都から死刑廃止をめざす弁護士の会」（堀和幸会長）の主催で、約一〇〇人が参加した。

京都で同会ができたのは、京都弁護士会で死刑制度を考える委員会の設置が認められなかったためだという。元検察官の弁護士や若手弁護士の会員が、「被害者のことをどう考えるのか」「死刑問題は弁護士会のテーマになじまない」などと強硬に反対したためだという。

日本弁護士連合会（山岸憲司会長）法制第二課によると、日弁連は一一年一〇月七日の第五四回人権擁護大会で「罪を犯した人の社会復帰のための施策の確立を求め、死刑廃止についての全社会的議論を呼びかける宣言」を採択した後、同年一二月一五日に「死刑廃止検討委員会」（加毛修会長）が設置された。死刑のない社会が望ましいと言明し、社会的議論を呼び掛けただけで、死刑制度の廃止は提言できなかった。

世界の一三八カ国が死刑を事実上廃止している中で、死刑廃止を決議できない日弁連と違って、河野さんは「死刑制度について～犯罪被害者と冤罪被害者の立場から～」と題した講演で、相手が犯罪者であろうと、「人が人を殺していいはずがない」と述べ、死刑制度に断固反対を表明した。

河野さんは犯罪被害者の体験から、「加害者を恨み、憎み続けることには相当なエネルギーがいる。そんなことにエネルギーを使い、自分も苦しみ続けるより、このエネルギーを妻の介護に使おうと思った。人を恨んで自分が得るものは何もない」と断言した。

河野氏は死刑囚の再審無罪が確定した冤罪・免田事件を例に挙げ、「無実の人がいても、ごく少数なら殺してもいいということがまかりとおっていることが問題」だと指摘した。

「警察・検察も、裁判官もまた人間であり、人間が行っている以上、間違いがゼロということはあり得ない。誤認逮捕、誤判の現状がある一方で、『命はかけがえのないものだ』と言う人たちが、命を奪ったものは命で償えと言うのは矛盾している。死刑存廃の話になると、被害者遺族の感情の問題が出てくるが、死刑執行された時に被害者遺族は本当に救われるのか。少なくとも死刑執行で終わりではないはずだ」。

河野さんは加害者の死刑囚との交流の権利も訴えた。

「死刑を執行してしまえば、被害者も死刑囚との接触を断たれる。また、被害者遺族に対し、メディアがほしがるコメントは常に決まっている。たとえば、『加害者は許せない』『□□に極刑を求める』などといった表現だ。確かに被害者遺族は、事件直後は冷静さを失い、そうした感情になることはやむを得ないだろう。しかし、時間がたてば何かが変わるかもしれない。死刑が執行されてしまってはその可能性もなくなってしまう。被害者遺族が加害者に直接話をする機会がなくなってしまえば、遺族の『なぜ殺されてしまったのか』という疑問は永遠に消えることはない」。

河野さんは「大事でない命なんてどこにもないんです」と述べた。

河野さんはオウムの死刑囚四人と面会、文通をしている。河野さんは現在鹿児島に住んでいる。数年前から同居していたお連れ合いの女性が一年半前から末期の肺がんを患い療養中だったが、三月一六日に亡くなった。その前日に、確定死刑囚の新実智光さんからの手紙が届いた。「まだ日本では確立した治療法になっていないが、東京都内のクリニックで診てもらってはどうか」と具体的な病院名、治療法を伝える手紙だった。

「誰かから彼女の病状を知って、自分の知人に頼んで最新の医療情報を集めたのだと思う。新実さんは獄中でいつ自分に死が訪れるかわからない状況で手紙を送ってきた。自分の死を顧みずに他人の心配をできる優しい心の持ち主なのだ。そんな優しい人を殺していいんですか」。

「四人の元オウム死刑囚と面会したが、みんな人を殺すような悪党という印象ではなく、普通の人たちで、優しい面を持っている」。

河野さんは麻原彰晃氏を「麻原さん」と必ずさん付けで呼ぶ。「麻原さんに死刑を執行してしまえば、一連のオウム事件の真相を追求することができなくなってしまう。また、現在の麻原さんは精神疾患により、訴訟能力が失われているのではないかという話がある。

しかし、裁判所は麻原さんの治療をする手続きをとることなく裁判を続け、控訴理由書の提出が遅いということで、一審だけで事実上裁判を打ち切るという暴挙に出た。我々が間違ってはいけないのは、犯行当時の精神状態だけの問題ではなく、現在の訴訟能力の問題である。裁判中、もしくは服役中に精神障害になった場合、たとえ人を殺した者でも治療を受ける権利がある。しかし、麻原さんにはその権利が認められないということが問題だ」。

自公政権で、オウム関係者が死刑執行されてもおかしくない状況に入ったと言われている。「オウム事件の死刑囚を殺したら、事件の真相が分からなくなる」と死刑執行に反対した。

最後に、集会を後援した「京都にんじんの会」「京都・当番弁護士を支える市民の会」を代表して永井美由紀さんがあいさつした。永井さんはその中で、和歌山毒物カレー事件で、〇九年五月に最高裁で死刑判決が確定し、再審請求中の林真須美さんの弁護団が二月末、再審請求補充書などを和歌山地裁に提出したことを明らかにした。補充書では、裁判で証拠とされた鑑定のデータを専門家が分析した結果、林さんの台所から見つかったとされる容器内のヒ素と、カレーに混入する際に使ったとされる紙コップ内のヒ素は別物とわかったなどと主張、再鑑定を求めている。

和歌山県警は二〇一二年一二月一七日、科学捜査研究所の主任研究員（五〇）を、証拠品の鑑定結果を捏造した証拠隠滅、有印公文書偽造・同行使の疑いで書類送検し、停職三カ月の懲戒処分とした。

各紙の報道によると、研究員は二〇一〇年五月から一二年六月まで、変死事件など七件の鑑定で、過去の事件のデータを流用したり、所長の公印を無断で押したりしていたという。

『週刊朝日』一三年一月四・一一日号は次のように書いている。《この研究員、1998年7月に起きた「和歌山カレー事件」で、殺人に使用されたヒ素の鑑定にかかわっている。》《捜査では、98年から03年にかけての19事件でも捏造があったことが発覚した。カレー事件は、まさにこの期間にあてはまる。》

新聞各紙はこの元主任研究員に取材し、カレー事件の「科学鑑定」に問題がなかったかどうか調査報道すべきだ。

私が見たかぎり、河野さんの講演会を取材に来た記者クラブメディアは産経新聞記者一人だけだった。「被害者の感情」を理由に死刑制度廃止運動に敵対する弁護士も会場には来ていないのだと思う。日弁連と報道機関は被害者の視座から死刑廃止を強く訴える河野さんから学ぶべきだ。

あるまじき行為でも警官なら仮名 —— *2013.4*

私は憲法学者らと一緒に『憲法から考える実名犯罪報道』（現代人文社）を二〇一三年五月に出版するのだが、ある憲法学者に、「警察官が被疑者になった場合、仮名になることが多いのはなぜか」と聞かれた。主要新聞各社の過去の記事を調べると、確かに氏名が出ないケースが少なくない。警察が書類送検で済ませたり、当局が仮名発表した場合、記者クラブメディアは実名を出さないのだ。

今年一月二九日の主要紙に掲載された《警視庁東大和署警務課の男性巡査長（27）》も仮名だった。各紙によると、巡査長は女性のスカート内を盗撮して逮捕、立川簡裁は昨年一二月七日、罰金三〇万円の略式命令を出した。警視庁は一月二五日、減給一〇分の一（六カ月）の懲戒処分とし、巡査長は同日付で辞職したという。ほとんどのメディアが情報源を《警視庁への取材でわかった》（朝日、産経、日経）、《警視庁関係者への取材でわかった》（読売）と書いた。

時事通信は《28日、分かった》と書き、池田克史・警視庁警務部参事官の《あるまじき行為。職員指導を徹底し、再発防止に努める》という談話を載せている。

これらの記事では、警視庁が巡査長の逮捕・処分時に報道発表しなかったという事実が伝わらない。

一方、毎日新聞は《盗撮：容疑で巡査長逮捕　警視庁、公表せず》との見出しの記事（岸達也記者の署名）で、次のように書いている。

《東大和署警務課の巡査長（27）が昨年11月、女性のスカート内を盗撮したとして、東京都迷惑防止条例違反容疑で逮捕されていたことが28日、同庁人事1課への取材で分かった。（略）警視庁は今回の事件を公表していなかった。同課は「内規では停職以上の懲戒処分を公表する。今回は基準を満たしていなかった」と説明している。》

また一月二九日の東京新聞も《警視庁は「公表基準を満たしていない」として、逮捕時や処分時に発表しなかった》と伝えた。同紙の読者応答室によると、共同通信の配信記事だ。両社は、警視庁の公表基準はどういう内容なのかを読者に伝えるべきだろう。

私は警視庁総務部広報課の小笠原和美課長に、①毎日などが報じた「公表基準」は何を指すのか、②被疑者を逮捕した場合、報道発表するかしないかの発表の基準はあるか、また、発表する場合、氏名、性別、年齢、職業などをどこまで発表するかの基準はあるか――を聞いた。

同課は四月一日、ファックスで《警察職員の逮捕及び当庁職員の処分時の公表に関する基準は定まっておらず、当庁において、事案毎に個別に検討し判断しております。よって、東大和署の盗撮事案につきましても、同様の対応をしているものであります。》《（逮捕時の）公表基準は定まっておらず、当庁において、事件毎に個別に検討し判断しております。》と回答した。

警視庁広報課の回答は、警視庁人事一課が毎日の取材に対し「内規では停職以上の懲戒処分を公表する。今回は基準を満たしていなかった」と説明したという記事と矛盾する。

毎日と共同にも、「東大和署警務課の男性巡査長の氏名は分かるのではないか」、「警視庁が発表しなければ、実名を出さないのか」などと質問したが、回答はなかった。

同じような事件でも、朝日（西部本社）は一月二七日《盗撮容疑、小倉北署所属の警官を逮捕　女児のスカート内》との見出しで、《小学生の女児のスカートの中を盗撮したとして、福岡県警は26日、小倉北署地域1課到津交番勤務の巡査長、□□容疑者（27）＝北九州市○○区△△2丁目＝を県迷惑行為防止条例違反（盗撮）の疑いで現行犯逮捕し、発表した》（□などは記事で実名）と実名報道している。

警察に逮捕されるかどうか、当局が実名発表するか否かで、「実名か仮名か」を決める基準をやめよう。

被疑者逮捕をショーにしたボストン爆弾事件――2013.4

二〇一三年四月一五日午後（米東部時間）、ボストンマラソンのゴール付近で起きた爆弾事件で、三人が死亡、二百人超が負傷した。一八日、ボストン近郊のマサチューセッツ工科大（ＭＩＴ）で警官一人が射殺され、関与したとみられる兄弟が被疑者として公開手配され、兄（二六）は警察との銃撃戦で死亡し、逃走した弟（一九）も一九日逮捕された。

この事件では誤報が相次いだ。四月二六日の朝日新聞などによると、ニューヨーク・ポスト（インターネット版）は一五日、「警察がサウジアラビア出身の男性を拘束して聴取」と報道し、一八日の紙面では無関係の男性の写真を掲載した。

ＣＮＮテレビは一七日午後一時四五分、「複数の情報源によれば犯人が逮捕された」と報道。ＡＰ通信、ボストン・グローブ、フォックスニュースも「被疑者が拘束され、裁判所へ向かっている」などと速報した。しかし、連邦捜査局（ＦＢＩ）やボストン市警が午後二時三三分に「逮捕者は出ていない」と表明し、各社は一斉に訂正した。

米テレビはＭＩＴでの事件以降、弟の身柄拘束までリアルタイムで報道し、ショーのように報じた。市警は民家のボートに隠れていた弟を包囲し、ロボットを投入しボートの覆いを外した後、特殊部隊を突入させた。警察車両が現場を離れるとき、近隣の住民から大歓声や拍手がわき起こった。市警幹部は「我々にとってＶＩＣＴＯＲＹ（勝利）の日だ」と表明、住民は「ＵＳＡ、ＵＳＡ！」コールでこたえた。

市警は公式ツイッターアカウントを使い、弟の身柄確保をメディアよりも早く「速報」した。

米テレビは兄弟の家族を取材した。兄弟のおじがカメラの前に立ち、自分たちは米国を愛していると強調した。

米国には「９・11」後に制定された愛国者法がある。テロに関連するとみられる外国人を七日間は司法手続きを経ずに拘束できる法律で、米当局は、兄弟が「米国市民」なのか「敵性戦闘員」なのかを検討した結果、四月二二日、一般刑事事件の大量破壊を行うための武器を使用した疑いなどで弟を起訴した。

日本のテレビでは、コメンテーターらが事件直後、「アルカイダなどイスラム原理主義者の仕業の可能性がある」などという推測に基づく発言が飛び交った。フジテレビのディレクターは現場からの中継で「犯人逮捕」を連発していた。米メディアは必ず「susupect（被疑者）を拘束」と表現していた。

日米のメディアは「9・11」以降最大のテロ事件と報じたが、ボストンに住む研究者は「圧力鍋を使ってつくられた爆弾で、中にくぎや金属の玉を入れた単純な構造だった。ここでは国際テロ組織の犯行というよりは、国内の米国人による事件ではないかと見ていた」と話した。

日本の報道機関は兄弟のルーツが「イスラム教徒が多数を占めるロシア南部の共和国、チェチェン」で、兄がモスク（イスラム教礼拝所）で知り合った友人の影響などで信仰にのめり込んでいった、などと報じた。

兵庫県在住のジャーナリスト、ブライアン・コバート氏は「FBIは二年前ロシアの要請で兄を聴取し、担当官が自宅を訪れ監視していたのに、なぜ犯行ができたのかなど疑問点が多い。いつものことだが、メディアは裁判前に被疑者に有罪を言い渡した。アトランタ五輪公園爆弾事件で警備員が誤認逮捕されるなど過去の冤罪事件の教訓は生かされていない」と指摘した。

米日の報道界は「無罪推定の法理」を無視し、ジャーナリズムの権力監視を忘却した。

取材は実名、報道は原則匿名で　弘中弁護士講演――2013.6

厚生労働省の村木厚子さん、生活の党代表の小沢一郎さんらの刑事弁護人を務めた弘中惇一郎さんが二〇一三年六月一日、京都で「わたしと刑事弁護」と題して講演した。主催は「京都・当番弁護士を支える市民の会」で大学の新入生らを対象にした企画だ。

弘中さんとは、ロス銃撃事件の三浦和義さんの無実を証明するためロスへ一緒に調査に出向くなど長い付き合いだが、初めて聞く話がいっぱいあった。

一九七〇年に弁護士登録したころ、公安事件の弁護にかかりきりだった。

「公務員試験にも受かり、どちらにするか迷った人間で、高い志があったわけではない。全共闘運動が活発で、もうすぐ革命が起きるのかという雰囲気さえあった。約三〇人で反戦法律家連合を結成した。赤軍の被告人たちが、自らの闘いの正当性を何カ月も陳述するのを裁判官も許す時代だった」。

刑事弁護は「メディア・世論との闘い」と考える契機になったのが、『週刊文春』の「疑惑の銃弾」連載だった。「警察が捜査もしていない段階で、メディアが普通の市民の実名を挙げ、七週間連続で疑惑を書きたてた。メディアの名誉棄損、プライバシー侵害が社会問題になった」。

弘中さんは当時、自由人権協会の常駐弁護士で、三浦さんの父親が法律相談に来て、「すさまじい取材・報道によって家族の生活が破壊され、孫は九州で隠れて暮らしている」と訴えた。

その後、三浦さんが殺人で逮捕・起訴され、主任弁護人となった。三浦さんは接見で、「新たな目撃者を捜すためにロスでビラまきをしてほしい」と弘中さんに求めた。「一〇年もたっていたが、やってみようということになって、チームを組んでロスへ行った。現場で再現実験もやって成果を上げた。弁護士には想像力、創造力が試される」。

私は質疑応答で、「弁護士は起訴前に被疑者の言い分をどう記者に伝えるべきと思うか」を聞いた。弘中さんは「捜査段階では圧倒的な情報格差、権限格差がある。当方が、本人がこう言っているとか、あるいは関係者がこう言っていると記者に伝えて得することはまずない。むしろ非常にリスクが高いので、中身については話をしない、ということが原則だろう」と答えた。

「ただ、本人が被疑事実を認めているか否かという時に、『否認しているとまでは言えない』みたいな形で、認めているかもしれないということが出てしまうと、それはそれで誤解を与えたり、関係者が一緒に頑張ろうという気力を失ったりして問題があるので、『本人は毅然として否認している』ということが必要な場合は話す」と述べた。

また、「薬害エイズ事件の安部英さんのように、八〇歳を過ぎて勾留されて、体調を悪くしているのに、無茶な取り調べをしていることを伝えて、それが記事になり、一種の牽制球になってひどい取り調べがなくなったこともある」と付け加えた。

また、実名犯罪報道についても聞いた。弘中さんは「原則的には捜査段階において実名で報道するべきではないと思う。匿名報道する場合も、記者には本当にそういう人が逮捕されたのか、どういう容疑にかけられたのかを把握する責任がある。取材の段階では当然名前も含めて把握するべきだが、恐らくほとんどの事件の場合には実名で報道する必要はない。うっかり報道すると、後で報道された人の受ける被害の方がずっと大きいわけだから」と回答した。

「報道で『誰か』は不可欠。匿名原則にすると警察が実名を発表しなくなる」と主張する人たちは、「刑事事件の面白さの第一は相手が国家権力であること」と言い切る弘中さんの報道論に耳を傾けてほしい。

NHKスペシャル・尼崎事件再現ドラマは指針違反――2013.6

NHKスペシャル「未解決事件　File.03　尼崎殺人死体遺棄事件」が二〇一三年六月九日に放送され、

一三日に再放送された。新聞テレビ欄には「□□被告2つの顔　知られざる事件の原点」などとあった。

番組題名の後、「運命分れた　幸せそうな姉妹」というタイトルが出て、事件の中心人物とされた被告人女性（以下女性）＝二〇一二年一二月一二日に兵庫県警留置場で自殺＝の顔写真がアップで映る。続いて、県警捜査一課長が一二年一二月五日に記者クラブで、「□□ら八人を通常逮捕しました」と発表した時のビデオ映像が音声と共に流れた。

自殺した女性の家族は実名だ。

「『全てを知っていた』はずの□□元被告は逮捕後に自殺。この自殺で未解明の闇が深まっている」というナレーション。「半年間、女性の元夫、被害一家の父親らが関係者三百人に取材した。重い口を開いた被害者の証言を映像化し、事件の真相を追う」。

被害者の知人が「□□を、はよう捕まえてんか。許さへんぞ」と叫ぶ。別の被害者遺族が「□□を捕まえておくんなはれ」「ありえへん。絶対に許せへん」と話す。「再現」という文字があるので、男優のセリフだ。

作家の高村薫氏が一五年前に被害家族が住んでいたアパートに入り、「衝撃を受けた」とコメント。監禁現場になっていたマンションの一室も訪れた。

「何人の犠牲者が出たのかになったかが分からないという意味で、立派な未解決事件だ」。

高村氏は「なぜもっと早く歯止めがかからなかったのか。社会の問題として私たちは自問しなければならない」と話す。

この再現ドラマについて、殺人罪などで起訴された七人の弁護人七人は放送前の六月四日、ＮＨＫスペシャル担当者に、放送にあたっては二〇〇八年一月一六日付「裁判員裁判制度開始にあたっての取材・報道指針」を厳守するよう申し入れた。

《被告人らは殺意や共謀の有無を争っている。番組が、連続「殺人」事件と呼ぶこと自体、既に、視聴者に予断と偏見を与えているので直ちに訂正を。現に裁判中であり、捜査もさらに進行中。再現映像は、証言者の証言を超えて、視聴者により強烈な印象を与える可能性がある。放送を見た人を裁判員から排除するよう求めるしかない。》

同指針は、犯人視報道をしないこと、供述の内容のすべてがそのまま真実であるとの印象を視聴者に与えることのないよう配慮すると規定している。

弁護団は放送後の六月二〇日、裁判員になる可能性のある視聴者に予断と偏見を与えるとして、再び、NHKに配慮を求める申し入れをし、抗議した。

《番組後半の再現映像は、起訴され、これから審理される事件の被告人を扱っている。被告人が特定される形で登場する。裁判の公正さに不当な影響を与える。NHKはオンデマンドでこの番組を有料配信しているが、直ちに配信を停止すべきだ。》

ある弁護士は「尼崎事件の一事件で、なぜ救いを求めていた人の命を助けられなかったかが中心テーマだった。未解決事件の真相に迫るという看板とは無縁の報道だ」と指摘した。

番組が使った女性の写真は、県警が昨年一二月七日、記者クラブに提供した被疑者写真だ。多くのメディアが同事件と全く関係のない市民の写真を女性の顔写真だとして報道した後、県警が例外的に提供した写真だ。

NHKはHPで「尼崎殺人死体遺棄事件に関する情報提供をお願いします」と書いている。NHKは「カメラを持ったおまわりさん」をやめるべきだ。

実名報道に固執する江川紹子氏——2013.7

第六六期司法修習生の「七月集会」が二〇一三年七月一四、一五日、京都で開かれた。私は一五日に行われた「報道による私刑～犯罪報道の在り方について～」分科会に参加した。

「報道による私刑」というテーマは、企業メディアが無罪を推定されている刑事事件の被疑者の基本的人権を侵害している実態を的確に表現している。修習生の集会で「人権と報道」を取り上げるのは久しぶりだ。一九八四年に第一作『犯罪報道の犯罪』（学陽書房、新装版『裁判員と「犯罪報道の犯罪」』昭和堂）を出版した後、多くの修習生が同書を読んでくれ、私の講演会などを企画してくれた。分科会の実行委員二名が六月一五日に研究室を訪れ、私の見解を聞いた。そこで、分科会でフロアーから発言してほしいと言われた。

分科会では、まず松本サリン事件被害者、河野義行氏が基調講演した。その後、江川紹子氏、安田好弘弁護士が加わって討論した。司会は実行委員、橋本太地氏（大阪で修習中）だった。

橋本氏が実名報道について河野氏に聞いた。河野氏は「今の状況であれば実名主義に賛成できない。被疑者・被告人の家族は批判とかバッシングの対象になる。本来世の中が被疑者の家族をケアしなければいけないのにだ。実名主義はあまりにも被害、ダメージが大きいから実名には反対だ」、「小さい犯罪では、受ける刑罰以上にダメージを受けるという現状がある。大きい犯罪小さい犯罪含めても私は匿名がいいと思う」。

次に「メディアの役割とは何か」と聞かれた江川氏は「世の中で起きているいろんなことについて伝えて、そういう情報を受けた側がいろいろ考えるようにしてもらうというのがメディアの役割だ」と述べた。

「実名報道について考えは」と聞かれて次のように答えた。「実名が原則だと思う。例外をどうするかということはいろいろ話しあわなければいけないが、匿名を原則にするということは絶対あってはならないというふうにさえ、今は思っている」。

元神奈川新聞記者の江川氏はもともと実名報道主義者だったが、ここまで言うとは思わなかった。

「今情報が開く方向か、閉じる方向か、どっちの方向に今世の中の流れが流れているのかと考えると、圧倒的に閉じる方向だ。特に刑事司法に関する情報は閉じる方向だ。これは今になって急に起きたことではない。刑事訴訟法の改正で、記録の目的外使用というのがすごく厳しく取り締まられるようになっている。後から全然チェックできない。これが匿名原則になっていればどうか。まず、警察が、匿名で発表するように必ずなる。そうなると、まず記者はどこの誰が捕まっているかということから探るということになる。そして今警察の情報コントロールというのはかつてに比べてものすごいものがある。私が新聞記者をやっていた時には、各警察署の各部屋に入って、それぞれのおまわりさんと話をすることが可能だったが、今はもう不可能だ。警察署の一階にいる副署長としか喋っちゃいけない、そういうようなものすごい情報コントロールがなされている。そういう中で匿名原則にした時に、どこの誰が捕まって、何をされているのかが分からないというような厳しいことになりかねない。私は、実名・匿名の問題以前に、事実確認がどの程度なされているのかが大事だと思う」。

安田氏は「匿名報道を原則とすべきであると考えている。これはマスメディアの問題だから、国家あるいは警察、あるいは検察当局が何をオープンにするかどうかという機密性の問題と、それからマスメディアが報道に名前を出して、人名を出して住所を出し、あるいは経歴まで含めて報道をするということについて私は必要ないと思っている。そういうものがあることは逆に、マスメディアに劣化をもたらしている。いろいろな国々で匿名報道を原則としているが、匿名報道による弊害というのは聞いていない。特に私のように刑事弁護をやっている人間にとっては、実名報道によって、家族、親戚も含めて、もうそこには生活できない、皆こう離散していくと、社会から生きていけないという大変な状況を見ていると、これはやっぱり実名報道を終わらせることは意味を持っている。江川さんの言う情報は公開されないということは確かにあると思うが、その問題と匿名報道についての問題は別の問題だ」。

橋本氏は、被疑者被告人の経歴や生い立ちなども報道されるというプライバシー侵害の問題を取り上げた。江川氏は「子供が残虐な事件をやったとか、あるいは今まで起きたことがないようなことをやったと思われる人たちが、どうしてそのことをやったのかというのを掘り下げる時に、その人の生い立ちとか人間関係、場合によっては障害や病気に関係するようなところまで掘り下げて行かないと、なぜこの問題が起きたのかということが分からない。私は報道する者としては当然のことだと思う。それに、関心、興味に応えるということは、確かに物語としては非常におもしろいし、人々の関心をかきたてるところもある。正にその視聴率とか、そういうことで人々の関心に応える、というとちょっとかっこ良すぎるのだが、そういうような報道になってしまうところはあると思う」。

安田氏は「『知る権利』というのは街で出会った人の生活などを知ることや、被疑者の家族関係や近所付き合いを知る権利ではなく、国家や公の情報を知ることの権利だ」と主張した。

この後、私は五分間発言の機会を与えられて、次のように述べた。

「江川さんの発言にはがっかりした。二九年前に『犯罪報道の犯罪』で匿名報道主義を提唱した際、当初は、逮捕された人の起訴率・有罪率が高いとか、犯罪者を社会的に制裁するのは当然だとか、匿名だと無関係の人が疑われるなどという反論が多かった。八六年ごろから『逮捕時点で被疑者の身元を明らかにすることによって冤罪を防いでいる』『実名報道主義を止めれば警察は被疑者を匿名発表してくるのは必至で、警察が被疑者を闇から闇に葬り去る暗黒社会になる』という権力チェック論が主流になった。報道界が匿名原則にすると警察が匿名発表するように必ずなるというのはデマだ。事実は全く逆だ。被害者の仮名発表が増えているが、実名を報道されたくない市民が捜査当局に実名を伏せるように要請している。当局が発表するとそのまま報道する実名主義が、当局の情報コントロールを招いているのだ」。

警察に被逮捕者の氏名を教えてもらうという発想が間違えている。もし警察が匿名発表したら、自分でつかめと言いたい。そもそも警察は逮捕された事案をすべて発表している訳ではない。

事件の背景を知るためには被疑者のプライバシー暴露も必要という江川氏は、無罪推定の法理を無視している。被疑者が加害者でなかったら、被疑者のことを掘り下げれば掘り下げるほど真実から遠ざかる。

江川氏はジャーナリズムの役割として、権力の監視という視点を持っていない。江川氏はジャーナリストという肩書ではなく、反オウム真理教活動家（アクティビスト）という肩書を使うべきだと思っている。

河野氏は江川氏の発言について「もし浅野さんの主張を支持したら、明日からテレビや新聞から声がかからなくなるので、ああ言うのだろう」と話した。

分科会の会場に「撮影・録音・サイン禁止」という張り紙が数カ所にあった。江川事務所から前日、強い要請があったのだという。江川氏は主催者の撮影・録音も禁じた。

ところが、分科会のあった夜、江川氏は自分のツイッターで河野氏の講演時の写真を速報でアップして、分科会の模様を「……だにゃ」といういつもの調子で詳しく伝えている。自分は情報を閉ざしておいて、勝手に写真を撮って発信する神経が怖い。

江川氏は〇六年、法務省と警察庁がつくる「未決拘禁者の処遇等に関する有識者会議」のメンバーとして代用監獄制度に関し、「すぐに廃止しろというのは現実的ではない。透明化に傾注する方がいい」と主張した。権力の情報開示を妨害しているのが江川氏である。

「逮捕時の実名」問う初の裁判 2013.8

私は一九八四年に『犯罪報道の犯罪』を出版し、警察の逮捕を実名掲載の根拠とする合理的理由はないことを論証し、北欧などの匿名報道主義の導入を提唱した。しかし、報道界は企業メディア御用学者らと実名報道マフィアを形成して、「警察権力の監視のために被疑者の実名は不可欠」などと言って、実名報道主義に固執してきた。

ある弁護士は「実際に実名報道された普通の市民が、『報道機関はなぜ逮捕されただけで姓名、住所、職業、経歴などを報道するのか』を問う裁判を起こして司法判断を求めるのがいいのではないか」と話していた。「なぜ新聞社は逮捕で実名を出すのか」を真正面から問う裁判が近く始まる。原告は冤罪・名古屋「契約偽造」事件で不当逮捕された佃治彦氏だ。佃氏は、私の文章では顕名を望んでいる。

佃氏は八月二日、実名報道された朝日新聞、毎日新聞、中日新聞の三紙に計二二〇〇万円の損害賠償と謝罪広告の掲載を求めて東京地裁に提訴した。佃氏の代理人は木下渉、高柳孔明、林毅の三弁護士。

愛知県警は二〇一〇年二月一〇日、偽造した契約書を民事裁判に証拠として提出したとして、有印私文書偽造・同行使の容疑で佃氏を逮捕し、県警記者クラブで報道発表。翌一一日付の三紙が《「連帯保証人」契約偽造して「カネ払え」 名古屋の男逮捕》（毎日中部本社版）などと実名報道した。一方、読売新聞、産経新聞、日経新聞、共同通信、時事通信とNHKを含むテレビ各局は報道しなかった。記事に署名があるのは毎日の中村かさね記者だけだ。

　佃氏は容疑を否認、名古屋地検は同年三月三日に不起訴処分としたが、三紙とも不起訴になったことを報道していない。佃氏が受けた報道被害については矢内真理子氏が飯島滋明編『憲法から考える実名犯罪報道』（現代人文社）第一部第二章に書いた論稿を参照してほしい。

　佃氏は提訴後、東京の司法記者会で会見した。弁護団長の木下渉弁護士は「逮捕時に実名報道する基準が見直されれば、記者のみなさんが一般市民の人権を侵害する不当な仕事をしなくていいようになる」と指摘した。

　また、三社を一括して被告にしたのは「三紙の行為には客観的関連共同性が認められ連帯責任があるから、共同不法行為に該当するからだ」と話した。

　佃氏は「実名報道で悪質な犯罪者であるとのレッテルを貼られ、それまでの仕事や人間関係等を全て失い、五一年間生きてきた人生を完全に破壊された。記事を転載した書き込みがネット上の掲示板に今も掲載されているため就職先を見つけるにも苦労する」と訴えた。

　私は「韓国やインドネシアなどでも、被疑者をイニシャルだけにとどめている。報道界の犯罪報道の在り方そのものを問う初めての裁判だ。報道現場の実態をよく見て、改革につながる判決を出してほしい」と述べた。

　ほとんどの社が記者会見に来て、真剣に話を聞いてくれた。翌日の在京四紙に記事が出た。中日だけは三日遅れの八月六日の第三社会面で書いた。読売と東京新聞（中日東京本社発行）は報道していない。

　朝日は提訴を報じたベタ記事の最後に、《朝日新聞広報部の話》として、事件報道は実名を原則としている、主張は裁判で明確に示すと伝えた。他の二紙は《警察の公式発表に基づいて報道し、否認していることも明記した。適切な報道だったと考えている》（中日）などとコメントしている。

佃氏の「実名犯罪報道の訴訟を支える会」（山際永三代表）が七月に発足。山際代表は「新聞の凋落とともに、編集デスクたちの中に、『実名』についての受け止め方の変化が現れたような気がする。来るかと思っていたら、やっぱり来たというような」と見ている。

二〇数年前に被疑者になぜ敬称を付けないのかを問う裁判があり、沖縄でも実名掲載を争点の一つにした訴訟はあったが、日本の報道界の犯罪報道の在り方そのものを問う裁判は初めてだ。

佃氏は釈放後、私と河野義行さんの共著『松本サリン事件報道の罪と罰』（第三文明社）を読んで、私に連絡してきた。佃氏は一〇年四月から五月にかけて三社を回って実名報道に抗議し、謝罪を要求した。佃氏はまた、三紙の苦情対応機関にも事案を持ち込んだが、朝日の「報道と人権委員会」が一〇年八月、「名誉を不当に棄損した疑いや、記者の取材行為に朝日新聞記者行動基準に違反するなど瑕疵があった疑いがないことは明らか。従って、本件を審理しない」と通知するなど、すべて門前払いだった。

佃氏は「謝罪を求めて抗議している者に対して、あまりにも非情で、冷酷な書面内容で、手が震えた」と怒っている。日本独自のオンブズマンと詐称する「第三者機関」のメンバーである学者・法律家・ジャーナリストも本裁判の被告席に座ることになる。

佃氏は一一年四月、愛知県情報公開条例に基づき、警察が逮捕を発表した「記者クラブ通報メモ」を開示させた。わずか四行の発表メモが人生を破壊した。

佃氏によると、県警中署の古川崇警部補は「おまえの悪業情報を得るために新聞発表したんだ。悪事の報告が毎日寄せられているぞ」と取調室で佃氏を恫喝し、再逮捕を匂わせたという。

メディア幹部は「警察権力の監視のため実名が不可欠」と言ってきたが、裁判で警察とメディア間の真実も明るみに出るだろう。

私が受けた報道被害――――2013.8

報道被害については、私にも週刊誌で〝セクハラ疑惑教授〟にされた苦い経験がある。

私は一九九四年に共同通信記者をやめ、同志社大学大学院メディア学専攻の教授になったが、私の同僚のW教授が自分の指導する女性院生Mと男性院生Nを操って、私に〝セクハラ〟〝アカハラ〟被害を蒙ったと言わせた。

M、Nは二〇〇四年四月、同大嘱託講師（非常勤講師）になった。W氏は委員会で決められた手続きを踏まずに当時の鈴木直人委員長（文学部教授）との個人的な関係を利用して持ち込んだ。同時に、W氏らは報道機関に虚偽情報を垂れ込み、『週刊文春』が四ページの記事を載せた。〇五年一一月二四日号の《「人権擁護派」浅野健一同志社大教授「学内セクハラ」を被害者が告発！》と題した記事である。

私は〇六年一月、文藝春秋らを相手取り、一億二〇〇〇万円の損害賠償などを求めた訴訟を起した。文春裁判で大阪高裁は〇九年五月、記事中のセクハラに関する記述をすべて名誉棄損と認定し、文春側に対し、一審の二倍に当たる五五〇万円の賠償命令を出した。高裁判決は一〇年三月一六日、最高裁で確定した。また、〇九年九月に私がW教授を相手取り名誉棄損・損害賠償請求で提訴した裁判（W氏も反訴）でも、東京高裁は本年六月一三日、W氏に七一万円の損害賠償の支払いを命じる判決を言い渡した。賠償額は、一二年一二月の東京地裁判決より三〇万円増額になった。W氏側の請求は今回もすべて却下された。W氏は最高裁へ上告したが、高裁判決が確定するのは間違いない状況だ。
〇五年一二月三日の毎日新聞京都版に《同志社大セクハラ防止委　限界と課題、浮き彫りに》（太田裕之記者）という記事が載った。記事には、別の社会学部教授の係るセクハラ訴訟を紹介する中で、《同大では2年にわたり未解決の別のセクハラ相談もあり、調査の限界や課題が浮き彫りになっている》という記述があった。W氏からの情報だけで書いた間違いだらけの記事だった。

文春裁判の判決（三回）の度に、毎日新聞だけが一貫して、裁判所が「名誉毀損には当たらない」と認定した部分を極大化し、私のハラスメントを真実と認定したと報じた。毎日新聞（西部本社）は地裁判決翌日の〇八年二月二八日付で、文春裁判の地裁判決記事を掲載したが、《教授のセクハラ　一部真実と認定》というとんでもない見出しをつけた。

文春裁判は私がセクハラ、アカハラをしたかを争ったのではなく、文春の記事が私の名誉を棄損したかどうかの裁判だった。したがって、名誉棄損に当たらないとの認定が、即アカハラの認定では全くない。その後、文春確定判決は毎日が強調していた「一部セクハラ認定」部分を完全に覆し、セクハラをすべて否定した。ところが毎日新聞は〇九年五月一六日、またも《4件を否定し1件を認定》と報じ、《アカハラだけを認定した》と強調した。毎日新聞（東京本社）は文春裁判の最高裁での確定を伝える〇九年三月一九日付の記事でも《高裁判決はセクハラは否定する一方、アカハラを真実と認めた》と書いた。

私は〇九年六月、《毎日新聞社「開かれた新聞」委員会》（田島泰彦上智大教授ら四人が委員）に、一審判決を報じた西部本社の記事の訂正と太田記者の記事の「お詫びと訂正」を求める文書を送った。これに対し、同委員会は同年七月二四日付で「当委員会では取り上げないという結論に達した」と〝回答〟した。

同志社大学キャンパス・ハラスメント防止に関する委員会は本年八月六日、私の事案（申立人はM、N）

について「ハラスメントを認定するに至らなかった」などと認定する結論を出した。委員会はアカハラとセクハラの両方とも否定した。

これで九年一一カ月ぶりに、私は「被申立人」という人権侵害状態から解放された。

私の裁判を支援してくれた山口正紀さん（人権と報道・連絡会世話人）は「M、Nの『申し立て』を認定しないという結論を出させたことは、当然とはいえ、大きな成果だ」と述べている。

これにより、「W氏グループ」（文春確定判決は〇四年に結成と認定）の虚偽申告、守秘義務違反などの罪が大学内で審理されることを期待したい。また、私による「アカハラ」を事実であるかのように伝えてきた毎日新聞（特に太田記者）は大学と私に取材して、過去の報道の誤りについて訂正・謝罪すべきだ。

「日本人以外お断り」で奨学生決定は差別 ――― *2013.8*

戦前の同盟通信社（現在の共同、時事両通信社の前身）の流れをくむ公益財団法人同盟育成会の「古野奨学金」はジャーナリズム学を専攻する大学院生に返済不要の奨学金を出している貴重な制度だ。同志社大学社会学研究科メディア学専攻は四月二日、一四年度の古野奨学金の候補者を決める際、「日本人の院生から選ぶ」との国籍条項を持ち出していたことが分かった。

今年三月、埼玉で行われたサッカーJ1の浦和―鳥栖戦で「JAPANESE ONLY」と書かれた横断幕が掲げられ、浦和がホームゲーム一試合を無観客試合とするなどの処分を受けたが、同大の留学生排除も「日本人以外お断り」の差別事件だ。

古野奨学金は、元同盟通信社長の古野伊之助氏の寄付金をもとに一九六五年に創設され、当初は貸与制だったが、大学院生対象の給与奨学金を〇九年に発足させた。月額五万円が給与され、年二回関東で開かれるセミナーへ参加でき、著名なメディア学研究者からの論文指導もある。

同盟育成会は二月三日、全国の一七大学に推薦を依頼。日本で最も古いメディア学（旧新聞学）専攻のある同志社大学には「一名ないし二名」の推薦を依頼（締め切りは五月九日）。同大学生支援センターは二月一四日、社会学研究科に推薦者の選考を依頼。冨田安信社会学研究科長が四月二日、同センターに日本人学生一人の氏名を連絡し、同センターが四月二三日育成会へ大学の推薦書などの必要書類を送付し、五月に育成会で採用された。

対象になる専攻前期課程一年生は九人で、七人が中国人で二人が日本人。大学院専任教員ではない河崎吉紀社会学部メディア学科准教授が四月初め、院生に「私が奨学金の担当になった。古野奨学金は、日本人から一人選ぶ」と通告した。

同盟育成会の井口智彦常務理事兼事務局長によると、留学生の場合、学部時代の成績の判定が難しいことなどから、留学生の比率を全体の三割以内に抑えることをガイドライン（明文規定はない）としている。同大からは過去六年間、毎年採用者がある。これまで計一〇人（うち四人が留学生）で、一一年には三人が採用されている。全体では六七人が採用され、留学生は一七人となっている。

井口氏は「三〇％枠は大雑把な目安にすぎない。留学生が枠を超えている年もある。日本人からだけ選んでほしいとは言っていない」と話している。また、「一時予算が減り各大学一名にしていたが、今年から実績のある同大などは二名枠に戻したのに、一人しか推薦してこなかったのは不思議だ」と述べた。

奨学金を担当する久山喜久雄同大学生生活課長は「留学生枠は、外国人にも門戸を開いていると理解すべきで日本人だけではない。一名ないし二名ということは、二名の推薦を、と解すべき」と話している。

私は七月二八日、村田晃嗣学長らに「国際主義・自由主義を掲げる大学で、留学生排除は問題ではないか」などと聞いた質問書を出した。植村巧広報課長が八月七日に《14年度の「古野給与奨学金」については、公益財団法人同盟育成会様からの依頼内容に基づき、メディア学専攻において、対象者の中から他の奨学金の受給状況も含めて総合的に判断し、推薦者を決定しております》と回答してきた。

同専攻は、一四年度の私の担当科目を「未定」として開講していない。また、同大は裁判で地位係争中の私の後任補充人事を五月から公募し、九月から選考人事が始まる。新島襄が開祖の学園で、法の適正手続きを無視する暴挙が止まらない。

被疑者を人間として見よ　甲山・山田悦子さん——*2013.10*

「京都・当番弁護士を支える市民の会」は一〇月二六日、京都市内で「終わらない『事件』たち——冤罪事件に取り組む心理学者」と題したシンポを開いた。浜田寿美男元奈良女子大学教授の講演の後、二五年をかけて無罪を勝ち取った甲山事件の山田悦子氏が浜田氏と対談した。

甲山事件は一九七四年に兵庫県の知的障害児施設甲山学園で起きた。男女園児二人が相次いで溺死した事件で、当時保母だった山田氏が男児の殺人容疑で逮捕された。事件は不起訴、検察審査会の不起訴不当評決、再逮捕、一審無罪、控訴審で差し戻しなどを経て一九九九年に無罪が確定した。

浜田氏は、甲山事件弁護団からウソの証言をした園児五人の鑑定を依頼されたのがきっかけで、裁判にかかわるようになった。浜田氏は「やってない人でも、代用監獄の警察留置場の中で孤立し、お前がやったとずっと追及されると、その場の苦しさから逃れるために虚偽の自白をしてしまう」と話した。

「死刑になるかもしれないのに、自白するはずがないと多くの人は考えるが、ずっと先の可能性のことより、今現在の苦しみから逃れたいと思い虚偽自白に追い込まれる。冤罪事件は不幸を三つ生み出す。無実の人を犯罪者にするという罪の他に、真犯人をのがしてしまう、そして、被害者の遺族に、犯人でない人を犯人として憎しみの対象にしてしまう」。

山田氏は浜田氏との討論の中で、「報道で、逮捕されると犯人と決め付けられる。司法は、私が逮捕された四〇年前と何も変わっていない。被疑者がなぜやっていないのに、やったと自白してしまうのかを考えなければならない。日本の裁判官は、被疑者がそういう心理状況に追い込まれるのを見ようとしない」。

「でっち上げの最初の責任は警察にあるが、刑を確定させるのは裁判所だ。裁判官は、法律以前の問題として、人間をちゃんと見ようとしない。人間を見る目が裁判官に欠けている」。

山田氏は「無罪の推定が日本の憲法に明記されていない。最高法規に書かれていないから、捜査官が守ろうとしない。司法が変わるよう希望が持てるようにしてほしい」と強調した。

山田氏は「私が最初に逮捕された後、神戸地検尼崎支部の佐藤惣一郎検事は不起訴処分にした。正義の判断をした彼は左遷され、最後に公証人になった」と指摘した。会場の市民が「警察官はなぜ被疑者の声を素直に聞かないのか」と聞いた。山田氏は「それは警察官に聞いてほしい」と答えた上で、「逮捕され動揺しきっている時に、裸にされて調べられるとめげてしまう。警察は情報をいっぱい持っているので、かき乱される。代用監獄の廃止だけでもできないか」。

「この人は無実かもしれないと思って取り調べをしてほしい。日本の捜査はタマを引いて物を探すというやり方だ。物を集めてタマを取る、になってほしい」。

浜田氏も「警察が取り調べを始めるとき、無実の人を罰してはならないという意識を持ってほしい」と述べた。

私は会場から、「当局が不当な捜査をする原因の半分以上はメディアの犯人視報道にある。司法を監視すべきジャーナリズムが機能していない。山田さんは、司法の改革を求める運動があったのに、何も変わっていないと指摘している。無罪の推定を法律で明文化する、取り調べの際に弁護士の同席を義務付けることや、代用監獄の廃止など、一つでも実現していく努力を続けたい」と発言した。

「冤罪の逮捕でも実名を我慢しろ」？——2013.11

「警察に逮捕されたらなぜ実名、住所、職業などを報道するか」を真正面から問う裁判を起こした冤罪・報道被害者の佃治彦氏に対し、朝日新聞、毎日新聞、中日新聞の三社は全面的に争う構えだ。佃氏は二〇一〇年に「名古屋偽造文書冤罪事件」で実名犯人視報道され、深刻な報道被害を受けた。佃氏は八月二日、三社に計二二〇〇万円と謝罪広告の掲載を求める訴えを東京地裁に起こし、これまで二回口頭弁論があった。

朝日の代理人、川上明彦弁護士らは準備書面で、《偽造　見破ったり！／契約書　鑑定でダメ／容疑の会社役員逮捕、否認》という見出しで大きく報じた記事について、《原告の逮捕に関する事実を正確に報道した》、《重大かつ看過し難い犯罪を報道することによって、社会に注意喚起を行うとともに同種事案の再発を防ぐことを目的にしたもの》とし、《本件記事の報道が、公共の利害に関し、かつ、公益目的に資するものであった》、《その内容は誠実かつ真面目なものである》などと主張した。

佃氏の代理人、木下渉弁護士は「この名誉棄損記事を正確で、『誠実かつ真面目』と言い切る大新聞の感覚に怖いものを感じる。新聞社は、過去の判例で逮捕＝実名は認められていると軽く考えているようだが、名誉毀損とプライバシー侵害の両面から論争を挑んでいく。海外の犯罪報道がほとんど匿名原則になっている実態も裁判官に訴えたい」と話している。

中日の代理人、喜田村洋一・藤原大輔両弁護士は答弁書で、《偽造契約書を使った男逮捕》として実名報道した記事を、「逮捕され身柄を拘束されていた原告にとって受忍の範囲内」とした。冤罪の逮捕でも実名を我慢しろと主張している。

喜田村弁護士は、かつて弘中惇一郎弁護士と共に、ロス疑惑事件の三浦和義氏の無罪を勝ち取った弁護団の一員で、自由人権協会の代表理事を務めている。私が『週刊文春』（二〇〇五年一一月）に名誉棄損記事を書かれメディア訴訟を起こした時、喜田村、藤原両氏は文春の代理人だった。最近はＮＨＫ、講談社、読売新聞の代理人も務めていることは知っていたが、中日の顧問弁護士にもなっていたのには驚いた。メディア企業用心棒弁護士である。

中日の広報担当者は佃氏の提訴の際、「警察の公式発表に基づいて報道し、否認していることも明記した。適切な報道だったと考えている」とコメントしていた。中日は東京新聞も発行しており、原発問題、特定秘密保護法案などで人民の側に立つ紙面を作っているだけに、これまで涙をのんできた多くの報道被害者を代表して提訴した佃氏に敵対する姿を見たくない。

佃氏の裁判では「実名報道が原則」というマスメディア総体と企業メディアを擁護する〝リベラル派弁護

士〟の論理と倫理が裁かれる。

私は飯島滋明編著『憲法から考える実名報道』で、記者クラブメディアは違法不当なことをしたと疑われた警察官やメディア関係者の実名は書かないことが多いことを多くの実例を挙げて論じている。

朝日、毎日がDBで「匿名原則」導入――2013.11

毎日は自社のデータベース（DB）から二〇一〇年二月一一日の佃氏の逮捕記事を全面削除した。また朝日はDBの記事から佃氏の実名を消している。

同志社大学図書館が契約しているDBで、朝日、毎日の逮捕時（一〇年二月一一日）の記事と、三社提訴（一三年八月三日）の記事を検索したところ、佃氏の実名が消えるなどの異変が起きていた。中日のDBにはアクセスできない。

毎日の逮捕記事は検索一覧に見出しもなく記事もない。提訴記事は検索一覧に《実名報道：神奈川の男性、毎日新聞などを提訴（全0字）》とあったが、一覧に、《この記事は本文を表示できません》との赤色のマークが付いて、本文はない。

朝日のDBでは逮捕時にあった佃氏の実名が抹消された。逮捕記事は次のようだった。

《偽の契約書を裁判所に証拠として提出したとして、愛知県警は10日、名古屋市西区大野木4丁目、自称コンサルタント会社役員佃治彦容疑者（51）を偽造有印私文書行使の疑いで逮捕し、発表した。容疑を否認しているという。／中署によると佃容疑者は、（略）スナックやクラブを計約10店経営する同市在住の40代の女と共謀のうえ、女が名古屋地裁に起こした損害賠償請求訴訟を有利に進めようと、2006年6月下旬、偽の契約書を同地裁に出した疑い。》

佃氏の不起訴処分後、朝日のDBは、《自称コンサルタント会社役員》から《自称》を削ったほか、住所の《名古屋市西区大野木4丁目》を《名古屋市西区》に修正した。また、記事の末尾の《同署は、近く女も書類送検する》も削った。

佃氏の提訴後、朝日のDBでは、佃氏の氏名はすべて消え《男性（51）》《男性》に変わっている。朝日のDBではほとんどの記事がPDFファイル化されているが、この記事だけPDFがなくなっている。元の記事を改変した理由は書かれていない。

朝日はDBでは一般市民の匿名原則を導入しているようだ。

朝日の代理人、川上明彦弁護士らは準備書面で《朝日新聞が適示した事実は、「原告の実名をもって逮捕された事実」も含め、いずれも真実である》などと主張している。毎日代理人の河村綱也弁護士らも、現在の一般読者は、たとえ報道されても、それだけでは犯人とはいえないことは十分認識しているなどと述べ、《本件においては特に匿名にすべき必要性は認められない》と主張している。

そうなら、なぜ自社のDBから記事全文を削除し、すべて仮名に切り替えるなどするのか。

飯島滋明編『実名犯罪報道と憲法』に佃氏の報道被害について書いた矢内真理子氏が九月末、毎日東京本社に「なぜ佃氏の逮捕記事がDBから消えたのか」と電話で聞いた。担当者は「事件・事故で、個人情報が書かれている場合は見せないようになっている。報道時の被疑者も、その後見せないようにすることがある。削除依頼があり、正当な理由がある場合は消す」と回答した。佃氏は削除要請をしていない。

「毎日が訴えられたという記事だから削除したという可能性はあるか」と聞くと「それはない」と答えた。

本当だろうか。
佃氏の代理人、木下渉弁護士は「被告の新聞社は、『疑い』と書いているから名誉棄損にならないとか不誠実な答弁に終始している」と話している。

テレビ局員や外務官僚も実名を出さず——*2013.11*

テレビ朝日は一一月二〇日、編成制作局の男性社員が、外部の制作協力会社に架空の業務の代金を請求させるなどして番組制作費約一億四〇〇〇万円を流用し、私的に着服していたとして、この社員を一一月一九日に懲戒解雇処分にしたと発表した。今年八月、東京国税局がテレビ朝日を税務調査した際に判明した。

日本の主要テレビ局の賃金は異常に高く、自社ビルの豪華さはまるで御殿のように異様だ。これまでもこの種の不正はＮＨＫも含めテレビ界では何度もあった。新聞・通信社でも、記者同士の飲食費を取材費で落としていたメディアが多い。

こんな横領事件が起きるのは報道界の体質に問題があるからだと思う。

同志社大学図書館契約のＤＢで各紙の記事を調べた。朝日はこの社員を《編成制作局の男性社員（45）》とだけ書いて実名はない。

《同社によると、男性社員はバラエティー番組などを制作する部門のプロデューサーで、入社23年目。2003年11月から今年3月までの間、外部の制作協力会社3社に架空業務の代金を請求させるなどした上で、テレビ朝日から振り込まれた制作費で国内外の旅行代金の支払いや新幹線回数券を購入するよう求めた。

（略）テレビ朝日広報部は「視聴者並びに関係者の皆様、株主の皆様の信頼を裏切る結果となったことをおわびいたします」とコメントした。》

読売新聞は《バラエティー番組「銭形金太郎」などのプロデューサーを務めた編成制作局の男性社員（45）》と書いた。《監督責任として、平城隆司編成制作局長の役員報酬を減額（20％、1か月）とし、同局制作1部長と編成業務部長をそれぞれ減給処分（3か月）とした》と書いている。

時事通信は《バラエティー番組のプロデューサーなどを務めていた男性社員（45）》と報じ、《社員は社内調査に「深く反省している」と話し、返済する意向も示したため、同社は刑事告訴などは慎重に検討するという》と伝えた。

反省して返済すればいいのか。一般市民ならコンビニでカップ麺を盗んだだけで実刑になることもある。

朝日が一〇月一三日に一面トップでスクープした《慰安婦問題の拡大阻止　92〜93年、東南アで調査せず　外交文書、政府見解と矛盾》でも、当時のインドネシア大使などが仮名になっていた。日本政府が日本軍慰安婦問題について二〇年前に謝罪と軍の責任を認めた談話を出したのだが、裏側でそれとは異なる全く別の行動をしていることを国の外交文書と当時の政府関係者の証言で書いた。

仮名になったのは《旧日本軍の慰安婦問題が日韓間で政治問題になり始めた1992〜93年、日本政府が他国への拡大を防ぐため、韓国で実施した聞き取り調査を東南アジアでは回避していた》官僚たちだ。

サイド記事に《取材班はインドネシアから帰国し、慰安婦問題を担った約20人の政府高官や外務官僚を訪ね歩いた。直接取材に応じたのは12人で、うち実名報道を承諾したのは5人だった》（小田健司記者）とあった。実名掲載を拒んだ官僚は仮名にしたというが、これまで警察に逮捕された被疑者には「名前を出していいか」を全く聞いていていない。

朝日は翌日の一〇月一四日には《慰安婦記録、出版に「懸念」 93年、日本大使館がインドネシア側に伝達》という記事を掲載した。この記事には《駐インドネシア公使だった高須幸雄・国連事務次長が1993年8月、旧日本軍の慰安婦らの苦難を記録するインドネシア人作家の著作が発行されれば、両国関係に影響が出るとの懸念をインドネシア側に伝えていた》と、元公使を実名で報じた。公文書に名前があったからだ。ノーベル賞候補だった作家のプラムディア・アナンタ・トゥール氏が取材を重ねて数百ページにまとめた本を発禁にしたというのだ。

朝日のこの見事な調査報道は、大阪地検特捜部のFD改竄事件をスクープした板橋佳洋記者らが書いた。私が共同通信時代にジャカルタから追放された時の外務官僚の悪行を暴いてくれて痛快だった。記事にあった元大使は枝村純郎氏（元ロシア大使）だろう。

一般市民なら警察に逮捕されたら氏名が出るのに、テレビ局員や外務官僚が反社会的な行為で疑われても仮名で済ませるのが、企業メディアの「実名原則」である。

恐怖煽り監視社会化を推進　川崎・被疑者逃走――*2014.1*

強盗、集団強かんなどの疑いで逮捕された男性（二〇）が二〇一四年一月七日、横浜地検川崎支部で弁護士との接見中に逃走し、九日横浜市内で身柄を確保された。

男性の逃走直後と拘束時には、報道ヘリが飛び交った。男性が逃げていた四七時間、メディアは住民の不安を煽った。ＮＨＫは、男性が雑木林の中からパトカーまで連行される模様を生中継した。各紙は男性が川崎支部に入る際の写真を掲載した。

九日のNHK「ニュース7」は、死者五人が出た三菱マテリアル四日市工場の爆発事故を押しのけて、トップで延々と男性の身柄確保を伝えた。

神奈川県警は複数の同級生らが男性の逃走を手助けしたとみて捜査し、テレビの情報番組では「スクーターに乗った友人と出会うのは、宝くじに当たる確率だ」というコメントがあった。

男性の逃走は罪に問われない。一月九日の共同通信によると、《刑法97条の逃走の罪は、送検後に勾留状で身柄を拘束された状態で逃げた場合などに適用されるが、逮捕状で拘束されている段階は対象外》なのだ。

一〇日のフジテレビ「特ダネ!」では、コメンテーターたちが「逃亡を助けた友人を犯人隠匿罪に問えば、男性を犯人隠避の教唆で逮捕できる」と言っていたが、実際にはあり得ないことだ。

一〇日の朝日新聞夕刊の《素粒子》は《逃走犯は携帯の位置情報で足がつく。これからはウエアラブルの時代とか。腰縄はなくとも、我らみなひも付き》と茶化して書いた。しかし、男性は県警に逮捕はされていたが、検事勾留もまだ付いていないのだから、「逃亡犯」ではない。

男性が友人から借りた携帯電話が出していた電波で位置が判明したのだが、当局が市民の行動をすべて把握できる監視社会化は人民にとっていいのか。

警察と地域社会が男性の逃走に敏感に対応するのは当然だろうが、報道量は多すぎた。

ジャーナリストの大谷昭宏氏は九日、共同通信に《逃走中に新たな被害も起こりえたし、携帯電話を持っていたので、仲間を呼び、より遠くに逃げる可能性もあった。(略)昨年11月には宮城県警がドイツ国籍の男を取り調べ中に逃がしており、似た事件が相次いだ。これを機に、接見室の施設整備の遅れや、容疑者への対応手順の問題点を関係機関は総点検し、検証する必要がある》とコメントした。

年に数回あるかないかの事件のために、腰縄の締め方を強くせよ、接見時の監視体制の強化をという「逃走防止策」を提言して喜ぶのは、国連が人権教育を命じている司法当局者だ。

男性は《逃走前には強姦への関与を否定しており、逮捕の不満が逃走の動機となった可能性もある》（共同）という。「強かん犯が逃げた」という前提での取材・報道は誤っている。

逃亡中は報道機関が実名を出して捜査機関に協力するという考え方はあり得るが、身柄確保後、実名・写真は不要ではないか。実際は、男性をレイプ加害者と断定して、〝晒し刑〟を与えるために実名・写真付き報道をしているのではないか。

一方、しんぶん赤旗は八日から一二日まで男性を匿名で報じた。一二日の同紙は《逃走中、妻と数回にわたり電話で連絡。テレビ報道を見て「自分が（女性暴行の）主犯みたいな言い方をされている」と不満を抱いたといいます》などと報じた。

同紙社会部の森近茂樹デスクは「本紙は約三〇年前から一般刑事事件で被疑者を匿名にしているので、今回も特に議論はなかった。時事通信配信記事で、男性の否認主張部分は必ず載せている」と話している。

同志社大学の浅野追放策動――2014.2

「政府が右と言うことを左と言うわけにはいかない」、「（特定秘密保護法は）通っちゃったんで、言ってもしょうがない」。

ＮＨＫの籾井勝人会長の就任会見（一月二五日）での発言に、ジャーナリズム研究者として驚き、呆れ果てた。安倍晋三・極右靖国反動政権のネオファシストたちの気の緩みはここまで来たのである。会長発言は明らかに放送法違反であり、直ちに辞任すべきだ。

籾井会長は、一月三一日、衆議院の予算委員会に参考人として出席した。民主党の原口一博・元総務相の要求で実現した。原口氏は「ＮＨＫは国営放送ではない」「政府の広報ではない」と強調し、「御用放送」であってはならないと質した。

二月一日の朝日新聞は一面記事で《原口氏は、（略）「ＮＨＫが御用メディア化してしまうのでは」と追及》したと報じた。

原口が質問の中で、数回「御用放送」「御用機関」という言葉を用いて会長を追及したので私はうれしかった。なぜかというと、私が勤務している同志社大学大学院社会学研究科メディア学専攻の同僚教授四人（小黒純氏＝元共同通信記者＝が中心）は、私が「企業メディア〝用心棒〟学者」「メディア企業御用学者」「デマ」と書いているのが「大学院教授としての品位にかける表現」だと文書で非難しているからだ。

私は二二年の共同通信記者勤務の後、一九九四年から同志社大学の院と学部で教えてきたが、今年三月末に学校法人同志社（水谷誠理事長＝神学部長）と同志社大学（村田晃嗣学長＝自衛隊イラク派兵を煽った米追随〝国際政治学者〟）から不当解雇されそうになっている。

そこで、私は昨年一二月二七日、「従業員地位保全等仮処分命令申立書」を京都地裁に提出した。仮処分の審尋が二月三日、京都地裁民事六部で開かれる。本裁判の従業員地位確認等請求訴訟も京都地裁へ起こすことにしている。代理人弁護士は武村二三夫、平方かおる、小原健司、橋本太地各弁護士である。

法人同志社は一月三〇日付で答弁書と、私が院教授としてふさわしくないとする膨大な「証拠」群を地裁へ提出した。裁判官を騙すためウソで固めた「証拠」だ。村田学長は、一〇年前から私に「敵意を持ってきた渡辺グループ」（文春確定判決では〇四年結成）と手を組んだことになる。大学執行部は学生の授業料と国庫補助金を使って、私の追放を正当化しようとしている。

私の雇用問題について、簡単に経過を述べたい。

私は昨年七月に六五歳になった。同志社大学は六五歳で定年になるが、大学院任用教授については一年ずつ、七〇歳まで働ける制度があり、これまで定年延長を希望して拒否された教授はほとんどいない。ところが、昨年一〇月二九日、同僚の四人（小黒純、竹内長武、佐伯順子、池田謙一各教授）が突然、「浅野の定年延長を社会学研究科委員会に提案しない」と通告した。

翌三〇日に開かれた大学院社会学研究科委員会（教授会）では私の定年延長を審議したが、ここでも四人が反対し、継続審議となった。四人は、「浅野教授定年延長の件　検討事項」と題した審議資料を配布した。小黒氏がA４判二枚の文書を冨田研究科長に渡し、冨田氏が事務長に印刷、帳合を指示して、三〇人に配布された。日付も執筆・作成者名もない怪文書だ。

四人はその中で、私が「大学院教授としての品位にかける表現」「不適切な内容、表現」を雑誌、学生向けシラバス（授業計画）などで使っていると非難した。それは、「ペンとカメラを持った米国工作員」「労務屋」「企業メディア用心棒学者」「メディア企業御用学者」「デマ」「マスコミ用心棒」「御用学者」「御用組合」などといった言葉だ。

文書は《学問的質に問題がある。「運動」としての活動はあっても、大学院の教授の水準を満たす研究はない》という書き出しで始まっている。最後に、私が専攻にいることで「教員は強いストレスにさらされ、恐怖感によって突発性難聴や帯状疱疹を発症した」と書いてある。医師によると、帯状疱疹の原因はストレスではない。「浅野はウイルス」と言ったようなもので、明白な人格攻撃・ヘイト表現である。

しかし、委員会の会議に出た教授の誰一人、この文書を問題だと認識しなかった。無知な文書を大学院の教授たちの重要な会議で流したのは、大学人としてあまりに恥ずかしいことで、医学的知識を「誤った」では済まない。私は今後、四人を提訴するつもりである。

この怪文書を唯一の討議資料に投票され、私の定年延長が否決された。定年延長の審議で投票になった前例はない。従って、採決のルールもなかった。まさに中世の暗黒裁判である。冨田安信社会学研究科長（社会学部長兼任、専門は労務問題）らは次年度の私の講義・ゼミの科目担当者欄から私の氏名を抹消して「未定」とし、メディア学科会議は私が担当予定の学部の全科目を「休講」とし、ついには三月三一日までに研究室を「明け渡せ」という通告までしてきた。

冨田氏は昨年一二月、私が指導する院生七人の自宅へ《指導教員の異動がある場合も、責任を持って大学院生・特別学生の指導を行っており、それはメディア学専攻でもまったく変わりません》などと書いた手紙を二回郵送し、小黒教授らとの面談を求めた。院生と私を離反させようとする企みだ。大学では普通、学生への連絡は掲示、電子メール、電話で行い、自宅へ手紙を送ることはほとんどない。

私の指導で博士論文を書いている院生は二人いる。インドネシア政府奨学金で来ている大学助教と、福島原発事故報道を研究し、四月から二年間日本学術振興会の研究費助成を受ける若き研究者だ。四月にはロシアから日本政府の奨学金を受ける留学生が私の下で学ぶために入学する予定だ。

私は、文春問題で、渡辺氏の私に対する一〇年前からのハラスメント行為について大学のハラスメント委員会に申立、懲戒処分を行うよう求めている。ハラスメント委員会は昨年八月に渡辺氏によるハラスメントの調査を開始し、調査委員会（三人）による渡辺氏と私に対する事情聴取を終えたところだ。しかし裁判に負けた渡辺氏が大学に残り、私が追放されるというのだ。

『人報連ニュース』一月号に、山口正紀氏の次のような呼び掛け文が載っている。

《人報連では、対文春訴訟以来、浅野さんに対する攻撃を「原則的なメディア批判を続ける浅野さんを大学から追放しようとする策動」として支援してきた。今回の攻撃は、浅野ゼミの学生・院生の「教育を受ける権利」の侵害でもある。》

浅野ゼミ（二一〜四年）の全員（二五人）は一致して大学に私の雇用継続を要求して署名活動を行っている。

今回の攻撃は人権確立と法の支配を訴え、反原発・冤罪告発のイベントを重ねてきた浅野ゼミの廃止を狙った弾圧と私は思っている。

被疑者を「男」「女」と呼ぶ不思議 ―― *2014.2*

日本に帰国中だった欧州の大学教員が一月中旬、私にこう聞いた。「NHKはニュースで、被疑者のことをなぜ『男』『女』と呼ぶのか」。

NHKだけではないが、報道機関は被害者については「男性」「女性」と表現しているので、被疑者だけ「男」「女」と呼ぶのは犯人視しているからとしか思えない。

日本の犯罪報道には非正常なことが今もあまりに多い。

札幌市で小学三年生の女児を監禁した疑いで一月一日夜に逮捕された男性（二六）は、三日夕刊で住所、実名と共に、顔のアップがメディアで報道された。故三浦和義さんが被疑者の引き回しは〝晒し刑〟に当たるとする判決を得て以来、連行写真は激減したが、最近、警察が記者クラブに被疑者の顔写真を撮らせる便宜供与が完全に復活した。

この事件で各紙は三日朝刊で女児を仮名にし、男性も《無職の男（26）》に変わった。

共同通信は三日午前九時四一分に配信した記事から女児を仮名にし、【編注】で《性的被害は確認されていませんが、監禁事件という性格を考慮し、被害者を匿名とします》と加盟社へ連絡した。午後一時四〇分には、《編集参考（記事、放送に使用できません）》と題して、《札幌の小3女児監禁事件で北海道警が間もなくレクをします。逮捕された□□容疑者（26）が△△症で通院しているとの内容です。道警の発表を受けて（略）、容疑者を匿名にするための手直しをします》と加盟社に通知している。

午後一時五七分には、《札幌市の小3女児監禁事件で、逮捕された容疑者の男が△△症で通院していることが分かり、刑事責任能力が問えない可能性がありますので、男の実名を匿名に切り替えます》という「おことわり」記事を配信した。ところが、八分後に《「おことわり」の3～4行目「△△症で通院していることが分かり」を削除》と連絡した。

午後二時二四分には、写真部が「男が、刑事責任能力が問えない可能性がある」とし、女児が監禁されていたアパートの写真などの画像データを削除した。

朝日新聞は四日朝刊で、「おことわり」もなしに、《同市内の無職の男（26）》として、《男は意味が通らない言動をしており、道警は刑事責任能力の有無を慎重に調べる》と書いた。

テレビの情報番組では四日以降も実名を出して、コメンテーターが疾病名を出して、「不起訴、無罪になって野放しになる」などと発言していた。心神喪失などで不起訴・無罪になった人のほとんどは、医療観察法で施設に拘束されるのも知らないのだ。

一月二七日に行方不明になった女児の場合、警察が家族の同意を得て公開捜査に踏み切った時点で、実名報道するのはいいと思うが、無事に保護された時点で、匿名にすべきだった。被逮捕者の責任能力の有無は「通院歴」だけでは判断できない。道警が「通院歴がある」とレクしたことだけを根拠に仮名に切り替えるのでは、官憲の広報だ。

男性については、北欧の匿名報道主義（公人は顕名原則）にならって、まず匿名でスタートし、男性の氏名が人民の「知る権利」の対象であれば顕名にするという基準があれば混乱はなかった。

辺見庸さんの講演 ——— *2014.2*

近代市民社会の普遍的な原理である人権とデモクラシー（人民統治）を否定し、米国と共にいつでも戦争ができる国づくりを強行する安倍晋三ネオファシスト政権（自公野合）は、二〇一三年の一年間で死刑囚八人を処刑した。政権発足後四回目の執行は二〇一三年一二月一二日、谷垣禎一法相の命令で行われた。裁判員裁判を経て確定した死刑囚四人のうち二人は確定から二年以上が経過しており、執行もあり得る。同日執行された一人であるK氏は死刑確定から約一年四カ月後の処刑で、早期に執行する法務省の姿勢があからさまになっている

朝日新聞によると、執行されたK氏は、福島瑞穂参院議員の事務所が一昨年実施したアンケートに「被害者の遺族の方たちにはどんな謝罪の言葉を書き連ねても赦（ゆる）してくれることはないだろう」と回答し、今後、再審請求する予定だとも明かしていた。同日執行されたもう一人、F氏の再審請求を担当したことがある秋

田一恵弁護士によると、一九九五年六月の死刑確定後、少なくとも五回、請求したという。F氏は子供のころに虐待を受けていたという。

象印マホービン元副社長ら二人を殺害したとして、強盗殺人罪に問われたN氏の裁判員裁判の公判が二月二四日、大阪地裁堺支部であり、元刑務官の坂本敏夫さんが弁護側証人として、「確定から執行までの年数がばらばらで、恐怖の毎日を送っていると思う。大きな感情の波があり、一番気をつけているのが自殺」と述べた。死刑囚が執行日時を知らされるタイミングについて「当日朝で、誰が執行されるか順番はわからない」とした上で、絞首刑の様子を「開閉式の床が開き、四メートル落下する。その後蘇生させないよう、五分間放置する」と説明した。

産経新聞によると、同日午後、『無期懲役囚の更生は可能か——本当に人は変わることはないのだろうか』（晃洋書房）著者の岡本茂樹立命館大教授も出廷し、「無期懲役囚は先が見えず、ロボットのような生活を送っている」と述べた。

また、裁判員を経験した市民二〇人が二月一七日、死刑執行を停止し、死刑の情報をもっと公開するよう求める要望書を谷垣禎一法相に提出した。九都府県の裁判員経験者二〇人で、死刑判決に関わった裁判員も三人いる。

欧州連合（EU）の駐日代表部を始め、EU各国の駐日大使は昨年一〇月、執行停止を求める文書を共同発表した。EUは死刑制度を「日本が抱える最大の人権問題」と位置づけ、見直しを求めるシンポジウムなどを日本国内で開催している。

朝鮮民主主義人民共和国の政権幹部の処刑について、残酷・冷酷だという非難があったが、欧米と共通の価値観を共有する安倍政権が数カ月おきに定期的に繰り返す残虐な処刑についてメディアは批判もしない。

死刑の問題を考えるときに、辺見庸さんの『いま語りえぬことのために——死刑と新しいファシズム』（毎日新聞社）は必読書である。同書は、昨年八月の「フォーラム90」での講演記録を中心に共同通信配信のエッセー、神奈川新聞と毎日新聞に掲載されたインタビューなどがまとめられている。私は『週刊読書人』二月二一日号に《研ぎ澄まされた精神　現代社会を分析する言葉に圧倒される》と題して書評を書いた。

辺見さんは四つ年上で、共同通信の二年先輩である。私が初めて海外特派員となったジャカルタに、辺見さんはハノイから何度かカンボジア和平非公式会議などで出張してきた。バンコクなどでも一緒に仕事をした。中国報道で日本新聞協会賞を受賞した辺見さんが『自動起床装置』で芥川賞を受賞したとき、「新聞記者の書く文章が文学作品として評価されたことがうれしい」とコメントしたのも忘れられない。

辺見さんは共同を退社した後、新自由主義を掲げるネオファシズムの台頭に警告を鳴らし続けている。辺見さんが昨年八月三一日に四谷区民ホールで講演した記録を「フォーラム90」のニュースで一気に読んで、講演録をコピーして学生や友人に配っていたので、同書の出版を喜んだ。この講演会は珍しく辺見さんが主催者に頼んで実現したものだった。

辺見さんは東アジア反日武装戦線のメンバーだった政治犯の死刑囚、大道寺将司さんとの交流を細かに描いている。私は同書と同時に俳句集『棺一基　大道寺将司全句集』（太田出版）を読んだ。大道寺さんはこの本で読売新聞が後援する「一行詩大賞」を受賞した。大道寺さんから辺見さんへの手紙には、同賞の主催者からの要請を受けて、自薦句が何句か書いてあり、それが拘置所職員によって黒塗りされたという。

《読売新聞の小さな記事、一行詩大賞受賞というのが、自社後援のことなんだからもっと堂々と載せればいいじゃないかと思うのですけれど、ほんの小さく、彼が受賞したという記事が載っていたらしいんです

ね。》

《大道寺さんは、三十八年間、日数にすれば一万三千八百日あまり獄中におります。（中略）仮に一日最低でも一回、死を考えるとすると、これまでに少なくとも一万三千八百回考えたことになる。一日一回、絞首刑の執行をイメージせざるをえないとしたら、一万三千八百回以上、イメージさせられているわけです。（中略）都合一万三千八百回ほど死刑にされているということになります。》

《拘置所の担当の刑務官が、あるいはその上司の人間性がゆがんでいる、ということから発生した問題なのかどうか？　私はそうは思わないのです。刑務官を、あるいは警察官、あるいは自衛官を、あいつら馬鹿だからというひとがいるけれども、わたしはまったくそうは思わない。あいつら馬鹿だからというのであれば、私はいま一番馬鹿なのはマスメディアの人間だと思います。これは断言できます。》

《およそ戦争とオリンピックには反対したことのないニッポンのマスコミは、されば、Kさん（原文顕名）の「こ・う・しゅ・け・い」になんら文句をつけず、五輪開催祝賀と「お・も・て・な・し」一本やりの論調をとおしたのであった。》

《楯突く、いさかうという情念が社会から失われる一方、NHKの「八重の桜」や『坂の上の雲』のように、権力の命令がないのに日本人を賛美しようとする。皆で助け合って頑張ろう、ニッポンチャチャチャ。》

私は、安倍首相、御用学者、御用記者は思考停止した一種のカルトだと思う。

私は二〇年勤務した大学の同僚教授六人の謀略で不当解雇されようとしている。「マスコミ」に加えて「大学」にも、「一番馬鹿な人間」が少なからずいる。

昨年は日本版NSC設置、特定秘密保護法の強行成立、南スーダンでの弾薬の韓国軍への譲渡、辺野古新基地調査承認、首相靖国参拝など、極右靖国反動の第二次安倍政権（自公野合）の暴走でとんでもない一年になった。今年に入っても安倍首相と周辺の極右靖国反動派の歴史改竄、軍国主義化の動きは止まらない。同志と力を合わせ「抗う勇気を」を持って総反撃したい。

自社の冤罪加担検証を　袴田事件再審報道――2014.3

私は三月下旬、パリ第七大学で開かれたセミナー「原発と報道」に参加しており、英BBC　WORLDBで、袴田巖さんの解放を知った。同局は袴田さんを「世界で最も長く拘束された死刑囚」と映像付きで紹介し、欧州各紙も、静岡地裁の裁判長が、犯行時の着衣と認定されてきた「五点の衣類」について「後日捏造された疑いがある」と結論付けたことを強調して報じていた。

一九六六年六月に静岡県清水市（現・静岡市）の「こがね味噌」専務宅が放火され、焼け跡から専務と家族計四人の他殺死体が発見されて、約二カ月後、従業員で元プロボクサーの袴田さんが逮捕された。静岡地裁は六八年に死刑判決、それが八〇年に確定した。

東京紙三紙の縮刷版で一九六六年八月一八日に静岡県警が袴田さんを逮捕した前後の新聞記事を読んでみた。袴田さん逮捕を最初に報じたのは毎日新聞だ。同一八日朝刊で、《従業員「袴田」に逮捕状》などと書いた。脇見出しは《寝間着の血がキメ手　放火の油もほぼ一致》だった。

同日夕刊の見出しは《袴田を連行、本格取り調べ》で、《本部の車に乗せられて、不敵な笑いを見せる袴田》の写真がある。

社会面トップ記事は《一八日午前六時きっかり》に捜査本部の車が袴田さんの住む作業員寮に消えた瞬間

から、本部の車に乗せられ警察署に連行される袴田さんの表情までがルポ風に書かれている。《心の動揺を抑えようとする焦りが強くにじんで見えた。》《本部の車を追走する本社記者に向かって手を振るなどあいきょうをふりまいてみせた。》

袴田さんの婚姻に関すること金銭関係など、引用するのをはばかるようなプライバシー侵害の記述が続いて、同僚従業員の《まるで鬼だ》などという談話があり、《近所の主婦もホッと》というサイド記事で締めた。

他紙も毎日から半日遅れで、《身持ちくずした元ボクサー》（朝日新聞一八日夕刊）、《従業員「袴田」逮捕へ　令状とり再調べ》（読売新聞、同）などと報じた。

『地獄のゴングが鳴った』の著者、高杉晋吾氏はこう振り返る。「毎日は勾留期限が切れる八月二九日の静岡版で、袴田さんが捜査員に対し、プロボクサー時代のマニラ遠征試合の思い出を語ったが、警察官が調べてみると、フィリピンに行ったというのはウソだった、と書いた。捜査本部はその日、同じ内容の記述のある捜査報告書を出している。フィリピンに行ったというのはウソをついて刑事をてこずらせているという印象を与えた。袴田さんは実際フィリピンに行っている。調べればすぐ分かるのに、なぜこんな虚報が大手紙に出たのか疑問に思った」。

また、「冤罪を生み出す構造を問いたい。今のメディアもひどい。記者たちは警察の子犬以下だ」と述べた。

「袴田巖さんを救援する静岡県民の会」の鈴木昂代表は三月三〇日に静岡市で開かれた集会で次のように記者へ呼び掛けた。

「新聞とテレビは地裁決定を大きく扱ったが、一九六六年当時の自らの報道を振り返った報道機関があるだろうか。袴田さんと家族は、司法権力と報道による集中砲火を浴びた。当時の捜査官に取材して証言を引き出してほしい」。鈴木氏のこの発言を報じたメディアはなかった。

一九八〇年代には熊本日日新聞の『新版　検証・免田事件』（現代人文社）など、過去の報道を検証する社もあった。同書をまとめた高峰武氏は「今回は、DNAなどの鑑定で真実が分かったという点が中心になっているのは疑問だ。冤罪事件に共通しているが、一審段階で問題点が出尽くしている。科学捜査が不十分だったという総括では、冤罪を生み出す構造が分からなくなり、再発防止につながらない」と指摘した。

『犯罪報道の犯罪』から三〇年　―― 2014.3

同志社大学浅野ゼミは三月三一日、今出川校地にあるクラーク記念館礼拝堂でシンポジウム「浅野健一教授就任二〇周年記念特別企画　『犯罪報道の犯罪』から三〇年～日本のジャーナリズム再考」を開いた。私が記者時代に提起した「匿名報道主義」（公人は顕名）は、三〇年経た今もマスメディアで採用されていない。人権と犯罪報道の議論は活発とは言えない。

私は昨年末、学校法人同志社（水谷誠理事長）を相手取り「従業員地位保全等仮処分命令申立」及び、今年二月には「地位確認」請求訴訟（本訴）を起こした。私の指導した学生たちが、二つの裁判の結果次第では、同志社大学教授として行う最後の講義となるかもしれないという意味も込めて、「強制退職」前日にこのシンポを開いてくれた。

シンポには約一〇〇人の学生、市民が参加した。総合司会はゼミ出身で同大講師の森類臣氏。私が「これからの犯罪報道をどうすべきか」と題して基調講演して、二部で山口正紀氏（ジャーナリスト）の司会で、山田悦子氏（甲山事件冤罪被害者）、松岡利康氏（鹿砦社）、春川正明氏（読売テレビ解説副委員長）と私の四人で討論した。

山口氏が「元読売新聞の記者で、浅野さんと同じように社内で激しいいじめを受けて一〇年前にやむを得ず退職した」と自己紹介。「小野悦男さんの『でっちあげ』（社会評論社）で浅野さんが犯罪報道によってどれだけ書かれた側が傷つくかということを書いた。それを読んで同じ思いをして、これを変えなければいけないという思いで、以降ずっと一緒にやってきた」。

山田氏は「二二歳で逮捕され、日本の司法に揉まれに揉まれ、ジャーナリズムに激しく報道された。人間を大切にする国家を作るのに健筆をふるわないといけないのがジャーナリストなのに、国家をチェックする精神性をこの国は養うことができない」と述べた。

松岡氏はこう話した。「私の出版の仕事について名誉毀損容疑で逮捕されて、有罪判決を受けた。その時に真っ先に神戸拘置所に駆けつけてくれたのが浅野さんと司会の森さん。半年余り勾留された。私を逮捕した人はその後大阪地検特捜部長になり厚労省の問題で逮捕された大坪弘道検事だった。因果は巡るので、人をはめたひとは必ずはめられる。浅野さんをはめた人はどこかではめられるのではないかと私は思っている」。

山田氏は「甲山事件は福祉施設で子供が亡くなった事件でセンセーショナルに書かれた。浅野さんの本はすごい内容だった。こんな新聞記者がいるのだと衝撃的だった。浅野さんは一九九四年に同志社に来られてから一〇年間毎年、刑事被告人である私を大学に呼んで講演させてくれた。ある学生が講演の後、『今日の話を聞くまで、山田さんを犯人と思っていた』と言ってきた。報道によって刷り込まれたものは、無罪判決でも決して払しょくできない。暴力的なジャーナリズムの犯罪性を改めて感じた。それに対して浅野さんはずっと闘ってきた」。

山口氏は「『犯罪報道の犯罪』は報道被害者を救った。それまでは、捕まったのだからしょうがない、と思い込まされてきた。でもそうではない、無実だろうが有実だろうがそんな報道はおかしい。そういう勇気を与えた浅野さんの本を、たくさんの冤罪被害者が感激して受けとめた」と述べた。

松岡氏は「浅野さんは現場を歩きまわってその体験の中から書いた。大きなインパクトを報道関係者のみならず社会全体に与えた」と述べた。

山口氏は袴田事件の第二次再審請求で、静岡地裁が三月二七日、強盗殺人罪などで死刑判決が確定した袴田巌さんの再審開始と刑の執行、拘置の停止を決定したことを取り上げた。

「袴田巌さんが保釈され、新聞やテレビは大々的な報道をし、当時の捜査のあり方や裁判の批判をやっている。しかし過去にどういう報道をしたのかという点にまで目を向けてチェックを全然していない。二九日のTBS『報道特集』に袴田さんの姉が出てきて、『巌が捕まった時にどれだけひどい報道をされたか。自分がどれだけ訴えても何も通じなかった』と言っていた。そういうことを言っているのに報道しない。やはり四八年前も今も変っていないのではないか。警察が誰々を逮捕したということしか報道しない。権力をチェックするのでなく、権力に飼い馴らされた報道がある」。

山田氏は「犯罪報道は前より悪くなっていると思う。本質的には何も変っていない」と指摘し、松岡氏も「私も悪くなっていると思う。というよりも権力チェックを忘れて、横並びの記事、警察・検察発表ばかり。私の場合も検察のリークがあったから朝日が一面トップで報道した」と述べた。

山田氏は「二一年間新聞記者と関わってきて、記者が幼稚になっている。子供化している。それが現在のジャーナリズムを作っているから、日本の教育が非常に右傾化していることにつながっている」と話した。

生番組を終えて途中参加した春川氏は「袴田事件の再審では、たまたま朝の番組に出ていたので、事件の背景を話し、メディアの犯人視報道が冤罪の背景にもあるのではないかと話した。権力をチェックするという仕事の重要性を日々感じながら仕事をしている。私がこういうように考える一つのきっかけが浅野先生との出会い」と語った。

「ロス特派員で海外に出て一番良かったのは、世の中に色々な価値観があることを知ったことだ。最近、自分とは違う意見を許さない、存在自体を否定するような、違う意見に対して敵対的に潰す傾向があることが気になっている。米国は人と意見が違うことが前提の社会なので、だからこそ話しあって相手を慮って共通点を探ろうとする。今の政治状況もそうだが、意見の違う人を叩き潰しにかかる社会に危機感を感じる」。

私は最後に次のように言った。「私はどんな人であってもマスコミに叩かれた人、警察に捕まった人の言い分を聞こうとしてきた。我々が今日話したことの共通点は、ジャーナリズムが大事であるということ。市民の意識を作るのは、家庭、教育、マスメディアの三つ。個人の発信も含めて、みんなが人権を守って、正しい方向に社会が進むようにしなければならない」。

『犯罪報道の犯罪』が出た一九八四年前後に免田栄さんら四人が死刑台から生還した。袴田事件の地裁決定は、三〇年ぶりの死刑囚再審決定だ。しかし、静岡地検はシンポのあった三一日、地裁決定を不服とする即時抗告を申し立てた。

山口氏が指摘したように、地裁の再審決定で、大手メディアの中に、袴田さんが逮捕され起訴された当時の自社報道について検証する記事を全く見ない。

私の教授としての地位は京都地裁民事六部の仮処分と本案訴訟の二件で係争中である。私は裁判で勝つまでは、フリージャーナリストが職業になった。裁判以外の時間を有効に使い、教壇に戻れるよう頑張りたい。

なぜ「スノーデン容疑者」と呼ぶのか——2014.4

米国から久々に明るいニュースが届いた。米報道界で最高の名誉とされる第九八回ピュリツァー賞が四月一四日に発表され、最も注目される公益部門では、米国家安全保障局（NSA）に関する報道を続けてきた米紙ワシントン・ポストと英紙ガーディアンの米国版ガーディアンUSが受賞した。

両紙は、米中央情報局（CIA）元職員のエドワード・スノーデン氏から提供された文書を元に、NSAによる個人を対象にした情報収集活動の実態を明らかにする多数の記事を発表してきた。

CNNなどによると、スノーデン氏は滞在先のロシアからの声明で、「決定は、個人の良心だけでは変えられないことでも、自由な報道機関が存在することで変えられることを想起させてくれる」「勇気ある記者やその同僚たちのおかげだ。かれらは資料の強制廃棄や反テロ法の不当な適用など、数多くの圧力を乗り越えて任務を果たした」と述べた。

ところが、日本の多くのメディアは同賞受賞を伝えるニュースで、スノーデン氏を「スノーデン容疑者」と呼んだ。NHKは昨年一二月の映像を出して、《元CIA職員　エドワード・スノーデン容疑者・優れた報道に感謝》というタイトルで報じた。「スノーデン容疑者」という表現は、同氏を極めて否定的に扱っていると思う。

パリで大学教員をしている日本人の友人は、特定秘密保護法に猛反対している朝日新聞が、市民にとって貴重な情報をジャーナリストに提供したスノーデン氏を「スノーデン容疑者」と書くのは理解できない、と言っていた。一月四日の朝日新聞は《「スノーデン容疑者に恩赦を」　NYタイムズ社説》という見出しの記事で、《米紙ニューヨーク・タイムズは2日付の社説で、米国家安全保障局（NSA）の情報収集活動などを暴露した米中央情報局（CIA）元職員のエドワード・スノーデン容疑者について、米政府が恩赦や司法取引などを適用し、帰国の道を開くべきだと主張した。「罪を犯したかもしれないが、自国には大きな貢献をした」としている》と書いていた。他の記事でもスノーデン氏に「容疑者」を付けている。

米治安当局がスノーデン氏をスパイ行為などの疑いで訴追し、帰国すれば終身刑となる可能性が高いとしているからと思われる。しかし、この社説の原文は「Mr. Snowden」と表現し、米司法当局に対して訴追の撤回を求めている。

米国の捜査当局が容疑者にすれば、それに従うというのでは米国の広報機関ではないか。私が勤務していた共同通信外信部では、海外で日本人が逮捕された場合、その国の法律自体が誤っている可能性があるので、人権に配慮して記事を書くようにというガイドラインがあった。

スノーデン氏を容疑者扱いするのは、NHKの籾井勝人会長が一月二五日の就任会見で「（国際放送で）政府が右と言うことを左と言うわけにはいかない」という放送法違反発言に従うのと同じではないか。

2014.6

「実名が基本」という論理

日本マス・コミュニケーション学会の秋期発表大会の「ワークショップ5」「打開できるか警察主導　事

件事故報道の匿名実名問題」が六月一日、専修大学生田校舎で開かれた。提案者は宮下正昭鹿児島大学教授（元南日本新聞記者）で、私が司会を務めた。

このワークショップは、私が一九八四年に『犯罪報道の犯罪』を出版してから三〇年になるのを機に行われ、一五人が参加した。私が同書を出すまで、全報道機関は実名原則（逮捕＝実名）下の「仮名基準」を持っていたが、その後、「実名報道原則下の匿名基準」と言い出した。

「公人は顕名、一般市民は匿名」とする報道基準を導入すべきという日本弁護士連合会、人権と報道・連絡会、新聞労連の用語方法に対し、警察の逮捕（身柄拘束）を氏名報道の根拠とする実名報道主義の立場に立つ社会部系メディア幹部は「匿名報道の危険性」を強調するようになった。朝日新聞を中心にリベラル左翼系の弁護士・学者を総動員して、「実名が基本」という理論を創り出した。

宮下氏は「浅野さんの本は全国の記者、特に地方紙の記者たちに衝撃を与えた」と述べた後、「冤罪の検証に取り組む連載記事の取材で五十嵐二葉弁護士に『将来は匿名にすべきだと思うが、現状では、実名を書かなければ警察をチェックできない』と言われて、実名報道主義を維持すべきだと思うに至った」と話した。

「匿名では本当にその人が実在するかどうかも分からない。名前はニュースの基本。名前というプライバシーを暴いて報じる以上、その責任を報道機関がちゃんと受け止める。逮捕された人は犯人なのかどうかはわからない。司法手続きの一つに過ぎない。そのような理解に社会がなるべく、報道の在り方、捜査権力へのチェックが必要だと思う」。

五十嵐弁護士が実名報道で捜査当局を監視するという「権力チェック論」を言い始めたのは、同書の出版から数年後だ。彼女は同書の出版直後、私に最初に本の感想を送ってくれた読者の一人で、匿名報道主義に大賛成と書いてあった。ところが、彼女は朝日新聞記者で三浦和義さんの犯人視報道を最初に展開した清水建宇氏、当時社会部長だった柴田鉄治氏らに影響を受けて自説を曲げ転向した。

宮下氏は「匿名だと記者の取材が甘くなる」、「実名を書くから慎重になる」とも主張した。これは論理のすり替えだ。取材のいい加減さは記者教育の問題だ。警察発表どおり書けばいいという教育に問題がある。

宮下氏は、「実名・匿名」を言う前に、メディアが捜査・司法権力をチェックしているかどうかが重要だと強調した。しかし、各地の警察取材の現場は警察の監視などできる状態ではない。記者たちは警察幹部の自宅に「夜討ち朝駆け」することをルーティンの仕事にしている。取材を受ける警察官は記者に話した内容を逐次メモで刑事部長ら上司に報告している。

宮下氏は「記者クラブ」は存続すべきだと断言した。「現在高知新聞にいる元北海道新聞記者で道警の汚職を追及した高田昌幸記者は、道警の中に記者クラブがあったから調査報道ができた。記者クラブがなくなったら取材拠点がなくなる。記者クラブの記者たちがクラブを開放して、誰でも記者会見などに自由に入れるようにしたらいい」と述べた。

私は『記者クラブ解体新書』で高田氏がペンネームで書いた記者クラブ擁護論を批判した。「記者クラブ」制度がなくても、道警に取材拠点であるプレスセンター（記者室）があればいいのだ。人民の手で記者クラブ制度を解体するしかない。今市・小学生殺人事件で「別件」で勾留中の被告人男性が犯行を自白したという記事を四月中旬、三日連続で書いた下野新聞が栃木県警本部で無期限の「出禁」処分を受けているが、県警クラブは問題にしていない。

高田氏が北海道新聞で戦っている時、私の講義でゲストスピーカーを数回してもらったことがある。高田氏は、二〇一二年一一月、私に敵意を持つ渡辺武達・小黒純同志社大学教授の招きで講演している。学会の企画だ。高田氏と小黒教授は共著で本も出している。

警察が「誰を逮捕したか」を開示するのは当然だが、当局の逮捕＝マスコミ実名報道という現在の原則のままでは、警察の側が「被疑者＝市民のプライバシーを守る」「被疑者・被害者側の強い要望」を理由に、被疑者や被害者のアイデンティティを開示しないということになる。「被疑者・被害者の氏名などを発表せよ。取材の上、報道するかどうかは報道側が自主的に決める」と当局に言うことが必要だ。その際、市民の知る権利にこたえるために必要な場合に顕名報道する。報道界は人権を守るためのメディア責任制度（報道界で統一した倫理綱領制定と報道評議会設置）を設置すべきだ。「刑事事件報道でまずは実名から」というのは「警察発表があれば実名にする」という官憲広報だ。それでは一般市民が受けるダメージは、はかりしれない。

ワークショップには、「逮捕されたことを実名入りでなぜ報道したのか」を問う名誉棄損裁判を東京地裁に起こしている報道被害者の佃治彦さんが参加した。宮下さんはパソコンのパワーポイントで、佃さんの逮捕を伝えた一〇年二月一一日の朝日新聞記事（名古屋本社）をスクリーンに映した。

朝日の記事は第二社会面に載り、《偽の契約書、鑑定でダメ　容疑の会社役員逮捕、否認愛知県警》（「偽」「契約書」部分が黒塗り白抜き）という見出しの二段記事だった。記事は《偽造見破ったり！》との見出しの囲み記事の右半分に載り、左側には同じ日に詐欺などの容疑で逮捕された別の男性が実名報道されている。

毎日新聞（中部本社）は社会面三段で《女（42）を同容疑で12日に書類送検する。（略）【中村かさね】》などと書いた。中日新聞は市民版で、《偽造契約書を使った男逮捕》とのベタ記事だった。

宮下氏は三紙の記事について、「軽微事件とみて掲載しない。否認事件とみて掲載しない、掲載しても匿名にする、淡々と報じる、の三パターンはあると思います。ただ朝日のように話題ものに仕上げた上、実名でというのは疑問で、記事にするなら匿名にすべきだ。報道したところは、数日以内に、西日本新聞がかつて展開した『容疑者の言い分』のように、当番弁護士あるいは私選弁護士を通じて、佃さんの訴えも報じることができればさらによかった」と述べた。

宮下氏は、朝日の不当な記事は仮名なら問題ないと論評した。「匿名にすると記事がいい加減になる」と言ったことを忘れているようだった。また、中日の記事は警察の発表をそのまま書いているので問題はないという趣旨で発言した。

佃さんは「私は名古屋で会社を経営し、経営コンサルタントもしていたが、この実名報道ですべてを失った。細かな住所も出た。突然拉致され、一九回も過酷な取り調べがあった。精神的にもきつかった。実弟とも疎遠になった。私を実名報道する必要性は全くない。裁判で闘う」と発言した。

佃さんは「三紙に対して民事裁判を起こしているのに、朝日の記事は匿名ならいいとか、中日の記事は問題ないというのにはびっくりした。宮下氏の主張は三紙の代理人弁護士の実名報道肯定論と酷似している。犯人であるかのように報道しておいて、数日後に、私が否認しているという反論記事が出ても意味がないと言うか、さらに報道被害が広がるだけだ。実名報道されると人生が破壊されるという現実を宮下氏は知らないと思う」と述べた。

ワークショップに参加した奥田喜道跡見学園女子大学助教は「逮捕で懲戒解雇処分をする大学もある。憲法学会で実名報道を議論した時、逮捕された事実を報道することで、救援が始まるというメリットがあるという学者がいたが、全国に報道しなくても、被逮捕者の家族、友人に伝われば十分だ。欧州では事故の被害者も匿名が原則だ。名前がなければならないというのは報道機関の側の思い込みではないか」と語った。

日光市女児刺殺事件で八年半後の逮捕――2014.6

六月三日午後四時ごろ、ＴＢＳラジオのニュース速報で「栃木県警は二〇〇五年一二月に日光市市市（旧今市市）で小学一年生が殺害された事件で、容疑者の男を逮捕した」と聞いた。

女児が刺殺された陰惨な事件だっただけに、事件から八年半後の「逮捕」でメディアが狂乱した。全く物証がなく、「別件」の裁判中に代用監獄で取られたとされる「自白」だけが「証拠」で冤罪の可能性が強い。

県警は勾留期限ぎりぎりまで、男性（三二）が捨てたと供述したとされる林の中で、凶器の刃物を捜索したが発見されなかった。しかし、宇都宮地検は六月二四日、殺人罪で男性を起訴した。共同通信の速報は《犯行を決定付ける直接証拠がない中、供述と状況証拠の積み上げで有罪を立証できると判断した》と報じた。

状況証拠的な報道量は多いのだが、直接的な物証は何もない。県警が公式、非公式に流している曖昧な供述情報だけだ。被害者には一〇数カ所の刺し傷があったとされるが、面識のない女児に対するいたずら目的の犯行でなぜ顔まで傷つけたのかの説明もない。

記者の間では「逮捕したからにはよほど確実な証拠があるのに隠しているのでは」と言う記者がいるという。しかし、捜査当局は被疑者に有利な証拠は隠すが、加害者とする決定的な証拠をわざわざ隠すことはない。

県警幹部は起訴直前も記者の取材に「自供内容は二転三転して信用できない」と嘆いていたという。今回の強引な逮捕は「間もなく定年になる刑事の花道づくり」という情報がある。

同じ栃木県で起きた足利事件で再審無罪となった菅家利和さんは「警察が自白を強要したのではないか」と指摘する。布川事件で再審無罪になった杉山卓男さんも「警察がいくら凶器などを探しても出てこない。あまりに不自然だ。代用監獄にずっと入れられているのも問題だ」と語っている。

捜査本部が置かれた今市署で阿部暢夫栃木県警刑事部長は、六月三日午後五時から記者会見で逮捕を発表した。

阿部氏は、男性が「私がYちゃん（発表では実名）を殺害したことは間違いありません。今、言えることはごめんなさいということです」と供述していると述べた後、「自信を持って容疑者を逮捕するに至った」と語った。警察官の「自信」の有無は逮捕要件ではないと思う。

隣の県政記者クラブで会見のテレビ中継を見ていた記者たちから「自信を持って逮捕、とは聞きなれない言葉で、証拠がないのでは」という声が上がった。

阿部氏は被害者の遺族に、会見に先立って報告し、女児の両親が「よかった」と述べたことも明かした。

NHKテレビの「ニュース7」は県警発表を鵜呑みにして、「警察は裏付け捜査の結果、事件に関わるビデオの画像などが見つかり、容疑が強まった」と報じた。容疑者（放送では実名）の学歴、母親の仕事などプライバシーも暴かれた。

女児の母親「本当によかった」とのタイトルで、「鹿沼市の無職、□□容疑者（32）」が「1月、偽のブランド品を販売目的で保管していたとして逮捕された後、警察は裏付け捜査の結果、事件に関わるビデオの画像などが見つかり、容疑が強まった」。県警は会見前に女児の両親に逮捕を伝え、『母親は『本当によかったです』と話した」と放送した。女児の小学校の校長も「解決してよかった」と男性を犯人と決め付けた。

NHKの「ニュース9」の取材に応えた防犯パトロールの男性だけは「裁判で容疑者が犯人であるとすれ

ば安心できる」と適切な見方を示した。

「義理の父親だった男性」と称する人が顔を隠して音声も変えて、「昔から引きこもりのような生活をしていて、見た目は優しい感じだったが、注意をすると人が変わったように脅してくることもあった」などと悪意を込めてコメントした。

下野新聞は大報道を展開した。四日は一面から三面まで、全記事が今市事件だった。一面見出しは《自供の男逮捕》《調べに〝間違いない〟》などで、見開き二、三面は《待っていたこの日　8年半の捜査結実》《〝解決〟伝えたい》などだった。五日の一面は《騒がれ　山中で刺した》《いたずら目的か》《凶器、ごみ収集で処分》。六日は《下校時間把握、計画的か》だった。

朝日新聞も一面トップで《32歳男逮捕　発生8年半、容疑認める》《自宅に被害者？画像》と大見出しを掲げた。社会面トップは《押収画像「強い証拠」　違法な刃物複数所持》だった。

東京新聞も《PCに被害者？画像》という見出しだった。「？」を付けざるを得ない情報を事実として載せていいのか。

各紙には五日以降も《証拠隠滅か、車を廃棄》《刃物試したかった》などの記事が出た。

共同通信は五日、《「いたずら目的で連れ去り、遺棄するまでの間に女児の写真を撮った」という内容の供述をしている》という独自ダネを配信。一二日には、《防犯カメラ画像を最新の手法で鮮明化し、犯行車両を特定した》などとして、逮捕の決め手は最新技術だと伝えた。

男性は五日送検のため今市署から地検への行き帰りにカメラ取材を受けた。各テレビに男性の鮮明な映像が流れた。六日の新聞にも写真が大きく載った。ロス疑惑事件の三浦和義さんの裁判で、警察が報道陣に被疑者の写真を撮らせるのは、引き回しで「晒し刑」に当たるとして違法とする判決が確定している。

ＴＢＳは六日夕、男性が「連れ去ったが殺してはいない」と供述していると短く報道した。各社の事件記者は同日夜の夜回り取材で、この報道について聞いたが、県警幹部は「そういう事実はない」と断定したため、後追いをしていないという。

宇都宮の市民の中には、「何で八年もたって今頃逮捕なのか。友人がＤＮＡを取られた。近所の若者はみんな調べられた」と警察を批判する声もある。

男性は今年一月二九日、偽ブランド品を販売目的で所持していたとして「別件」の商標法違反容疑で起訴されて公判中だった。五月下旬に執行猶予判決が出て釈放される予定だった。男性は「別件」の起訴後も、拘置所に移されず、今市署の代用監獄に拘束されていた。

日本マスコミュニケーション学会のワークショップで、宮下正昭氏は「被疑者は送検後も、ほとんどが引き続き、警察の留置場に留め置かれる。国際的に批判されている代用監獄だ。一線の記者たちは、注目事件などで送検を報じる際や否認事件の際は、勾留先がどこになるのか、その問題点も含め報じる必要がある」と提言した。

捜査と公判を見直す法制審議会の「新時代の刑事司法制度特別部会」が三〇日開かれ、法務省が最終案を示した。七月一日の東京新聞は、取り調べの可視化を義務付ける範囲を裁判員裁判対象事件と検察の独自捜査事件に限る一方、司法取引の導入や通信傍受の拡大など新たな捜査手法を明記したと批判した。鬼木洋一記者は解説記事で《送検後の容疑者を警察署の留置場に勾留し、警察の監視下に置く「代用監獄」の問題にはまったく触れていない》と書いている。

代用監獄を批判するなら、日常の事件報道で、送検後は被疑者を拘置所に移送するよう当局に求めるべきだ。

男性には「別件」事件からの弁護士の他弁護士二人が付いているが、逮捕直後に「事件発生から長くたっている場合、冤罪の可能性が高い」と一般論として表明しただけで、その後記者の取材に応じていない。

足利事件を経験している栃木県弁護士会は問題にしないのかと考え、六月一七日にファクスで、「今回の逮捕報道を振り返ると、裁判員裁判が始まった時、市民が予断を持たずに判断できるはずがない。公正な裁判を期待できません。弁護士会で、四月一七日の下野新聞の上記記事以降、今日までの今市事件報道について議論する予定はあるか」などと質問した。弁護士会は六月一八日、「当会では、個別の事件についての関連事項については、回答を差し控えさせていただきます」との回答文を郵送してきた。ふざけた「回答」だ。

命を懸けた訴えを犯罪者にしたメディア―――*2014.6*

六月二九日午後二時過ぎ、東京のＪＲ新宿駅南口付近で、男性が集団的自衛権反対の演説をした後、自殺を図った事件の報道は過少だ。六月三〇日の各紙朝刊はすべて社会面のベタ記事だった。一方、海外では《安倍首相に抗議した》（ＡＦＰ通信）として一斉に報じられた。ネットでは動画が音声付で流れている。

共同通信は午後五時五四分に記事を配信したが、「速報」重視の時代とは思えない出足の悪さだ。また、《警視庁新宿署は焼身自殺を図った男性を軽犯罪法違反（火気乱用）の疑いで調べている》（二日の共同通信）などと犯罪者扱いも目立った。

東京新聞は八日の《こちら特報部》で、《「平和な日本好きだった」　ＮＨＫ触れず　ネットは賛否　報道温度差》などの見出しで次のように伝えた。

《自殺未遂を起こしたのは、さいたま市桜区の無職男性（63）。（略）目撃者によると男性は「70年間平和だった日本が本当に大好きでした。集団的自衛権で日本が駄目になってしまう」などと主張。歌人の与謝野晶子が日露戦争に従軍した弟を思ってつくった詩「君死にたまふことなかれ」の一部を朗読》、《一部テレビ局には、今回の件を予告するような文書を送っている。》

また『週刊現代』七月一九日号は、男性が事件の直前にテレビ局へ送った声明文を入手したとして、男性が「閣議決定に断固反対、安倍政権の目に余る暴走を述べた後、焼身という形を持って抗議する者です。生中継で全国に放映していただくことを強く望みます」と書いていたことや、男性の暮らしぶりを伝えた。記事は《「焼身」という抗議方法に当然賛否はあるものの、彼の行動が安倍政権にとって「小さなトゲ」となったのは間違いない》と指摘した。

メディアがこの事件の報道を抑制したのは、世界保健機構（WHO）がまとめた自死報道ガイドラインを守ったからだという見解があるが、メディアは公人や、こどもの「いじめ」自殺など社会的関心が強く、公的な場所で起きた場合報道をしている。

前述の東京記事は、NHKがこの事件についてまったく報じていないことを取り上げ、《外交評論家の孫崎享氏は「安倍政権にこびを売っていると思われても仕方ない」と批判する》と書いている。NHKは視聴者からの問い合わせに、放送法の〝不偏不党〟の観点から報道していないと回答しているという。

私も一一日、NHK広報部に質問書を送り、「NHK記者は焼身自殺未遂事件の取材をしたか。取材しても報道しなかったという場合は、その理由を教えてほしい」、「今回の男性の行為は、事前にメディアへの予告もしており、政治的主張があるように思われます。これまでの自殺・自殺未遂報道との比較で、今回なぜ報道しなかったのか」と聞いた。NHK広報局は一四日、「この事案は報道していない。個別のニュース判断についてはお答えしていない」と回答した。

安倍晋三首相は一日、閣議決定後の記者会見で「国民の命と平和な暮らしは守り抜く」と強調した。NHKが中継した会見の質疑で、官邸記者クラブ幹事の北海道新聞記者が「閣議決定は抽象的で、時の政権の判断で拡大解釈できるのでは」と聞いた。二人目のフジテレビ記者は、何と日朝協議について質問した。三人目のAP通信記者は「犠牲を伴うかもしれないと思うが、国民はどのような覚悟を持つ必要があるか」と聞いた。

安倍氏の回答は、すべてメモの棒読みで、質問にまともに答えていない。日本の国の形をクーデター的に変えようとする首相を追及する気もない記者たちに絶望した。

被疑者も被害者も人権侵害 ―― 2014.7

七月後半のテレビニュースは、岡山県で七月一九日に起きた小学生監禁事件と佐賀県佐世保市で七月二七日に起きた高校生による同級生死亡事件だ。被疑者も被害者も人権を侵害される報道ばかりだった。

長崎県警は七月二七日、長崎県佐世保市の高校一年生（一五）を殴って殺害したとして、殺人容疑で同じ高校のクラスメートの女子生徒（一五）を逮捕した。

しんぶん赤旗以外の新聞・テレビは生徒を《佐世保市の高1女子生徒（15）》としたが、被害者の実名、顔写真が報道された。被害者の中学校の卒業式の時のビデオ映像などもテレビに流れた。遺族の了解を得ているとは思えない。被害者の葬儀の時には、彼女の写真が数枚飾られたという。家族が選んだ遺影だろう。

被疑者も被害者も同じ高校の生徒であり、被害者の氏名を出すべきではない。校長、担任も顔を出して会見しているが、少年法の観点から会見すべきではなかった。校長は二八日、「（逮捕された）生徒については一切お答えできない」と繰り返した。正しい判断だ。

共同通信は二八日未明、加盟社向けの【編注】で、《女子生徒は28日に16歳になります》と連絡した。なぜか、被害者の氏名も七月三一日から仮名になった。

NHKは初報から大事件として報じた。長崎放送局の川田陽介記者が二七日、「ニュース7」のトップで、佐世保署前から中継で伝えた。「遺体の一部が切断されていた。逮捕された女子生徒は『すべて自分一人でやった』など容疑を認めている一方で、殺害された女子生徒に対する反省の言葉などは述べていない」。

七月二八日午前七時からの「おはよう日本」でもトップ。川田記者がレポートした。「生徒への取り調べは昨夜八時ごろまで行われた。生徒は特に取り乱した様子はなく、落ち着いていて全て自分一人でやったと容疑を認めた上で遺体の一部を切断したことについても認める供述をしている」。警察の広報そのものだ。

川田記者は左下にある画面を見て原稿を読んでいる。NHK記者のレポートは、事前にデスクに原稿を送り、チェック済みの原稿をそのとおり読まなければならない。いつも思うのだが、しゃべりが下手な記者が多い。

NHKに入って一年半でやめた元学生は「NHKに入るなら記者はやめたほうがいい。自由がない。NHKならディレクターのほうが、やりがいがある」と強調していた。

動機を解明するために、被疑者が警察の取り調べに対して「供述」した内容があれこれ報道された。NHKは「捜査関係者の取材で明らかになりました」と繰り返したが、捜査関係者は仮名で役職も不明だ。捜査官は公務員で、職務上知り得た情報を漏えいしていいのだろうか。

少年法は、子どもの性格、環境を改善し、立ち直らせるための手だてや刑事手続きの別扱いを定めている。この事件では責任能力が問題になるのは間違いない。

未成年で精神鑑定を受けるのは必至の情勢なのに、いつものように供述情報があふれ出た。二九日の共同通信は《捜査関係者によると、女子生徒は取り調べで「過去に小動物を解剖した」と話している》、《小学6年だった10年には同級生の給食に洗剤を混入したことも分かっている》と報じた。三〇日には《生徒(16)が「ネコを解剖したり、医学に関する本を読んだりしているうちに、人間で試したいと思うようになった」と供述している》と報じた。

特異な事件が起きる度に、供述情報が詳細に報道される。しかし、裁判になると、全く違う事実が出てくることもかなりある。

「推測」屋とも呼ぶべき無責任な識者コメントも相変わらずだ。二七日の共同通信は、《「残酷」「嫉妬や恨みか」識者は2人の関係に注目》との見出しで、作家の吉岡忍氏の《残酷で、普通の感覚では考えにくい手口だ。怨念が蓄積されなければ、遺体をこうした状態にするようなエネルギーは出ない》、《15歳ぐらいの人間関係は狭い》などという談話を伝えた。精神科医の香山リカ氏も《被害者への一方的な嫉妬や恨みを募らせ、計画を立てたのかもしれない》、《この年代の女子同士は親密になると、2人にしか分からない、心を許し合うような世界をつくり上げることはよくある》などと分析した。

二八日には、立正大の小宮信夫教授(犯罪学)の《母の死をきっかけに、母親がいる被害者に憎悪を募らせた結果の抹消願望と、快楽殺人の混合型に至ったように見える》との談話を伝えた。これらの記事には「推測する」という記述がある。分からないなら言うなと思う。一度も会ったこともなく、問診もしていないのにあれこれ言うのは無責任だ。

テレビに出る専門家の連想ゲームが出た後、被疑者が二人の精神科医にかかっていたことが分かった。被疑者を診察した精神科医が発生前の六月、「このまま行けば人を殺しかねない」と電話で県の児童相談窓口に相談していたことだ。また、被疑者の父親が八月二日に公表した手記でも精神科の治療を受けていたことが明らかにされた。

七月三一日には、被疑者の弁護人が「（少女が）父の再婚に反対していた」との報道内容に反論する文書を発表した。弁護士は三一日夜、被疑者に接見した。少女は「父親の再婚について初めから賛成している。父親を尊敬している」などと訴えたという。

八月一日の東京新聞は《こちら特報部》で、《佐世保殺害　猟奇的手口、報道に差　どこまで伝える？》などの見出しで、被害者の遺体の一部が切断されていたことなどをどこまで伝えるべきかを取り上げた。白名正和記者の署名がある。

記事は七月二八日の各紙の一報から《遺体の一部切断》（読売）などと、遺体の首と左手首が切断されていた事実を使えた。続報では各社の報道ぶりに差異があった。共同通信は被害者の受けた傷の場所について詳しく報じた。これについて元「黒田ジャーナル」の肩書でフリーになった元読売新聞大阪本社社会部記者の大谷昭宏氏は《事件の背景を分析して再発防止につなげるために詳報は欠かせない》、《猟奇的だからといって、すべて伏せてしまうのは、報道の責務を果たすことにはならない。現時点での各社の報道は特に問題があるとは思わない》とコメントしている。

テレビに出て高額の出演料をもらって井戸端会議のような話をすることで「報道の責務」を果たしているつもりになってはならない。

『週刊文春』などの人権侵害常習犯雑誌は、被疑者の家族関係などのプライバシーを暴いた。これは論外だ。

各紙は、被疑者が通う高校の校長が二八日記者会見し、生徒のうち三一人がカウンセリングを受けたと明らかにしたと伝えた。生徒たちは事件だけでなく、事件報道によって二重に不安になっているのだ。

NHKは、倉敷市の児童が七月一九日午後、岡山市の男性宅で発見され、一緒にいた男性が現行犯逮捕された事件も大々的に伝えた。男性が女児の携帯電話を捨てたことが分かったというのが全国ニュースのトップで伝えられた。被害者の女児の氏名は一九日夜から仮名になった。共同通信は同日、編注で《性的被害は確認されていませんが、監禁事件という性格を考慮し、被害者を匿名とします》と各社に連絡した。

私は七月一三日、鹿砦社の「浅野ゼミin西宮」で、『週刊金曜日』の北村肇社長（元毎日新聞記者）と対論したが、北村さんは「何のために、誰のためにニュースを伝えるのかを忘れないことだ」と強調した。北村さんは、記者は「社畜」になってはいけないと若い記者に諭していた。NHK職員は誰のために、何のために日々報道をしているのかを自問して出直してほしい。

「まんだらけ」の私的制裁　　　　*2014.8*

日本の犯罪報道の非正常さを象徴する騒動が八月にあった。

アニメのフィギュア（人形）や古本漫画を販売する古物商「まんだらけ」（東京都中野区）が、漫画「鉄人28号」のブリキ製おもちゃ（販売価格二七万円）を万引きされたとして、ホームページ（HP）で防犯カメラに写った万引犯とする人物に対し、返さなければモザイクを外すと警告していることが八月八日明らかになった。「まんだらけ」は返還期限を一二日中とした。同日の夜には多数の報道陣が店に集まった。

古川益蔵社長は報道各社にファクスで「商品を返してくださると願っている。期日までに返還なき場合、画像公開、犯人の特定という処置を行う予定だ」とコメントした。

これについて、専門家からは「私的制裁だ」「脅迫罪に該当する可能性がある」「名誉毀損にあたる」といった指摘が目立った。八月九日の毎日新聞は《近代法治国家では、刑罰を科す権利（刑罰権）は国家にあり、たとえ被害者であっても個人にはない》と書いていた。一方、万引被害に苦しむ書店関係者などは店側に理解を示し、賛否が分かれた。

「まんだらけ」は一三日未明、HPで《警視庁の要請により顔写真の全面公開は中止する》、《警察の力を信じ、任せる》として中止を公表した。警視庁中野署が「捜査に支障が出る恐れがある」として公開しないよう申し入れていた。

その後、警視庁は一九日、窃盗の疑いで、千葉市の男性（五〇）を逮捕した。共同通信によると、逮捕の経緯は次のようだった。《4日午後5時ごろ、中野区のまんだらけ中野店で、鉄人28号のおもちゃを盗んだ疑い。警視庁によると、□□容疑者は「ショーケースのガラス戸が少し開いていたので盗んでしまった。売ってお金にしようと思った」と供述し、容疑を認めている。怪獣のフィギュアを買うためだったとも話している。／捜査員が18日、被害に遭った店舗と同じビル内にある別の古物店で、被害品とみられるおもちゃを発見。店側に確認すると、事件3日後の7日、□□容疑者の身分証を所持した男が6万4千円で売っていたと分かり、18日夜から□□容疑者の取り調べを始めた。》

日経によると、古川社長は一九日、報道陣の取材に応じ、「万引きは明らかな犯罪だが、解決することは少ない。今回は警察が力を入れて捜査してくれた」、「（画像公開は）店として出来るぎりぎりの所を考え、少し批判されても構わないと思った。万引きが今後起きた場合、公開するかは世の中の動向を見極めて考えたい」と話した。

メディアは、男性が「警告は売った後で知った。返すに返せなかった」と話していると報じた。売却先は、被害に遭った店舗と同じビル内にある別の古物店だった。社長が警察の力を信じると表明して六日後の逮捕だった。

テレビは警視庁発表をもとに、男性の実名、住所、顔写真をオンエアした。一部の民放テレビはモザイクを外した防犯カメラ映像を放送した。多くの新聞も実名で逮捕記事をだした。一部雑誌はモザイクを外した写真を掲載した。

私が見た限り、朝日新聞だけが男性を仮名にしていた。賢明な判断だと思う。

今回の顔写真公開論争がなければ、ニュースにもならない事案なので、実名を出さないのは当然だろう。

八月八日の朝日新聞によると、大阪の鮮魚店でも、万引き客の顔写真を店内に張り出している。相次いだ万引き被害を減らすため、二年ほど前に始めたもので、昨年新聞やテレビで取り上げられ、インターネット上でも話題になった。現在も万引きしたとされる初老の男性ら数人の顔写真が貼られたままになっている。

「まんだらけ」騒ぎで、識者のコメントは総じて適切だった。

《万引被害が多い店側の気持ちも分かるが、私的な刑罰になりかねない。警察の捜査を待ち、民事手続きで返還を求めるのが正しい在り方ではないか》、《警察が公開捜査するならわかるが、一方的に犯罪者と断定してモザイクのない顔写真を公開するのは名誉毀損罪に当たる可能性がある。》（日弁連情報問題対策委員会の吉沢宏治弁護士、八月一三日、日本経済新聞など）

《誤って似た人が指弾される可能性もあった。本人にとっては顔写真が「犯歴情報」としてずっとネット上に残り、延々と検索されかねない。まんだらけの公開取りやめは望ましい判断だった。》（大屋雄裕名古屋大学教授＝法哲学＝、八月一四日、朝日新聞）

《人形の万引きは窃盗罪。難しいケースだが、モザイクを外して顔写真を公開すると男を脅すことは、脅迫罪に該当する可能性がある。》（森亮二弁護士、八月一一日、日経新聞）

《書店の気持ちも分かるが、多くの店が同様のことをしたら社会が混乱する》、《モザイクが外され、窃盗犯としてネット上に公開すれば、男への名誉毀損罪が成り立つ。店側の行為が公益目的と認定されれば名誉毀損罪は免責されるが、このケースは該当しないだろう。》（園田寿甲南大法科大学院教授、日経新聞）

「まんだらけ」の顔写真公表について、私刑に当たると指摘する識者は、警察の逮捕で実名、顔写真を報じるメディアに対しても抗議すべきではないか。

北欧などでは銃を持って逃亡中の指名手配者を写真入りで報じることが稀にあるが、拘束されれば匿名になる。

警察が逮捕した被疑者はあくまで、当局から法違反を疑われているだけで、この男性も無罪を推定されている。被疑者に私的制裁を加える私刑（画像公開）は刑法の名誉毀損罪に当たる可能性もある。その人の氏名にパブリックインタレスト（人民の権益）がある場合を除いて、裁判で刑が確定するまでは匿名で報道すべきではないか。

八月一三日の毎日に次のような指摘があった。

《ネット上の中傷問題に詳しい清水陽平弁護士は「私的制裁を加える私刑（画像公開）は禁止されており、やり過ぎだ」と批判。さらに刑法の名誉毀損罪に当たる可能性もあり「懲らしめなど私的な恨みを晴らすこ

とが目的なら違法の恐れがある」と話す。》

日本の逮捕＝実名の犯罪報道は「懲らしめなど私的な恨みを晴らすことが目的」になっていないか、各社の検証を期待する。

異論排除に熱心な大学——2014.10

米国といつでも戦争ができる国を目指す第二次安倍晋三政権（自公野合）下で、朝日に対する「非国民」「国賊」と言わんばかりの報道が大新聞と雑誌で展開され、朝日は八月に日本軍慰安婦報道を検証し、木村伊量社長が九月一一日の記者会見で、東京電力福島第一原発「事件」の「吉田調書」報道と、慰安婦報道を巡る「吉田虚偽証言」誤報を謝罪した。

中でも、執拗な攻撃を受けたのが元朝日新聞ソウル特派員の植村隆氏だ。植村氏は三月末に朝日を早期退職し、四月から関西の私大に教授として赴任するはずだったが、大学側は三月植村氏に就任辞退を求め契約解除となった。在職中の一二年度から非常勤講師を続けている北星学園大学にも、植村氏を辞めさせろという圧力がかかっている。植村氏が受け取る講師の月額賃金は数万円と低く、植村氏の講義内容と二〇年以上も前の日本軍慰安婦報道との間に何の関係もない。

帝塚山学院大学教授だった元記者は九月理不尽にも退職に追い込まれた。指導を受けていたゼミの学生たちはどうなったのかと思う。

日本の大学には、権力と癒着して嘘八百を教えている御用学者（歴史改竄主義者含む）が少なくないが、彼や彼女が大学を追われたという話は聞かない。

全国の大学で、反体制・リベラルな市民集会に教室を貸さないという動きがある。権力と癒着した集会は問題にならない。

今年五月、新聞労連幹部からこんな話を聞いた。「日本ジャーナリスト会議（ＪＣＪ）と共催して明治学院大学で特定秘密保護法反対の集会を開こうとしたら、大学から演題から政治的内容を削ってほしいと言われた」。六月一四日の集会のタイトルは「国際ジャーナリストが見る安倍政権」になっていた。

六月七日の東京新聞は「平和や原発考える集会　明大、会場提供を拒否」という見出しで、ＪＣＪとマスコミ九条の会が六月一九日に開く集団的自衛権と平和をテーマにした集会が、会場の明治大（東京都千代田区）に開催一週間前になって利用を断られ、急きょ文京区民センターに変更を余儀なくされたと報じた。記事に《大学広報担当によると、今月上旬、学内で会場利用の手続きを厳格化。五月に学外の団体が村山富市元首相の講演会を開いた際、約十台の街宣車が大学周辺を回った（略）》とあった。

ここで言及されている村山元首相講演会は私も共同代表を務める「村山談話を継承し、発展させる会」が五月二五日に明治大学で開いた集会だ。明大は村山氏の出身校である。確かに極右街宣車が近くで騒音をまき散らしたが、三〇〇人の集会は無事に終了した。右翼がうるさいから、学生や保護者からの抗議があるからという理由で、体制派に異議を唱える個人や団体を排除していく「風潮」が怖い。

私は現在、一種のクーデター、暗黒裁判によって四月一日から全く教壇に立てなくなり、二〇期まで続いた一三年度浅野ゼミ（三年生）も暴力的に解体され、研究室も失った状況にある。

私は教授職の地位の確認を求めて裁判中だが、同大は私のポストの後任補充人事を含む教員公募（三人）を行っている。八月末に締め切られ、書類選考中から面接に移るころだ。私が裁判に勝ったら定員オーバーになる。考えられない嫌がらせだ。大学教員を目指すある研究者は「浅野さんの後任人事に応募できるはずがない」と言っている。私を追放したメディア学科の六人がどういう学者を選ぶのかみんなで見守りたい。

私が共同通信記者を辞めて同志社大学大学院新聞学専攻（二〇〇五年にメディア学専攻と改称）教授になったのは一九九四年のことだった。同大の公式ＨＰにある社会学研究科メディア学専攻博士課程の教育概要は今も、次のように説明されている。

《新聞学専攻は、戦前の軍国主義化と戦争を阻止できなかった要因のひとつをジャーナリズムの貧困に求め、民主主義の発展に向けたコミュニケーション状況の向上を目指して、一九四八年四月新制大学の発足とともに誕生した。（後略）》

新聞学専攻は和田洋一、城戸又一、鶴見俊輔各氏らリベラルな教員を擁していた。私は山本明氏の後任人事の公募で採用された。

同志社大学には平和主義で知られる田畑忍学長（二〇一四年九月二〇日に亡くなった土井たか子さんは門下生）ら非戦・平和、人権を重視する研究者が多く、在日朝鮮人の指紋押捺問題などで教員たちが行政機関の前で座り込みをすることもあった。

現在の同志社大学はどうか。大学の顔である学長には村田晃嗣法学部教授がなっている。村田氏が教職員の投票で学長に選任されたのは一三年一月だった。その後、一三年四月には同志社大学の新キャンパスの敷地内に交番が設置された。地元自治会の「安心、安全な地域を」という声に押されて、無償で交番用地を提供している。

学問・研究の自由を縛るおそれが強い特定秘密保護法が本格的に審議されていた一三年九月から一〇月にかけて、私が所属する社会学部教授会（五〇人）で、何とか反対決議ができないかと考えていた。リベラル系とされる若手の教員に相談したが、「学部で通すのは不可能だろう」ということだった。大学教職員組合も動かない。

一方村田氏は、創価学会系の『第三文明』一四年一〇月号で、七月の安倍晋三政権による集団的自衛権行使容認の閣議決定について、「（公明党との調整で）より丁寧なプロセス（経過）を踏むことができた」と述べ、「閣議決定で、日本が戦争できる国に変わってしまった」という批判を「ためにする議論」と一蹴している。集団的自衛権行使容認の閣議決定を絶賛した。

村田氏は産経新聞の《正論》執筆メンバーでもあり、二〇〇三年から〇四年にかけて、自衛隊のイラク戦地への派兵（〇八年四月に名古屋高裁で違憲判決）を煽った人間である。村田氏は橋下徹氏と同時期に、講義やゼミを頻繁にさぼってテレビに出て、「自衛隊のイラク派遣以外に日本の選択肢はない」と断定し、自衛隊本隊派遣の翌日の〇四年一月一八日、川口順子外相を招いて、今出川校地明徳館二一番教室で講演会（読売と共催、金属探知機、多数の私服公安・民間警備員を動員）を開いた。村田氏は、自分が、イラクに大量破壊兵器があるというウソをもとに、自衛隊の侵略戦争加担を後押ししたことを全く反省していない。米英ではイラク戦争を煽った政治家やメディアの多くが反省・謝罪している。私は同志社大学社会学会が発行する紀要『評論社会科学』（七三号、〇四年三月号）に「戦争国家における新聞広告とジャーナリズム——イラク派兵をめぐる大学と政府の責任を中心に」と題した研究ノートを載せ、村田氏の朝日新聞掲載広告での自衛隊イラク派兵支持発言を問題にした。

東京赤坂にある米大使館は毎月一回、日本の各界のリーダーを招いた大使主催のランチオンを開いているが、村田晃嗣氏は一〇年前から招かれていた。政治学分野の代表だ。創価学会幹部も自公政権ができてから招待者に加えられた。一一年九月、米政府からサンフランシスコ講和条約六〇周年記念行事に招待されている。

私は九月中旬、同志社大学教職員組合の組合ニュースに、村田学長の創価学会系メディアでの暴論を批判する記事を書きたいと申し入れた。一〇月二日、組合の佐藤純一書記から「過日、先生からお申し入れのあった『第三文明』掲載の村田先生の投稿記事への批判の組合ニュースへの掲載について、三役会議で相談の結果、掲載できないという結論になりました」という返事があった。理由の開示を求めたが、回答はなかった。

組合からは私の組合員としての地位などについて、四月一四日、次のようなメールが送られてきている。「(14年)4月以降の浅野先生の組合員資格につきましては、現時点では、定年延長の問題をめぐって係争中であることを踏まえて、脱退の手続きは取らないまま保留状態としています」。「定年延長について、当組合は制度全体に関わる問題は取り組んでいますが、教員個々の支援は行っていません。教学や学部自治には介入できないとの立場です」。

私が一九九四年六月から二〇一四年三月までに支払った組合費の総額は一九八万五三四四円である。極右化の進む大学では、労働組合までが言論の自由を認めなくなった。

「私戦予備及び陰謀罪」で家宅捜索 —— 2014.10

「イスラム国」に加わるため海外渡航を企てたとして、警視庁公安部は一〇月六日、刑法の私戦予備・陰謀の疑いで、二六歳の北海道大生(休学中)ら複数の日本人から任意で事情を聴くとともに、東京都内の関係先数カ所を家宅捜索した。

イスラム国に参加しようとした日本人の存在が明らかになるのは初めてで、国連安全保障理事会が九月、外国人戦闘員の処罰を加盟国に義務付ける決議を採択するなど、国際社会が包囲網を強めている時期だっただけに、このニュースは翌日の新聞、テレビなどで大々的に報道された。

刑法の「私戦予備及び陰謀罪」という罪名は次のような罪だ。

《外国に対し、私的に戦闘する目的で準備をしたり、2人以上で実行のための謀議をしたりする行為を処罰する刑法の規定。これらの行為で外交関係が悪化し、日本の地位を危うくすることがないよう定められた。「予備」は、武器や資金、食糧の調達・準備、兵員の募集などを行った場合に適用される。罰則は3月以上5年以下の禁錮だが、自首した場合は刑が免除される。》

また、毎日新聞によると、《同罪を適用した強制捜査は今回の事件が初めて。政府の意思と無関係に個人が外国と戦争を準備する行為を処罰の対象としているのは、憲法で「戦争の放棄」をうたう日本にとって、私戦は戦争の引き金になりかねないと判断したためとされる》という。

記者クラブメディアには、戦前の思想警察の流れを汲む警視庁公安を監視するという姿勢が全くなく、警視庁の広報に成り下がっている。今回の報道も公安情報の垂れ流しだった。

一〇月六日深夜に共同通信が加盟社に配信した記事は《「イスラム国」参加企てか　警視庁、北大生ら聴取　「戦闘員になるつもり」》との見出しで次のように報じた。

《捜査関係者によると、男は26歳の北海道大生＝休学中＝で、7日に出国予定だった。「シリアに入って『イスラム国』に加わり、戦闘員として働くつもりだった」と話している。公安部は、大学生とは別の日本人がイスラム国への参加を呼び掛けたとみて、詳しい経緯を調べる。（略）捜査関係者によると、春先から、東京都千代田区の古書店にシリア行きを呼び掛ける張り紙があり、大学生はこれに応じたとみられる。紙には「求人　勤務地シリア　詳細、店番まで」などと書かれていたという。公安部は店の関係者らからも事情を聴き、動機や背景を調べる。》

また、《「シリアで人手いる」　都内古書店に求人張り紙》という見出しで、《過激派「イスラム国」への参加を企てたとされる日本人らの関係先として、六日に警視庁の家宅捜索を受けた東京都千代田区の古書店には、勤務地をシリアとする求人の紙が四月から掲示されていた。店によると、張り紙をした男性は「知人がシリアに行く際に人手が欲しいと言っている」と説明したという》などと報じた。

過激派「イスラム国」とか過激派組織「イスラム国」という表現はどうかと思う。

その後、シリアの反体制派組織の一員として昨年、シリアの戦闘地域に入った東京都の元自衛官の男性が報道機関の取材に応じ、「死を覚悟した」「極限状態で自分を出して戦いたい」「生きるか死ぬかの勝負がしたかった」などと語った。

一三年まで数回、休暇を利用して反体制派の自由シリア軍と行動を共にしたトラック運転手（四七）は「大義なきWAR TOURIST（戦争観光者）です」と称してメディアに出た。戦闘員ではなく、トレーラーを運転して近所の人を運んだり、写真を撮ったりしたという。

二〇〇四年一月からの小泉純一郎政権による自衛隊イラク戦地への派兵こそ私戦予備及び陰謀罪の実行に当たるのではないかと私は思う。米英軍のイラク侵略・強制占領は、国連安全保障理事会の決議に基づかないブッシュ米大統領のまさに私戦だった。フセイン政権が大量破壊兵器を所持しているという虚偽情報を流して開戦した。

「加害者父」自死招いたメディアリンチ――2014.10

長崎県で七月に高校一年生の少女が同級生の女子生徒を死亡させた事件で、殺人容疑で逮捕された少女（鑑定留置中）の父親（五三）が一〇月五日、自宅で首をつって自殺した。

朝日新聞などによると、少女の弁護人が七日記者会見で、六日に医療施設で少女と接見し、父親の死亡を伝えたことを明らかにした。弁護人は「少女の成育環境を知る人を失い、事件の真相解明と少女の更生にとって非常に大きな痛手」と話した。

父親の死を報じた東京新聞（共同通信配信）の記事の後半にこんな記述があった。《父親は事件前の今年3月、少女に金属バットで殴られ、その後、少女を精神科に通院させていた。父親が学校関係者に「事件にしたくない」と殴打について口止めしていたことも県教育委員会の調べで明らかになっている。》

共同は九月二六日にも《バット殴打を父親口止め　県教委検証》という見出しで報じていた。

父親は殴打の被害者である。しかも「加害者」は自分の娘であり、救急車で運ばれるようなけがではなかった。家庭や職場で起きたトラブルを事件にしないことはよくあるのではないか。

父親は八月二日に公表した謝罪の手記で、「複数の病院の助言に従いながら、夫婦で力を合わせ娘のため最大限のことをしてきましたが、私の力が及ばず、事件が発生したことは誠に残念でなりません」と表明していた。

また、少女を診察していた精神科医が六月一〇日に「このまま行けば人を殺しかねない」と電話で県の児童相談窓口などに相談していた。両親は事件前日、精神科医に「少女を入院させてほしい」と頼んだが、実現しなかったという。

　この事件で「加害者父」を批判してきた『週刊文春』は一〇月一六日号で《「父自殺」本誌が掴んだ全情報》などの見出しで、《娘を現場マンションに一人暮らしさせたことが、結果的に凶行を招いたとして非難を浴びた父》のプライバシーを暴いた。

　また、『女性セブン』一〇月一三・二〇日号は、《結婚5か月　継母が手にした「遺産」と「娘」》などの見出しで次のように伝えた。

《最近でも秋葉原通り魔事件（08年）の加害者弟が14年に自殺したが、その直前、「週刊現代」にこんな心境を明かしていた。／《加害者の家族というのは、幸せになっちゃいけないんです。それが現実。僕は生きることをあきらめようと決めました。死ぬ理由に勝る、生きる理由がないんです。》》

　記事には犯罪加害者家族の支援団体代表の「全国的に報道される事件の場合、ある意味、日本中を敵に回してしまった心境になりますから、死にたいと考える人が多い」というコメントもあった。地元のベテラン記者は「父親の死で、佐世保市は沈鬱な雰囲気、やるせない思いに包まれている」と話した。

　事件後の週刊誌記事を読んでみたが、父親に対するメディアリンチ（私刑）が目立った。《人生はある日突然狂いだした　加害者の父「悔恨と慟哭の日々」》（『週刊現代』八月四日号）、《「絶対的殺人衝動」を知りながら「少女A」を街に放った父》（『週刊新潮』八月一四・二一日号）、《加害少女父はA子を祖母の養子にしていた　異様な父娘関係が悲劇を招いたのか》（『週刊文春』八月一四・二一日号）。

　少女は事件当時一五歳の少年。まだ検察の処分も決まっていないのに、《専門医は〝サイコパス〟と分析》《少女Aのようなモンスター》（『週刊朝日』八月一五日号）などと決め付けられ、事件から七一日後、父親を失った。報道従事者は、メディアが父親に与えた報道加害を検証すべきだ。

大学生たちが学内に不法侵入しスパイ活動をしていた公安刑事を摘発、教室へ連れて行き、大学職員当局と共に追及した後学内から追放するという快挙があった。安倍晋三極右靖国反動政権が大学とメディアを支配下に置くため公然と介入を強めている中で、学問の自由、大学の自治を全力で守る闘いを勝ち取った学生たちに敬意を表したい。

公安スパイを取り押さえたのは京都市左京区の京都大学の学生約三〇人だ。京都大学全学自治会同学会HPなどによると、一一月四日の昼休み、無断で構内に立ち入り同学会中央執行委員会の宣伝活動を監視していた京都府警警備二課の三〇代の私服警察官を学生有志が取り押さえた。杉万俊夫副学長を含む職員と共に抗議・追及し、午後四時四〇分ごろ学内から叩き出した。

京都大は「事前通告なしに警察官が立ち入ることは、誠に遺憾。詳細な事実関係の調査を行っている」とする杉万俊夫副学長名のコメントを発表した。本来は総長が抗議声明を出すべきだ。

毎日新聞は《現場付近には別の私服警察官もおり、「課員が学生に囲まれた」と府警に通報。機動隊の車両が京大周辺に集結し、数十人の機動隊員が出て一時は騒然とした雰囲気になった。府警川端署は「警察官と学生とのトラブルがあったのは事実だが、詳細は確認中」とコメントした》（岡崎英遠、村田拓也、松井豊各記者の署名）と書いた。

メディアは警察の目線で、《学生らが一時取り囲む騒ぎ》（共同通信）とか《トラブル》（読売）としか捉えない。しかし、記者たちが、京大と府警の間に大学自治の観点から「警察官が学内に入る際は事前通告する」

などの申し合わせがあることを知ってよかった。記者クラブで毎日を過ごす、学生運動を知らない記者たちは、大学に警官が勝手に入ってはいけないことを初めて知ったのだろう。

学生たちが電子媒体などでリアルタイムにスパイ捕獲を伝えたため、京都府警公安はメンツをつぶされた形になり、メディアは一一月四日夜、京都府警が「逮捕・監禁事件」として捜査を始めたと報じた。大学の自治を守った学生・職員を事件の被疑者にしようというのは税金の無駄遣いを超えた愚挙だ。

毎日が書いた次のような記事は評価する。《警察当局と大学の自治を巡っては、1952年の「東大ポポロ事件」がある。東大構内で開かれた劇団ポポロの公演に私服警察官が潜入。学生らが警察手帳を取り上げたなどとして、暴力行為等処罰法違反罪で起訴された。最高裁まで争い、審理が差し戻されるなど判断が揺れたが、73年に有罪判決が確定した。ツイッター上には、今回の騒ぎを東大ポポロ事件になぞらえる書き込みがあった。》

毎日新聞は一一月一四日、《京都府警警備部は同日、京大との取り決めに反して4日に捜査員が無断で大学構内に入り大学、学生側とトラブルになったことに関し、「取り決めの趣旨を踏まえた適切な対応と認識している」とのコメントを出した》（毎日、松井豊・岡崎英遠両記者の署名入り）とも書いている。スパイ摘発を現場で取材したはずの松井記者らは府警の誤った見解を強く批判すべきだ。

メディアが京大に不法侵入した警察官の氏名も役職も報じないのは理解できない。ネットでは実名が出ている。報道機関に聞くと、「警察が逮捕していないからだ」と返答するのだろうが、警察が問題にしなくても、「正義に反する」行為を社会に提起するのがジャーナリストの仕事ではないか。

天下に恥をさらした府警に代わって、国家権力を不当に使って学生に復讐したのが警視庁公安部だ。スパイ摘発事件から九日後の一一月一三日、警視庁公安部は東京で機動隊員が京都大生ら三人から暴行を受けたとされる公務執行妨害事件に絡み、京都市左京区の京大学生寮「熊野寮」を、関係先として家宅捜索した。

同日午後五時半過ぎ、共同通信は次のように報じた。

《公安部や捜査関係者によると、3人は中核派系全学連の活動家で、うち2人が熊野寮に住む京大生。2日午後4時ごろ、都内で開かれた「全国労働者総決起集会」後のデモ行進に参加した際、機動隊員3人の肩を殴ったり、制帽をつかみ取ったりしたとして、公務執行妨害の疑いで現行犯逮捕された。》

読売と朝日は一三日夕刊で寮捜索の〝前打ち記事〟を揃って載せている。読売は《京大寮を捜索へ　公務執行妨害の疑い　警視庁》、朝日は《京大寮を捜索へ　公務執行妨害の疑い》との見出しで《捜査関係者への取材でわかった》と書いた。

《捜査関係者によると、3人は2日午後4時ごろ、東京都中央区銀座6丁目の路上で、国鉄職員の解雇撤回などを求めるデモ行進の警備に当たっていた機動隊員3人に体当たりしたり、殴ったりした疑いがある。いずれも20代の男で、中核派全学連の構成員で、このうち2人が京都大生という。調べに対し、3人とも黙秘している。》（読売）

警視庁公安は主要二紙に、熊野寮捜索を事前にリークしていたのだ。

寮捜索の口実となった二日の事件は京都から五〇〇キロ以上も離れた東京で起きた。京大の学生たちは「転び公妨」と断じている。最近の政治的なデモを見たことがある人なら分かるが、参加者の数を数倍上回る警備陣の中、学生市民が機動隊員三人に対し、《体当たりしたり、殴ったり》（読売）する暴行を加えることなどできるはずがない。警察記者は、公務執行妨害なのか公務員暴行陵虐罪に当たるのかを調査報道すべきだ。

熊野寮捜索の模様はテレビでも放送された。東京から出張してきた重装備の機動隊員約一六〇人（日本テレビ）と公安捜査員が寮を包囲し、寮の門を強行突破した。学生らが「令状を見せてください」と丁寧な口調で繰り返したが、警察の責任者が寮生たちに令状をきちんとみせる場面はなかった。捜索は約三時間行われ、《中核派の機関紙「前進」やUSBメモリーなど計43点を押収したという》（朝日）。テレビでは、三〇年前の「過激派学生」の三里塚闘争などの映像が流された。

メディアは寮で「怒号が響いた」などと表現したが、学生たちが公安の弾圧に抵抗するのは当然だ。官憲が身分を明らかにせず、令状をまともに示さず、私的な領域に入ってはならない。米国なら警官が学生に射殺されてもおかしくない。

報道によると、公安側は、今回の捜索について府警を通じて京大側に事前に通告し、大学職員が立ち会ったとされているが、京大当局は捜索に抗議すべきだ。

東京で逮捕された三人は一九日間も勾留され二一日に保釈された。

朝日は一四日に《「過激派」へ学生、なぜ　京大寮を捜索　警視庁１２０人態勢、公務執行妨害の疑い》という見出し記事（成沢解語記者）を載せた。

《今も過激派組織に加わる若者は少なくない。なぜなのか》というリードの記事は《志望大落ち親身に誘われ／選挙の手伝いきっかけ》《大学除籍、拠点に住み込み》などの小見出しで、中核派などの「過激派」に入る学生を紹介し、警察の見解で結んだ。

《警察当局によると、過激派はピークだった69年の約5万３５００人から、現在は約2万人まで減った。（略）警察当局は「組織の維持拡大のため、暴力性を隠して大衆運動、労働運動を展開している。暴力で共産主義社会をめざす方針は堅持している」と警戒を緩めていない。》

今回の報道で、捜索差し押さえ令状を発付した裁判所と裁判官の氏名が全く出ていない。公安による過剰な捜査であることは明白であり、令状発付は不当だ。また、警視庁公安部と機動隊の責任者の役職、氏名も報道されない。

京大の学生たちは公安侵入に抗議する「11・12全学緊急抗議行動」を呼び掛けたビラでこう訴えていた。

《大学における戦争協力の最大の要は、学生に恐怖を植えつけ、声を上げさせないための、日常的な弾圧体制の構築です。戦前の大学における戦争動員も「京都学連事件」(一九二五〜一九二六年)による学生自治破壊の弾圧から本格的に始まり、最後は学徒動員へ行き着きました。私たちの先輩たちは自身の夢を奪われ、アジアの人々をはじめとした他国の人々と殺しあわされたのです。私たちはこのような歴史を二度と繰り返さない。》

京大生たちが正しく、公安警察・御用学者・御用メディアが誤っていることは歴史が証明するであろう。

メディアと大学が機能せず、戦前回帰と警告——*2014.11*

矢谷暢一郎ニューヨーク州立大学教授が一一月九日、同志社大学で講演し、「日本では、政府に対し批判的に見て、良心に基づき社会的責任を果たすべきメディアと大学が本来の仕事をしていない」と強調した。講演会は同志社大学学友会(全学自治会)倶楽部が企画した。

矢谷氏は一九六五年に同大に入学。学友会中央執行委員長としてベトナム反戦デモの指揮をとり、二度逮捕された。同大を中退し、七七年渡米、ニューヨーク州立大学ストーニーブルック校で博士号(心理学)を取得した。

一九八六年、オランダの国際政治心理学会で研究発表後の帰途、米ニューヨーク・ケネディ空港で突然逮捕、連邦拘置所に四四日間勾留され、「ブラックリスト抹消訴訟」で米国を訴えた。

矢谷氏は「私を不当に逮捕したのは米国だが、私を救ってくれたのも米国だ。米議会聴聞会でも証言した。日本大使館は何もしなかった」と振り返る。

矢谷氏の拘束を全米の人権問題にしたのは新聞記者だった。拘置所にニューヨークタイムズのクリフォード・メイ記者から電話があった。「どうして勾留されているのか、事実関係を知りたい」。「オランダの学会で発表後、帰国したら突然拘束された。何が何だか分からない」。

米国の刑事施設では、電話を使える。矢谷氏が妻子と共に住んでいたアパートの家主が同紙に通報して取材があったのだ。

メイ記者は「記事にしていいいか」と聞いたので、「一つだけ条件がある。私の指導教授と学長に取材して、米当局の言い分と学長らの主張の両方を公平に書いてほしい」と答えた。

メイ記者の記事は一面に大きく掲載され、他メディアも人権問題として報道し、「ヤタニ・ケース」として全米を揺るがした。

矢谷氏は、ここ数年、日本はどんどん悪くなっていると感じ、戦前に帰りつつあると心配する。

「武器輸出三原則の放棄、集団的自衛権行使容認の閣議決定、特定秘密保護法強行などに象徴される安倍政権の暴走が止まらない。しかし、政府の右傾化に対する市民の反応が非常に弱い。国民が受け入れてしまっている。海外にいて危機感を覚える。政府を監視すべきジャーナリズムが任務を忘れていることが問題だ。学者も反対を言うと外されてしまうと恐れ、行動しない」。

「日米両国の問題は、人々が正しい知識を得ていないことだ。民主主義は市民が政府の決定過程に関与するからこそ機能する。市民がきちんとした教育を受け、メディアから十分な情報を得られる社会は前進する。市民が知識を持たず、メディアが事実を伝えない社会は後退する」。

今回の訪日に合わせて矢谷氏の著書『日本人の日本人によるアメリカ人のための心理学』（鹿砦社）が出版された。矢谷氏の友人で歌手の加藤登紀子さんが帯に、自由なはずの日米で「何も言えない、何も行動できない、ガンジガラメの時代が始まっている！」などと書いた推薦文を寄せている。

「第二次世界大戦で七千万人が死亡し、二度と戦争をせず話し合いで紛争を解決することを願って国連ができた。日本でも三〇〇万人が戦争で犠牲になり、広島、長崎で原爆が落とされた。非戦平和主義の日本国憲法は世界で最も進んだ憲法だ」。

矢谷氏は同世代の仲間に「学生時代に反戦平和運動を担った我々は子どもや孫に平和な未来を残そう」と呼び掛けた。

矢谷氏は最後に「東電福島原発事故を生きる我々は川内原発再稼働は絶対に阻止しなければならない。核兵器と原発のない世界を日本は構想するべきだ。そうすれば世界中の人たちから好かれるに違いない」と訴えた。

無実の死刑囚・袴田さんは語る――*2014.12*

無実の死刑囚、袴田巖さんが一二月二〇日、東京・御茶の水の連合会館で多田謡子反権力人権賞を受賞した。静岡地裁は六八年に死刑判決、それが八〇年に確定していたが、第二次再審請求審で、三月二七日、静岡地裁（村山浩昭裁判長）から再審開始を認める決定と刑の執行停止を勝ち取った。静岡地検は同三一日、地裁決定を不服として即時抗告し、東京高裁で審理中だ。

袴田さんは受賞の挨拶で、「死刑判決は間違っていたと決まった。私を有罪にした判決で裁判官の一人が無実と判断していたことが分かった」と述べた。姉の袴田秀子さんはこの九カ月を振り返った。

「静岡地裁が再審開始を認める決定をした際、裁判官の一人が控室で待つようにというので、宅下げのことか何かと思って待っていると、いきなり巌が目の前に現れてびっくりした。釈放されたというので驚き、会えて本当にうれしかった。釈放後は社会に溶け込めなかった。まだ拘禁症は残っているが、病院で手術を受けた後、次第に元気になっている。最近は毎日二時間ぐらい散歩をしている。取材に来る記者たちと将棋も指している。記者たちはわざと負けてくれているのではと思う（笑）。テレビも楽しむようになった。笑うことも多くなり、きょうだいで楽しい正月を迎えることができる」。

その後若林秀樹アムネスティインターナショナル日本事務局長も加わり、秀子さんは「二〇一五年こそ、無罪の確定を勝ち取りたい。今後も支援をお願いしたい」と訴えた。

授賞式の休憩時間に、袴田さんから釈放後初めて話を聞いた。袴田さんは「最近は訪ねてくるマスコミの記者や支援者と将棋を指している。家の近くの浜松城などを毎日散歩している」と話した。静岡から来た支援者は「袴田さんの将棋の腕はすごい。ほとんど負けない」と話した。

死刑の恐怖と闘いながら、再審請求を重ねてきた袴田さんは、「昔は拘置所の中ものんびりしていて、将棋を楽しむこともできたが、次第に管理が厳しくなった。国家権力が死刑囚の一人一人を完全に管理している。私は権力に勝って自由になれた」ときっぱりと話した。一二月一四日の衆議院選挙について、「総選挙の投票権がなく投票できなかったのはとても残念だ」と述べた。

袴田さんは五月一九日、五三年ぶりに東京・後楽園ホールのリングに上がり、世界ボクシング評議会（WBC）の名誉チャンピオンベルトを受け取った。「まだボクシングのグローブに手をとおしていない。いつか手をとおしたい」。

二人は半世紀ぶりに家族水入らずの正月を迎える。

秀子さんは「弟は若いころから歌謡曲が好きだ。四八年ぶりにNHKの紅白歌合戦を見ることができる。弟は演歌が大好き。五〇年前の歌手はもう出ないでしょうが」と笑顔で話した。

私は一九九六年一一月三〇日、清水市で袴田事件支援会主催の集会で講演したことがある。秀子さんは「浅野さんもあのころは若かった」と言った。〇八年に専修大学で開かれたシンポジウム「裁判員制度で冤罪はなくなるのか」（主催は専修大学今村法律研究室、室長・矢澤昇治専修大学法科大学院教授）では、甲山事件の冤罪被害者・山田悦子さん、元専修大学教授の庭山英雄弁護士と私が報告し、秀子さんは弟の無実を訴えた。シンポの記録は矢澤氏らの編著『冤罪はいつまで続くのか』（二〇〇九年、花伝社）として出版されている。

秀子さんは「メディアの対応が大変だ。同じことをいろんな人が入れ代わり立ち代わり聞いてくる。記者にはきちんと対応している。大晦日から初詣の取材の対応で忙しい」と語った。

静岡地裁の再審開始決定で、新聞、テレビは「袴田巌死刑囚」と表記してきたのを「袴田巌さん」に改めた。また、今回の決定について、各紙は一面・社会面トップで《袴田死刑囚再審決定／「犯行時の服、ねつ造の疑い」／発生48年、釈放決める》（朝日）などと大きく報道した。しかし、記者クラブメディアの中に、袴田さんが逮捕され起訴された当時の犯人視の自社報道について検証する記事を見ない。

官憲依存の犯罪報道――2014.12

京都府警が一一月一九日に青酸化合物で夫を死亡させた疑いで逮捕した女性被疑者（六七）に関する報道は犯罪報道の典型的な常習累犯と言えよう。記者クラブメディアは、女性が犯行を否認していると伝えながら、女性の関係先から青酸カリ入りの容器が見つかったとか、夫がいるのに結婚相談所に書類を提出したなどと報じた。《夫の死亡後に□□容疑者が処分した家財道具の中から青酸化合物が見つかっていたことがわかった》（朝日、一二月五日）。《年明けには一昨年に死亡した婚約者（当時71）に対する殺人容疑で大阪府警の再逮捕が控える》（朝日）という予言報道もあった。

京都地検が一二月一〇日に起訴したが、起訴の二日後になって、「起訴直前に自分がやったと自供を始めた」という報道があった。

ジャーナリストの青木理氏（元共同通信記者）は一一月二四日のＴＢＳラジオ「デイキャッチ」で、女性の住所、実名を出して次のように語った。

「この事件は八カ月前から動いている。当時撮っていた映像をなぜ今一斉に放映しているかというと、警察が動いたためだ。逮捕したから騒いでいる。この捜査に関するすべての情報は基本的にすべて警察からもたらされている。警察情報でマスコミが大騒ぎしてやった事件で、実は冤罪だったと分かったということは実はたくさんある。今回のケースはどうなのか分からないが、発信源はほとんど警察なんだよということを、頭の隅に置きながら、テレビやラジオの報道から情報を得てほしい」。

この事件の報道では、無罪の推定の視点はどこにもない。警察の情報だけで実名報道することに問題があるのだ。官憲に依存して犯罪報道が行われていることは、頭の隅ではなく、真ん中に置くべきだろう。

少年匿名原則を成人に拡大せよ　川崎中一死亡事件——2015.3

川崎市の多摩川河川敷で二月二〇日、中学一年生（一三）の遺体が見つかった事件で、大手メディアは少年法六一条を尊重し、同二七日に逮捕された被疑者の少年三人を仮名報道している。

一方、『週刊新潮』三月一二日号は、一八歳の少年の氏名と顔写真を掲載し、事件を伝えた。同誌は二月一二日号で、昨年一二月に名古屋市で七七歳の女性が死亡した事件でも一九歳の女性の実名、写真を掲載した。三月一二日号には、《「少年法」と「実名・写真」報道に関する考察》と題した特集もある。同誌記者から三月二日電話があり、長時間の取材に応じたが、掲載された記事は《実名報道に反対して来た人物のはずの私が、《相変わらず匿名報道の〝殻〟に閉じこもるばかり》のマスコミに憤るというトーンだった。

私の見解は、私が少年実名に反対とした上で、《20歳の青年が万引きで実名報道される一方で、19歳の凶悪殺人犯が自動的に匿名になる。この論理矛盾を説明できる社はあるでしょうか》などと紹介され、同誌がこの論理矛盾に挑んでおり、思考停止のメディアに同誌を批判する資格はないと述べたとされた。

私が「実名」論者に変わったと勘違いされては困るので、他の識者の見解を論評する中で、私の真意を説明しておきたい。

私は《凶悪事件の被疑者》と言ったのだが、『週刊新潮』では《殺人犯》となっていることをまず指摘する。

宇都宮健児弁護士は《少年法の精神は、社会復帰することを前提に考えている。その際、実名や顔写真が出回っていた場合、更生の障害になる可能性が高いわけです》とコメントしている。全く同感だが、更生を考えるなら、二〇歳を過ぎた成人にも将来があり、当てはまると思う。

同誌は三月一九日号でも、《少年犯罪の「実名・写真報道」私の考え》を特集し、九人の識者の見解を載せているが、評論家の呉智英氏は《民衆は組織を維持するために、私刑を行う権利を持っている》と断定している。メディア従事者の多くも呉氏と同様、冤罪はたまにしかなく、被疑者は犯人で、悪い奴は叩いてもいいという中世的な思考に陥っているのではないか。

若狭勝・元東京地検特捜部副部長は《現実には被害者の氏名や顔写真ばかり報じられている》と指摘しているが、事件で死亡した被害者の氏名、写真を勝手に報道していることに問題がある。報道機関は直近の遺族に匿名か顕名かを聞くべきだ。遺族が匿名を希望する場合、警察に「実名を伏せてほしい」と要望するしかなく、報道界には遺族の意向を聞く仕組みがない。

同誌は、メディアが淡路島で起きた五人死亡事件の被疑者に心神喪失の可能性があるのに実名報道したことを批判している。

私は少年匿名原則を成人にも拡大すべきだと考える。一般刑事事件の被疑者・被告人の匿名原則を採用すれば、捜査段階で被疑者の年齢、精神疾患の有無で匿名か顕名で悩む必要はない。警察の発表に従って報道の仕方を決めている現状が問題だ。

日本共産党機関紙のしんぶん赤旗は、当初から《中学1年男子生徒（13）》、被疑者は《18歳少年》《17歳の少年2人》として、被害者・被疑者を共に匿名にしているが、読者から何の異論もないという。

犯罪報道に詳しい橋本太地弁護士（大阪）は「ネットで溢れているのだから、新聞が匿名にしても意味がないという主張があるが、少しでも報道被害を小さくするため、少年はもちろん成人も原則匿名にすべきだ。

市民には、自己情報コントロール権がある。ネットでもプロバイダーの責任を問うなどの自律的な規制が必要だ」と提言している。

国賠で二〇〇〇万円の賠償命令 —— 2015.3

強かん事件の犯人と誤認逮捕され、懲役三年の実刑判決を受け刑務所に二年一カ月服役を終えてから、事件の真犯人が見つかって冤罪を晴らした元タクシー運転手、柳原浩さん（四七）の国（検察）と県（警察）などとの長い闘いが終わった。

柳原さんは二〇〇二年に富山県氷見市で起きた強かん・同未遂事件で逮捕され、服役後に真犯人が出現、検察による再審請求で再審無罪になった後、国などに約一億円の損害賠償を求めた「富山（氷見）冤罪」国家賠償請求訴訟を起こしていた。この国賠訴訟の判決が三月九日、富山地裁で言い渡された。阿多麻子（あたまさこ）裁判長は、警察の捜査の違法性を認め、県に約一九六六万円余の賠償（二〇〇二年の起訴日からの遅延損害金を加算）の支払いを命じたが、国と個人被告二人（長能善揚元富山県警捜査一課警部補、松井英嗣元富山地検高田支部副検事）に対する請求は棄却した。判決は、検察官による起訴について「虚偽の自白と容易に認識できたとは認められず、合理的根拠に欠けていたとは言えない」との判断を示した。

県警捜査の違法性をはっきり認め、二〇〇〇万円近い賠償を命じた判決は、柳原さんにとって「勝訴」と言えるだろうが、原告の六年間の闘いに十分こたえる正義の実現ではなかった。

判決の三日後の三月一二日、桜沢健一富山県警本部長は判決を受け入れ、控訴しない方針を明らかにした。

桜沢本部長は判決を受け入れる理由を「主張とは異なる評価をされた部分もあるが、総合的に判断した」と述べた。また、同二三日に原告側弁護団も控訴しないことを公表し確定した。

「富山（氷見）冤罪国賠を支える会」の山際永三氏が『救援』（救援連絡センター発行）四月号に書いたように、「判決は、原告・被告の主張を足して二で割る式の、論理的とは言いがたい、すべてのことについて妥協推奨型というか、社会の未来を見据えることなく、マスメディアに毒された日本の常識がこれだ！」と言いたくなるようなしろものだった。

柳原さんの国賠訴訟判決が言い渡された法廷には、菅家利和さん（足利事件元被告）、桜井昌司さん（布川事件元被告・同国賠原告）、川畑幸夫さん（志布志「踏み字」事件国賠元原告）らもおり、歴史的判決を傍聴した。菅家さんら冤罪被害者は二七回に及ぶ口頭弁論をほぼ毎回傍聴し、柳原さんを励まし支えた。「私のような冤罪被害者を二度とつくってはいけない」と考える各地の冤罪被害者と刑事制度改革を目指す人々のネットワークが「国賠は勝てない」と言われる困難な裁判闘争を支えた。

柳原さんは四月初め、東京から一三年ぶりに富山県氷見市の実家に移った。傷んでない部屋を使って生活している。近所の人たちと花見に行ったりして楽しんでいる。マイカーを久しぶりに買った」と明るい声で話した。柳原さんは国賠裁判を振返ってこう話した。

「逮捕されていた時に父親が亡くなった。四月二三日、私の電話取材に

「国賠裁判は長く続くので、途中で何度もやめたいと思った。終わってみれば、長かったような短いような不思議な感じだ。菅家さんらが毎回傍聴席の一番前の真ん中に座って傍聴してくれた。裁判官たちは、気が張ったと思う。裁判で、当時の警察関係者がある程度、取り調べの真実を語ってくれた。少しでも人間の心を持ったと思った。弁護団、支援者の努力で、普段なら取れない捜査報告書、本部長指揮事件指揮簿など

が手に入った。氷見市民の間では、氷見署の評判はよくない。交通違反でもないのに車を止めたりすると、『俺も冤罪にするのか』と市民が怒っていた。警察は信用を取り戻すために、二度と冤罪を生み出さない努力をしてほしい」と語った。

県警は〇七年一月、柳原さんの誤認逮捕を発表。同年一〇月に再審無罪が確定した。前近代的な司法制度の中で多発する国家犯罪の冤罪事件の中でも、検察官請求による再審無罪は異例で、「全ての冤罪に共通する要素をショーウインドーのように内包している」（山際永三氏）事例だった。

この再審裁判で弁護人は、「なぜ無実の柳原さんが服役させられたのか」を解明すべきとして、警察官らの証人調べを求めた。しかし、富山地裁は「検察・弁護側双方が無罪を主張しており、証人尋問は不要」として証人請求を却下した。再審公判で、冤罪が起きた原因が解明されなかったため、柳原さんは「なぜ警察が私のところに来たかの解明を求めて、〇九年五月、訴訟を起こした。自白を強要した長能、起訴した松井の二人も「個人被告」とした。国賠訴訟は《本件冤罪の原因、真相が究明されることは、冤罪という国家機関による最大の人権侵害を根絶するために必要不可欠》（訴状）という考えで起こされ、「日弁連刑事弁護センター」を中心に一四七人の大弁護団が結成された。柳原さんは〇九年八月、『「ごめん」で済むなら警察はいらない』（桂書房）を出版し、「警察はなんで自分のところに来たのか、自分にはそれを知る権利がある」と強調していた。

今回の判決は、①犯人識別手続きは誤導の危険性が高いものだった、②犯行時間帯の固定電話通話履歴を精査しなかった点は裁量逸脱とは言えないが、五軒目で被害者宅にたどり着いた「引き当たり」捜査（強かん未遂被害者自宅を案内させる捜査）で、原告が現場を案内できなかったことは明らかで取調官の誘導、事件現場で見つかった足跡と柳原さんの足のサイズに開きがあること、靴に関する供述変遷を無視したのは無実証拠の過小評価、③被告長能の取調べは原告主張の罵倒・恫喝・暴行・脅迫とまでは言えないが、自分の意図する答えが返ってくるまで同じような質問を続けて確認を求める「択一的」「確認的」な取調べ方法で不当な誘導――などとして警察捜査の違法性を認めた。

国賠裁判で、自白供述調書の内容（犯行の詳細）は、柳原さんが全く体験していない事実をいかにも本当のように、しかも被害者調書と合致するように書かれていることが明らかになった。この事件では、奇跡的に真犯人が出てきたケースだけに、裁判官としても自白の任意性を認めることはできず、取調官の誘導を認定せざるを得なかった。

長能氏は供述の一つ一つについて、「AかBかCか……」と問い詰め、被疑者が当てずっぽうに答えたり事実と違うことを述べたりした際には、「ではDかEか……」とさらに例示し（教え込み）、正しい答えになるまで繰り返したと法廷で証言した。判決は長能証言を引用しつつ、それは誘導であり違法であると結論づけた。裁判長は、長能氏ら取調官が柳原さんに犯行状況を問いただす際「はい」「いいえ」で答えさせるなど、期待する回答が出るまで質問を続け、「虚偽の自白を作出した」捜査手法を違法とした。また、県警捜査幹部についても「犯行の主要部分をほとんど何も供述できなかったことを認識していた」などと指摘し、「警察官に認められた裁量を逸脱、濫用した」と判断した。さらに、柳原さんが起訴された二つの事件に共通して、犯人の靴痕が同じメーカーの同じ靴で、特殊な摩耗痕も同じと鑑定されていた。その靴の大きさは靴底で二八センチであり、柳原さんの足は二四・五センチだった。この違いを無視した捜査について判決は、「消極事実の無視、又は過小評価したと言わざるを得ない」と捜査姿勢を批判した。

判決は柳原さんが刑の執行を終えた後、仕事に就こうとしてもつけなかったことなどを認定して、「原告は再審無罪確定後も有罪判決や服役の影響が消えず、心的外傷後ストレス障害（PTSD）を発症し、現在も苦しんでいる」と認めて慰謝料の支払いを命じた。

被告県（警察）側の違法性は明確に認めたものの、被告国（検察）および個人被告の長能、松井両氏については、「国賠法一条は公務員個人の賠償責任を規定するものではない」として違法性は認めず、請求を棄却した。警察捜査を指揮、監督すべき検察官の責任に関しても、「被告松井が警察の違法な取調べを認識できたとは認められない」などとして違法性を認めなかった。これまでの国賠で公務員個人の責任は下級審では認められても上級審ではことごとく却下されてきた判例が、また増える悪い結果となった。

判決は、柳原さん逮捕後も同じ手口の事件が続発したのに捜査を見直さなかった点にも違法性を認めなかった。この裁判では、捜査員たちに対する証人尋問で、柳原さんが逮捕された後に、電話をかけ一人でいるのを確認、刃物を突きつけ目隠しをして手を後ろ手に縛る、犯行後は百を数えさせて逃げるという氷見事件の手口と類似した強かん・強かん未遂事件が相次いだことが分かった。このうち、鳥取県や石川県などで起きた事件で氷見事件の真犯人が立件されている。国賠裁判の証人として出廷した松山美憲氷見署長（当時）は「（手口などが）似ていると思った」「関連があると思った」と証言。県警捜査一課の澤田章三課長補佐も、柳原さんの逮捕後の二〇〇二年五、六月に石川県内で同じ手口の事件が起きて、石川県に出張し捜査したことを認めた。氷見署署長、県警捜査一課長らの会議も開かれ、性犯罪被害者のケアを担当し、柳原さんの冤罪事件での被害者二人を取り調べた女性巡査も同年八月の事件の後、氷見事件と同じ手口で同一犯人ではないかと指摘していたことも分かった。しかし、澤田氏が「似たような事件が起きるものだ」と強調して、そういうものかとなって捜査は打ち切られた。署長が捜査会議で疑問を呈するほどの疑問だったが、県警本部は「氷見事件は既に解決したから関係ない」と判断して、捜査を打ち切った。裁判で違法捜査を指摘された県警の長能氏ら捜査官はいまだに処分もされず、氷見事件の捜査で表彰されたままになっている。

三月九日の判決の後、午後二時から富山県教育文化会館で柳原さんと弁護団の記者会見を取材した。

奥村回弁護団長は「判決は被告の県に対し違法捜査を認定し賠償を命令したが、個人被告、国については認めなかったのは残念である。県に関し、被害者に対する面割りなどの捜査方法が違法と認め、取り調べでの誘導に暴行や脅迫と同じレベルの違法性を指摘しており、評価できる。PTSDも認定し、遺失利益と慰謝料をかなり高額で認めたのも評価できる。しかし、無実証拠の無視を違法と認めなかったのは残念。最大の問題点は、非常に検察に甘いことだ。警察の捜査をチェックすべき検察が、通話記録や虚偽自白誘導などを無視して起訴した責任は重いはずだ。検察の責任を問わないのは警察捜査をチェックする必要はないということか」と表明した。また、「この訴訟の意義としては、法制審議会『新時代の刑事司法制度特別部会』で捜査の可視化が議論され、不十分だが実現することになった」と強調した。

柳原さんは「個人被告と検察の違法性が認められなかったのは残念だが、誘導による取り調べが違法として問題点を指摘し、県警の責任が認められた点は、自分として成果があったと思う。真相はまだ解明されていないので、不満はある。点数をつけるとすれば、判決は五〇点だ」と述べた。

支える会のメンバーは、国賠訴訟が最終段階に入った二〇一四年一一月、柳原さんを犯人に仕立てるために虚偽の証拠を作成した警察官四名を刑事告発した。告発は、附木邦彦（靴発見の報告書）、西野友章（引き当たりで案内できたとする実況見分調書）、そして澤田章三（県警捜査一課の課長補佐として連続強姦犯人は別人であることが暴露されることを防ごうと画策）、長能善揚（柳原さんを取調べ自白させた）の四名である。虚偽公文書作成・同行使および偽証を問うものだ。地検に厳正な捜査を望む。

山際永三氏は「警察は、無実証拠を無視すると同時に有罪方向の証拠をでっち上げていた。その典型例は、捜査員・附木邦彦氏が、駐車してあった柳原さんの車を覗いたところ犯行に使われた靴が車の中に置いてあったという捜査報告書だ。判決はそれを単なる見間違えだと、証拠に基づくことなく認定した。同じ責任を免れない富山地検に対して警察官を告発するという私たちの行為が矛盾をはらんでいることは百も承知の上である。富山県警は、氷見事件について全く処分者を出しておらず、表彰したままになっているという。このままでは賠償金を払って終わりということになりかねず、富山県警の無責任体質は変わることなく、再び冤罪が作り出されることは間違いない」と話している。

テレビ各局は三月九日の判決を富山地裁から中継で全国ニュースとして伝え、新聞各紙は九日夕刊で判決の要点を速報。一〇日朝刊で記者会見の様子などを、《「虚偽の自白作り出した」／富山の冤罪　県に賠償命令》（朝日新聞）、《違法性認められ成果／柳原さん／氷見冤罪　県に賠償命令》（読売新聞）、《強姦冤罪事件　県へ賠償命令／捜査の違法性認定》（毎日新聞）という見出しで報じた。

各紙が記者会見で柳原さんに聞いたのは「今の思い」「感想は」という質問ばかりで、この判決が検察の冤罪加担責任を不問にしたことを取り上げた記事は全国版記事にはなかった。判決を報じたテレビと新聞は、被告の長能氏と松井氏の氏名を全く書かず、仮名報道に徹した。これは再審裁判の開始以降、徹底している。

判決後の会見で、私は柳原さんの逮捕直後の実名・犯人視報道の影響について弁護団の見解を聞いた。奥村弁護団長は、「警察情報だけに依存した犯人視の実名報道記事によって、柳原さんの家族にも犯人と思い込ませ、友人たちにも支援をしにくくさせた。当時の弁護士も同じように予断を持ってしまった。こうした報道は改善されるべきだ」、前田祐司弁護士は「日本弁護士会が前々から提言しているように、犯罪報道は匿名原則にすべきだ」と述べた。

柳原さんは筆者の取材に「テレビ番組に生で出た時、いつも、刑事の実名は言わないでほしい、と釘を刺された。（マスコミは）警察を批判すると情報をもらえなくなるから、警察の違法捜査を批判できない」と話した。

不当逮捕された被疑者の氏名は報道しても、裁判で違法捜査と認定された捜査官の姓名は伏せる。これが「公権力監視のために不可欠な実名報道主義」の現実だ。

柳原さんは「マスコミも、今は誰も来ない。騒ぐだけ騒いで後は、何も言ってこない。違法捜査を指摘された警察官は何のお咎めもなく、県（県警）だけがトカゲのしっぽ切りのように、賠償金を科せられた。記者たちは捜査官の責任を追及すべきだ」と話している。柳原さんを犯人にしたのは捜査当局だけではない。「犯人逮捕」で事件が解決したかのように報道するメディアの構造を変えるべきだ。

公安の総聯弾圧を批判しない日本メディア——2015.3

五年前の朝鮮民主主義人民共和国（朝鮮）からのマツタケ輸入をめぐる事件で、在日本朝鮮人総聯合会の許宗萬（ホジョンマン）議長、南昇祐（ナムスンウ）副議長の自宅が強制捜索されたことについて、日本のマスメディアは一般刑事事件報道として公安情報を垂れ流した。

京都府警外事課と神奈川、島根、山口の三県警の合同捜査本部は三月二六日、朝鮮から二〇一〇年九月二四日にマツタケ約一二〇〇キロを上海経由で中国産と偽って輸入したとして、外為法違反（無承認輸入）の疑いで、東京都台東区の貿易会社社長（六一）と社員（四二）の二人を逮捕し、「関係先」として、許議長の東京都杉並区の自宅などを家宅捜索した。

許議長の自宅には早朝から「京都府警察」などと上着の背中に書いた捜査員が家宅捜索に入った。全員マスクをして顔を隠している。報道ヘリが上空を飛び、各テレビ局のカメラが捜査員の姿を撮影して、オンエアした。公安警察が捜索を事前にリークしていたのだ。

安倍晋三政権は捜索の五日後の三月三一日、対朝鮮制裁の二年間延長を閣議決定し、四月三日には首相が拉致被害者家族と一年ぶりに面会した。

京都地検は四月一六日、議長宅捜索の元とされた事件の被疑者二人を処分保留とした。証拠がなく起訴できなかったのだが、捜査本部は同日、二人を外為法違反（無承認輸入）の疑いで再逮捕した。再逮捕の嫌疑は一〇年九月二七日（一回目の逮捕の三日後）、朝鮮産マツタケ約一八〇〇キロを不正輸入した疑い。二人は処分保留になった時点で、釈放されなければならなかったが、捜査本部は類似事件で再逮捕し拘束を続けた。この種の再逮捕は、「一事不再理」の原則に違反していると思う。

許議長の会見の模様はネットの動画でも見ることができる。議長は「無法、異例的、奇襲的、非人道的で刑事訴訟法にも違反したファッショ的な政治弾圧」と批判。許議長は記者に対し、「関係がないから押収品も全くない」と断言した。記者たちが「何か運び出していたが」と聞くと、議長は「中身は空っぽ。捜査官は、段ボール二箱に自分たちのカバンを入れて、持って行った。みなさんに、あたかも押収品があったように見せるためだ。警察はこういうことをやるのです」と答えた。

無法、不当な捜索を報じた日本の主要新聞を読んだ。捜査本部と最も癒着しているのが京都新聞だ。同紙は三月二六日夕刊社会面の《北朝鮮マツタケ密輸　2人逮捕　総聯議長宅捜索　容疑で府警など》という白抜き見出し三段記事の中で、《捜査本部は昨年5月、東方の他、東京都内の輸出会社など十数カ所を家宅捜索し、関係資料を押収。捜査関係者によると、押収資料を分析する中で、許議長が署名したとみられる書類など朝鮮総聯の関与をうかがわせる資料が見つかったといい、朝鮮総聯幹部の指示がなかったか慎重に捜査を進める》と書いた。

また、毎日新聞（大阪本社）は翌二七日朝刊で《マツタケ産地偽装：不正輸入、総聯議長の関与を示唆　会社捜索押収書類》の中で、《押収した書類を調べたところ、許議長の関与をうかがわせる記述が見つかったという。これを受け、総聯の関与を裏付ける目的で、26日に許議長宅に異例の家宅捜索に入ったとみられる》（岡崎英遠、村田拓也両記者の署名入り）と報じた。

この種の情報は、私が見た限りでは、他紙には載っていない。

京都新聞には《許議長が署名したとみられる書類》に関する続報がない。《慎重に捜査を進める》とあるが、許議長らの自宅の捜索など一連の強制捜査は《慎重》な捜査と言えるだろうか。記事の情報源として書かれている《捜査関係者》とはどういう人物か分からない。記者会見、囲み取材、夜討ち朝駆け取材なのかも不明だ。この情報について、当事者である許議長、被疑者二人（どこに拘束されているか記事にはない）に取材しているとは思えない。

新聞各社の記事には、二人の逮捕状と総聯議長宅への捜索差押令状を発付した裁判所名と裁判官の名前が全くない。逮捕状を執行した捜査責任者、取り調べた検察官、勾留を認めた裁判官の役職、姓名もない。被疑者は実名で、公権力を行使している公務員の役職、姓名をなぜ報道しないのか。

捜索に立ち会った弁護士によると、議長宅などの捜索差押許可状を発付した裁判官は、京都地裁判事補の合田顕宏裁判官だ。

毎日新聞の三月二七日の記事には京都支局記者二人の署名があるが、他社の記事には署名がない。「書かれる側」は実名で、「書く側」は名前を伏せるのは不公平だ。

京都新聞に四月一九日、質問書を送ったところ、四月二一日にファクスで回答があった。回答者の氏名はなかった。

許議長らの自宅の家宅捜索など一連の強制捜査は《慎重》な捜査と言えるかという問いには、「記事は、捜査当局が慎重に捜査をしている、という意味です。家宅捜索という手続きそのものが慎重さを欠くか、欠かないかを評価する記事ではありません」と回答した。《捜査関係者》とはどういう人物か、取材方法は会見、夜討ち朝駆けなのかという質問には、「取材源の秘匿のため、お答えできないことはご理解いただけると存じます」と答えた。当事者である許議長、被疑者二人に取材しているのかという問いには、「許宗萬議長の捜索終了後の談話を紙面に掲載し、被疑者二人の認否を報じています」と回答。

京都地検が二人を処分保留としたことについての質問には、「四月一六日付の処分保留については報じていません。再逮捕の被疑事実が『一事不再理』に違反するかどうかに関してはお答えできません」と回答。二人の逮捕状、捜索差押令状を発付した裁判所名と裁判官の名前をなぜ報道しないのかとの問いには「公権力を行使している公務員の役職・姓名を報じるかどうかは、その都度、判断しています」と答えた。

毎日の記事には記者の署名があるが京都新聞にはないのはなぜかとの問いには、「掲載した記事の責任は京都新聞社にあります」と回答した。

公務員が地元紙に語ったことがなぜ情報源の秘匿に当たるのか。会見か、個別取材かなどを聞いているのであり、取材源の秘匿対象ではない。書かれた議長にとっては名誉棄損に当たる報道だ。被疑者二人（弁護人含め）へ直接取材したかを聞いているのに答えていない。二人の「認否」も警察官を通じての認否で真実は分からない。議長の署名がある書類があったという記事に関して、議長に取材しているかどうかを聞いているのに答えていない。

今回、許議長の捜索終了後の記者への会見で、付き添った弁護士が記者団に「捜索差押状を発付した裁判官も問題だ」と言っているのに、なぜ裁判官を顕名報道しないのか。これでよく権力チェックと言えると思う。

記事の責任がどこにあるかを問うているのではなく、誰が記事を書いたのかもニュースの基本ではないかと聞いた。京都新聞社は、《許議長が署名したとみられる書類など朝鮮総聯の関与をうかがわせる資料》が見つかったという記述の責任をとってもらいたい。

読売新聞は四月一日の《対「北」制裁延長 拉致問題進展へ手段を尽くせ》と題した社説で、《京都府警などは、制裁の禁輸対象である北朝鮮産マツタケの不正輸入を摘発した。関連先として在日本朝鮮人総聯合会（朝鮮総聯）議長の自宅も捜索した。捜査当局が違法行為の解明を適正な手続きで進めるのは当然と言える》と書いた。安倍自公政権の広報紙らしい決め付けだ。

この事件を振り返ると、そもそも、日本が朝鮮の核実験に伴い〇六年一〇月以降、朝鮮との輸出入を全面禁止にしていることに問題があると思う。もし立件したのなら、身柄をとる必要は全くないと思う。小渕優子議員の政治資金規正法違反事件では二人は書類送検での起訴だった。

朝鮮は四月二日、議長宅への家宅捜索などに抗議する通知文を日本政府に送り、「重大な政治的挑発と国家主権侵害行為が度を越えている」「このような状態では朝日政府間の対話もできない」と非難し、日本政府に説明と謝罪を求めた。これに対し、安倍晋三首相は四月三日、拉致被害者家族会のメンバーと官邸で会い「日朝協議中断を示唆した北朝鮮の通知文をわが国としては全く受け入れることはできない。今後とも毅然として対応する」と述べた。

ストックホルム合意で日本側は日本側の行動措置として《不幸な過去を清算し、懸案事項を解決し、国交正常化を実現する意思を改めて明らかにし、日朝間の信頼を醸成し関係改善を目指すため、誠実に臨むこととした》と約束している。

朝鮮の最高人民会議の代議員を務める総聯議長、副議長宅への強制捜索が両国間の信頼関係を破壊する政治弾圧であることは明白だろう。

日本の報道機関は、京都府警などの捜査が誰の指示で行われたかを取材して報道すべきだ。また、報道機関は、米国がキューバと国交正常化に向かう中、日本の敗戦から七〇周年の今年こそ、朝鮮半島の北半分を占める主権国家と人民との間で、日本帝国主義が四〇年に渡り朝鮮を侵略・強制占領した過去の清算を済ませ、国交正常化を実現すべきだという問題提起を政府と人民にすべきだ。

「信頼できる広報官」鵜呑み取材の現場証言 ―――― *2015.4*

一五年四月二二日、現在は介護福祉士をしている佃治彦さんのメディア訴訟の第一〇回口頭弁論で、朝日、毎日、中日の記者三人が東京地裁（阪本勝裁判長）で証言した。記者三人と佃さん、合わせて計三時間半にわたる証言だった。この裁判は日本で初めての一般刑事事件の「実名報道」メディア訴訟で、〝サツ回り〟記者が証人喚問されたのは意義深い。

報道界は、捜査当局の身柄確保を実名掲載の根拠とする実名報道主義を擁護する理由として、「警察の権力行使のチェック」を挙げてきたが、三人の証言で、大新聞の記者たちには権力監視の構えなど全くないことが浮き彫りになった。

証言を前に、朝日、毎日、中日三社は記者三人の陳述書と共に、愛知県警中署が偽造有印私文書行使容疑で佃さんを逮捕した当日の二〇一〇年二月一〇日午後三時に、「張り出し」で発表した「記者クラブ通報メモ」を書証として提出していた。県警の公式発表どおりに記事を書いたと主張するためだ。

三社の記事に共通する誤報は、①県警発表では佃さんの職業が「会社役員」となっていたのに「自称コンサルタント」と書いた、②逮捕の元になった女性の民事訴訟を発表の「連帯保証債務請求事件」ではなく「損害賠償請求訴訟」とした――という二点である。三社ともいまだに佃さんが不起訴になった事実を伝えていない。三社とも誤報を訂正せず、謝罪もしていない。

口頭弁論では、記者三人と佃さんが裁判官の前に並び、「真実を述べる」などという誓約文を読み上げた。佃さんの声だけが大きく明瞭で、三人は佃さんにリードされて小声で読み上げた。

最初に証言した毎日の中村かさね氏は同社代理人の木屋弁護士による主尋問で、「県警の発表後、中署広報担当官に電話で、佃さんの会社名と役員名を聞いた。具体的に言及することなく『自称コンサルタント』と答えた」と述べた。

原告側木下渉弁護士の反対尋問で、「記事に間違いがあれば、謝罪・訂正が必要ではないか」と聞かれたのに対して、「今回の場合も、もう少し時期が早ければ必要があったと思っている」と答えた。「あなたは記事を書く時に、警察の公式発表と、電話で担当官に非公式に聞いたことを区別して書かないのか」との質問には「区別はしていない」と回答した。毎日の準備書面に「本件記事はあくまで公式記者会見の発表のみを報道したもの」と書いてあることについては、「担当官に毎日新聞記者を名乗って取材しているので、担当官から得られた回答もある意味、公式発表と考えていい」と述べた。

中村氏は「日頃からコミュニケーションをとって信頼関係を築いている広報担当官から通常どおりの取材

で、信頼できる回答を得たので、弁護士への取材などの追加取材は不要と判断した」、「捜査官は詳細に教えてくれたので、自信を持っており固いと感じたので記事にした」と述べた。

左陪席の大曽根史洋裁判官は「毎日新聞では、警察発表と警察署の広報官の取材以外の取材はしないのか」、「広報担当官が自信を持っているというのはどういうことで判断するのか」などと質問を浴びせた。中村氏から明確な返答はなかった。

木下弁護士は「広報官が詳しく話してくれると自信があると判断するというが、記者に様々な情報をリークして、自信のない事件で自白をとるために強要する危険性があることは知っているか」と質問。中村氏は「このような事件ではなく、もっと大きな事件ではそういう危険はある」と答えた。

次に証言した中日の奥田哲平記者は、自由人権協会代表理事でもある喜田村洋一弁護士の主尋問に、「中警察署の刑事課課長代理に電話取材した。副署長が広報責任者だが、中署は事件が多く、忙しいため、各課の課長代理が対応することがある」。「広報責任者から、自称とか、会社役員だが不明な点があるとか言われたことはあるか」と聞かると、「はっきりした記憶はない。ただ、広報官が言ったから自称と書いたと思う」と答えた。

実名掲載の理由に関しては、「新聞は、逮捕事件では実名が原則。問題にされている記事は、犯罪をおかしたと断定したわけではない。逮捕されたという事実を報道した」と弁明した。

最後の証言者は朝日の相原亮記者だ。佃さんは釈放後の二〇一〇年四月下旬から三社に対し、質問書を送るなどして交渉した。朝日だけは記事を書いた記者の姓名を明らかにしていなかった。

相原氏は西脇健人弁護士の主尋問で、「警察以外の取材はしていない。逮捕の報道が目的だったので、警察取材で十分だ」と述べた。

朝日の記事は、別の詐欺容疑逮捕事件とセットの二段の囲み記事になっており、《偽造見破ったり!》という見出しが中央にあった。相原氏は「見出しはすべて整理部が付ける。見出しは他の取材もある現場では分からない。囲み記事になったのは今回の訴訟になって初めて読んだ」と表明した。

相原氏は、原告代理人の高柳孔明弁護士から朝日の事件小員会が発行した『事件の取材と報道』について聞かれ、「読んでいない」とあっさり答えた。同書が「○○を殺害」などの断定的な見出しは避けるべきと定めていることに関し、「それは原則。趣旨は理解するが、それを墨守するとかは言い切れない」と答えた。「公権力の行使を報じたと言ったが、この逮捕も公権力の行使。中署が逮捕したものの不起訴になったということは、権力行使が誤ったということではないか」という追及には、「ケースバイケース」とだけ答えた。「毎日の記事には記者の名前がある。記事の正確性のためには記者の氏名があった方がいいのでは」という質問には、「必ずしもそう思わない」と返答した。

大曽根裁判官が「公式発表メモでは連帯保証債務なのに、広報担当官が損害賠償請求と言ったのでそう書いたのか」と聞うたのに対し、「記事に損害賠償請求と書いたので、そう聞いたのだと思う」と返答した。

阪本勝裁判長は「『連帯保証の請求』と『損害賠償の請求』は法的性質としてはかなり違う。法的な知識をどの程度持っていたのか」と聞いた。相原氏は「覚えていない」と回答した。

記者三人の証言後に証言台に立った佃さんは「取り調べの刑事に、『あなたの名前も入れて新聞報道したのは、お前の悪行三昧の情報を得るためにやったのだ』と言われた」と述べた。「不起訴後に、被告三社に手紙を書いた。抗議ではなく、きちんとして取材してほしいと思った。(佃さんが不起訴報道を自分から断ったかのように被告側は言っているが)それは全くない。匿名で報道するのは構わない。私は三社の記事で殺されたようなものだ。新聞社は謝ってほしい」。

中日の代理人喜田村弁護士は、かつてロス銃撃事件の三浦和義さんを弁護したが、佃さんが起こしている国賠訴訟で提出した陳述書に、佃さんがかつての提携先のグループ会社が破産したことを記述していると指摘。生活困窮の原因は不当逮捕、実名報道被害以外にもあるのではないかという情報操作を狙った弁論を展開した。

大曾根史洋裁判官は「最終的に釈放されたが、『あなたの会社とは取引しない』とか言われたか」と尋ねた。佃さんは、「直接言われることはなかったが、捕まったことでクライアントとうまく連絡がとれなくなった。そこへ電話したりすることでまた捕まるのではという恐怖があった。取引がなくなり、会社は自然消滅した」と答えた。

新聞社代理人が「逮捕されたら実名、住所を出す」「警察の公式発表だけで記事を書いた」と居直る記者を擁護する姿勢を見て、情けないと思った。日弁連は「報道と人権」で二度人権大会を開き、被疑者の原則匿名を繰り返し提言した。

三人は広報官の実名を明かさなかった。中署の幹部は六月一日、「課長代理は複数いるので、誰か分からない」と話している。

＊佃さんのメディア訴訟は、七月八日結審した。その後、裁判所が三回和解のための進行協議の場を設け、新聞三社に和解案の提示を求めた。しかし、佃さんは「本件による最大の争点は実名犯罪視報道による人権侵害であり、謝罪なしに、また数十万の賠償金では和解できない」（七月二九日付上申書）として、判決言い渡しを求めている。

Ⅲ○原発報道の犯罪

▲…チェルノブイリの保育園跡地で

東電福島原発「事件」から四年

■何ごともなかったように

東電福島原発事件から四年五カ月が経った。しかし、政府が出した非常事態宣言は今も続いており、一二万人以上の被災者がふるさとに戻れず、困難な避難生活を強いられている。「3・11」は日本人に対し、経済成長至上主義、地方軽視、ジャーナリズムの衰退などについて根源的な問題提起をしたと思っていた。自分たちの生活や社会経済システムを変革しなければならないと、日本人も目を覚ますのではと期待した。ところが、原子力マフィアが完全に復活、新たな原発安全神話が生まれてしまった。被災地以外の日本では、原発事件はまるでなかったように昔に戻った。

一三年九月以来、原発稼働ゼロが続いていたが、電力に何の不自由もなかった。電力各社は一五年夏、節電を呼び掛けたが、節電の数値目標は設定されていなかった。全国のすべての原発は止まっているのに、それでも電力は賄える見込みだったからだ。

ところが安倍自公政権はこの現実を無視し、「３・11」の教訓を省みず、「エネルギー基本計画」で原発を「重要なベースロード電源」と位置付け、再稼働に向けた暴走を突き進んだ。新規原発の建設まで口に出す始末だ。

原子力規制委はこれまでに九州電力の川内原発一、二号機（鹿児島県薩摩川内市）、関西電力の高浜原発三、四号機（福井県）を新基準にもとづく審査に「合格」させ、四国電力の伊方原発三号機（愛媛県）についても、原子力規制委員会は、安全対策が新しい規制基準に適合しているとする審査書を、七月一五日の会合で決定した。

九州電力は七月七日、川内原発一号機の原子炉に核燃料を装填する作業を始めた。東電福島原発事件を受け施行された新規制基準下で全国初となる再稼働に向け、準備は最終段階に入った。そして九電は、ついに八月一一日、再稼働を強行した。

安倍首相は、事故を経験したから世界一の安全基準だなどと信じがたい言説で、「成長戦略」の一環として、みずからのトップセールスで、原発輸出の先頭に立っている。

共産党の塩川鉄也議員は七月一日の衆院内閣委員会で、首相が大企業幹部らを海外に同行させ、「トップセールス」を繰り返していることを批判した。しんぶん赤旗によると、これらの外遊では、原発メーカー幹部を同行させ、トルコ、アラブ首長国連邦など中東諸国と原子力協定を相次いで締結。中南米では、経済連携協定（ＥＰＡ）・環太平洋連携協定（ＴＰＰ）により日本企業の投資環境を整備するよう要請している。同行させる企業・団体は、安倍首相の意向で首相官邸が「一本釣り」で勧誘。実利につながる大企業を政府専用機に同乗させ外遊を頻繁に行っている。外務省担当者は「第二次安倍内閣以前に、政府専用機に民間人をのせ、総理外遊を行ったことはない」と認めた。

■「コントロール下」にあるのは記者クラブメディアだ

安倍首相の東京五輪招致の国際オリンピック委員会（ＩＯＣ）総会でのウソ発言をマスメディアが容認してきた罪は重い。

アルゼンチンのブエノスアイレスで一三年九月八日朝（日本時間）開かれたＩＯＣ総会で「二〇二〇年東京五輪」開催が決まった。総会では、トルコ・イスタンブール、東京、スペイン・マドリードの順に最終プレゼンテーション（招致演説）が行われた。

安倍晋三首相は総会の演説で、海外で東京電力福島第一原発の汚染水漏れ問題が取り上げられる中、「福島について心配している人たちがいると思うが、（原発の）状況はコントロールされている、と私は確信をもって申し上げる。東京にダメージが与えられたことはこれまでもなく、また今後も決してない」と語った。

演説後の質疑で、ゲルハルト・ハイベルクＩＯＣ理事（ノルウェー）は安倍氏に対し、「総理は福島（原発事故）が完全にコントロールされ、東京には影響がないと言ったが、何を根拠にしてそういうことが言えるのか。専門的、技術的な観点から明確に答えてほしい」と聞いた。

安倍氏は「日本語で答える」と前置きして、用意していた次のような回答を読み上げた。

「新聞の見出しだけで判断しないで、事実をきちんと見てほしい。実際には、全く何の問題もない。汚染水による影響は、福島第一原発の港湾内〇・三平方㎞の範囲内で完全にブロックされている。（放射能汚染の）健康問題については、今までも、現在も、そして将来も全く問題ないということをお約束する。さらに、完全に問題ないものにするために、抜本解決に向けたプログラムを私が責任を持って決定し、既に着手している。実行していくことを、はっきりお約束申し上げたい」。

安倍氏は、「日本の食品や水の安全基準は世界で最も厳しい」とも説明した。

私は、これほど破廉恥なウソを国際会議で言い放つ国家指導者を見たことがない。ジャーナリストは記者会見で、「あなたは正気か」と聞くべきだが、東京誘致成功を賛美するバンザイマスゴミの社畜たちは、プレゼンの「見事さ」を賛美するだけだった。

ハイベルク氏は、環境保護を重視したリレハンメル冬季五輪（一九九四年）組織委会長で、長くIOC委員を務め、九月一〇日にJOC新会長に決まったバッハ氏（ドイツ）の信頼が厚い。ハイベルク氏は、汚染水問題だけでなく、福島原発事故が本当に収束していると言えるのか、と聞いたのだ。

安倍氏は、ハイベルク氏の適切な質問に、「新聞の見出しだけを見ないでほしい」と、メディア批判をした。汚染水問題は海外の報道機関が騒いでいるだけだ、と言いたいのだろう。大阪市長の橋下徹氏の手口とそっくりだ。

■五輪への反対は「非国民」？

ハイベルク氏は、報道に影響されて聞いているのでは全くない。「原発を持たない」と決めているノルウェーの知識人としての、真摯な質問だ。安倍氏をヨイショする内閣記者会の記者たちと海外のジャーナリストは、全く違う。安倍発言は二〇二〇年まで、海外ジャーナリズムの調査報道の対象になる。

東電・福島第一原発の大量の汚染水流出問題は、日本の原子力規制委員会自らが「レベル3」の重大な異常事象と確認する非常事態だ。東電は、これまで何度も高濃度汚染水を海に垂れ流している。毎日四〇〇トンを超える汚染水が地下に流れている。日本の海は外国の海とつながっている。かつてチェルノブイリがそうだったように、フクシマも全地球的問題になっている。

誘致決定のテレビ中継を見たが、東京誘致の成功をみんなで喜ぼうという大本営発表報道だ。都内でバカ騒ぎする若者たちを見て、情けなくなった。自分たちの払う税金が五輪に投入され、社会保障、教育の予算が削られることを考えもしない。

テレビと新聞は、安倍氏のプレゼンでの自信に満ちた姿勢がＩＯＣ委員を説得した、と持ち上げた。一〇日の朝日新聞は、一面トップで《結実　チームジャパン》《人脈・笑顔　入念な戦略》との見出しを掲げて、安倍氏が第二次政権を発足させて以来、五輪招致を「アベノミクスの第四の矢」と位置付けてきた、と書いた。

今なお一二万人が故郷と仕事を失い、避難生活を送っている。地震の被災者が仮設住宅で暮らしている。なぜ東京五輪に三兆円の金を投入し、使用後は高級マンションになる選手村を建設するのか。東京湾の放射能汚染は大丈夫なのか。東日本の被災者、原発事故被害者の声は、当初全く出なかった。ＴＢＳの「報道特集」「サンデーモーニング」で取り上げたくらいだ。

新聞各紙も「汚染水の問題で切った見栄を忘れまい」という程度の指摘で、安倍氏の発言の全文も載せない。ハイベルク氏の氏名を載せた新聞もなく、質問内容も「汚染水問題で質問した」というだけだった。

「アラブ・イスラム世界のイスタンブールで開催するのがいいのでは」という日本市民も、少なくなかったと思う。東京五輪に反対する声はかき消され、五輪決定を否定的にとらえる人は「非国民」扱いにされる雰囲気が醸成された。

ＩＯＣ総会では、高円宮妃久子氏が東京のプレゼンの前に登壇し、「ＩＯＣの支援は、日本の子どもや若者たちに希望をもたらしてくれた」と、東日本大震災の被災地への支援に感謝を述べた。続いて、元パラリンピック選手の佐藤夏海氏（宮城県気仙沼市出身）、猪瀬直樹東京都知事、ニュースキャスターの滝川クリステル氏、招致委の竹田恒和理事長や水野正人専務理事、フェンシングの太田雄貴選手も登壇した。

久子氏は東京の演説の間、席にとどまった。久子氏の演説は皇室の政治活動であり、憲法違反なのに、日本テレビ系の「ミヤネ屋」で、竹田圭吾・元『ニューズウィーク日本版』編集長は、「皇室は持たれるものが違う。登場されただけで、その場の雰囲気ががらりと変わった」、キャスターは、「これからこういうふうに皇室のみなさんに出てもらいたい」と語った。門地で人を区別するのは、人権の否定だ。テレビ文化人は、「海外では王室がプレゼンするのは当たり前」と言っていたが、日本国憲法は皇室の行動を厳しく制限しているのだ。

安倍氏は、総会後の会見でも「（放射能による）健康への問題は全くない」と断言した。

安倍氏の「日本の食品安基準は世界で最も厳しい」という発言も、事実に反している。米国の食品安全基準はかなり厳しく、日本の食品の多くが米国では輸入禁止になっている。チェルノブイリ事故の影響を受けたベラルーシは、一部の食品の基準が日本より厳しい。

日本のメディアは、「福島原発の汚染水問題で、日本より海外の方が敏感」と繰り返し報じたが、日本の市民が福島原発の現状に無関心なのは、メディアが福島の真実を報道していないからだ。

私は一三年八月末、ゼミ学生と一緒にインドネシアを訪問したが、ジョグジャカルタとバリ島の大学生たちは、「汚染水問題がある福島原発は大丈夫か」「日本の首相はなぜ韓国、中国の首脳と会談できないのか」と私たちに聞いた。

竹田氏が総会で「東京は福島から二五〇キロも離れている」と言ったのは、大問題だ。猪瀬東京都知事も、誘致活動で何度も「福島から遠い」と強調していた。両氏は、福島が危険だと認識しているから、そう言うのだろう。

安倍氏の総会での発言の後、東電の山下和彦フェローは九月一三日、「今の状態はコントロールできていない」、「想定を超えてしまうことが起きていることは事実」などと語った。また、猪瀬知事は九月二〇日の記者会見で、汚染水問題で「今は必ずしもアンダーコントロールではない」と述べた。

■五輪どころではない

東京五輪決定の前日放送されたＴＢＳ「報道特集」で、福島の避難民は、「われわれは棄民だ」、「五輪なんてどこの国のことか」と嘆いていた。

毎日新聞（三村泰揮記者）によると、原発事故で全域が避難区域に指定されている福島県浪江町の町議会は同じ二〇日、「事実に反する重大な問題がある」とする抗議の意見書を全会一致で可決した。意見書は、「一日推計三〇〇トンの汚染水が流出している深刻な事態。浪江町だけで震災関連死が二九〇人を超えている。福島を軽視する政府・東電に、憤りを禁じ得ない」などと訴えている。

内外から安倍発言に疑問の声が上がり、風刺漫画でも取り上げられた。ところが、安倍氏は、総会でのウソ発言を謝罪・撤回もせず、一九日に福島原発を視察した際も、コントロールされている、と言い放った。

私が見た限り、毎日新聞（二一日）しか報じていないのだが、安倍氏は九月一九日に現地を視察した際、放射性物質による海洋への影響が抑えられていると説明する東電幹部に、「〇・三（平方キロ）は（どこか）？」と尋ねたという。安倍氏は「〇・三平方キロ」の位置も確認せずに、官僚が用意した文書を読み上げただけなのだ。

全く許せないことだが、首相がＩＯＣで福島原発についてウソを発した翌日の九月九日、検察当局は東電福島原発事故をめぐり、業務上過失致死傷などの疑いで告訴・告発された東電幹部や政府関係者ら四二人全員を不起訴処分にし、発表した。記者クラブメディアが〝東京五輪万歳〟の翼賛報道を展開する中で、どさくさに紛れての不起訴発表だった。

検察当局者は仮名で、「刑事責任を誰にも問えない」などとコメントしている。メディアは、もともと「起訴は困難」と強調していた。国会の事故調査委員会は、「東電や規制当局は対策を意図的に先送りした。事故は人災だ」と明確に指摘していた。十分な捜査が行われた、とは到底言えない。

検察は専門家任せにせず、自分の目で原子炉格納容器の状態を確認してから結論を出すべきである。「専門家らから直ちに対策を講じるべきだ、との指摘はなかった」と結論づけをしているが、これは単なる伝聞や臆測、推測にすぎない事実もどきであり、事実ではない。

東京第五検察審査会は七月三一日、東電の勝俣恒久元会長ら三人について、業務上過失致死傷の罪で強制起訴すべきだとする二度目の議決を公表した。これを受け東京地裁は八月二一日、検察官役を務める「指定弁護士」として石田省三郎、神山啓史、山内久光の三弁護士を指定した。

五輪報道を振り返ると、五輪は国家ではなく、都市が主催するスポーツの祭典だ、ということが見事に忘却されている。平和の祭典に国が前面に出ていいのか。「オールジャパン」でやるべきは、原発の事故の収束（廃炉）と地元住民の生活再建ではないか。

かつて大阪や名古屋が立候補した時、政府は前面に立っていない。広島市長が誘致を表明した時にも、政権は冷たかった。長野冬季五輪の時、五輪は長野市のイベントだとして、県内の松本市は五輪にまったく関わらなかった。なぜ、今回、「国」が表に出たのか。

天皇制ファシズム体制は、アジア太平洋戦争開戦前に東京五輪の誘致に成功したが、結局中止になった。困窮する民衆をさらに疲弊させる政策を続け、憲法などの法体系を戦前に戻そうとする安倍氏は、総会後の会見で「アルゼンチンを訪れた日本の首相は祖父の岸信介以来で、因縁を感じる」と話した。岸は東条内閣の商工相で、元A級戦犯容疑者だ。

私の友人の元公務員は、「人前で言えないが、今東京で五輪をやるべきではないと思う。中東で初の五輪がよかったのに。豪華な選手村を建設する前に、避難住民に恒久住宅を提供すべきではないか」と言ってきた。

極右靖国反動の安倍自民党と公明党の連立政権が記者クラブと共謀して、「東京五輪」を徹底的に政治利用し、日本のネオファシズム化を進めようとしている。日米軍事同盟廃棄、TPP反対、〝壊憲〟阻止を掲げ、東アジアの人民との共生を目指す日本の人民は、自公政権に抗う広範な戦線を構築したい。

■正義の司法判断、報道の不作為

この間、原発をめぐる裁判で、正義が実現した司法判断がいくつかあった。

東電福島事件による避難生活を苦に自殺した福島県浪江町の五十崎喜一さん（当時六七）の妻栄子さん（六六）ら遺族三人が東電に約八七〇〇万円の損害賠償を求めた訴訟の判決が二〇一五年六月三〇日、福島地裁であった。潮見直之裁判長（西村康夫裁判長代読）は、自殺の要因となったうつ病について、町での豊かな生を喪失したことによる避難生活のストレスが原因と断定。総額二七二一万五〇一六円の賠償を命じた。

地裁判決は「本件事故は、広範囲にわたって居住するには危険とされるほど高い放射線量が観測され、住民が避難を余儀なくされる、わが国の歴史上一度も体験したことのない事故であった」と警鐘を鳴らした。

東電側は、五十崎さんが患っていた既往の糖尿病がうつ病の発症につながったと主張し、請求の棄却を求めていた。原発事故が原因で自殺したとして東電に賠償を求めた訴訟で因果関係を認めた判決が出るのは一四年八月の川俣町山木屋の渡辺はま子さん（当時五八）の遺族による訴訟に続いて二例目である。

判決は、喜一さんのストレスは多額の財産を失う以上に大きな喪失感をもたらしたと推察され、ストレス強度評価で強度3程度かそれ以上だったと認定。東電は、原発事故が起きれば、該当地域の居住者が避難を余儀なくされ、避難者の中にはうつ病をはじめとする精神障害を発病し、さらには自殺者が出現するであろうことについても予見可能だったとして、喜一さんの自殺との間には、相当因果関係があると認めた。

原告の栄子さんは記者会見し「浪江から二本松市に着の身着のままで避難してきました。夫と同じ状況に避難者は置かれています。誰かが発信しないといけないと訴えてきました。東電の謝罪が一度もなく謝ってほしい」と話した。

また、関西電力高浜原発三、四号機（福井県高浜町）の安全性が確保されていないと、住民が再稼働の差し止めを求めていた裁判で、福井地裁（樋口英明裁判長）は一五年四月一四日、画期的な判決を言い渡した。住民側の訴えを認め、関西電力に運転再開の差し止めを命じたのだ。

しんぶん赤旗の報道によると、この判決は、三年二カ月たった今も一四万人もの人々が避難生活を余儀なくされ、先の見えない生活と、命と健康が脅かされている東電福島事件について、「原発の危険性の本質およびそのもたらす被害の大きさは、福島原発事故を通じて十分に明らかになった」と述べて、こうした具体的な危険性が万が一でもあるかどうかの判断を避けることは、「裁判所に課された最も重要な責務を放棄するに等しいもの」であると言い切った。

判決はまた「ひとたび深刻な事故が起これば多くの人の生命、身体やその生活基盤に重大な被害を及ぼす事業に関わる組織には、その被害の大きさ、程度に応じた安全性と高度の信頼性が求められて然るべきである」と指摘。人格権が侵害される恐れがあるときはその侵害行為の差し止めを請求できると断言した。

その上で、大きな自然災害や戦争以外で、憲法上の権利である生存を基礎とする人格権が極めて広範に奪われる可能性は「原発事故のほかは想定し難い」と述べ、そうした事態を招く具体的な危険性が万が一でもあれば、「差し止めが認められるのは当然」と指摘。さらに「いったん発生した事故は時の経過に従って拡大していく」など、他の技術とは全く異なる「原発に内在する本質的な危険」を指摘。大飯原発には、地震の際に核燃料を冷やす機能、放射性物質を敷地内に閉じ込める構造に欠陥があるとして、関電が設定した、想定される最大の地震の揺れ（基準地震動）が「信頼に値する根拠は見いだせない」などと関電側の主張をことごとく退けた。

高浜原発三、四号機は一三年九月定期点検のため運転を停止した。原発周辺の住民は安全性が確保されていないと、再稼働の中止、運転の差し止めを求めてきた。住民が特に問題にしたのが高浜原発で起きると想定される地震の揺れを関電が過小評価しており、万一の場合に使用する外部電源や原子炉冷却用のポンプなどの耐震性が不十分で、東電福島原発で起きたような炉心損傷に至る可能性があるということだった。

判決文は、地震大国日本で、基準地震動を超える地震が大飯原発に到来しないというのは「根拠のない楽観的見通しにしかすぎない」し、「基準地震動に満たない地震によっても冷却機能喪失による重大な事故が生じ得る」なら、その危険は「現実的で切迫した危険と評価できる」とした。また、「電力供給の安定性、コストの低減につながる」など関電側が挙げる運転再開の理由づけについても指摘し、「極めて多数の人の生存そのものに関わる権利と、電気代の高い低いの問題等とを並べて論じる」ことは「法的には許されない」

と厳しく批判した。

福井地裁の判決が、高浜原発の地震のさいの冷却機能や放射性物質の閉じ込め機能に欠陥があると認め、高浜原発の安全性について、「確たる根拠のない楽観的な見通しの下にはじめて成り立ちうる脆弱なもの」と断言したのは、関電の被害想定や対策では事故が防げないことを認めたものである。

仮処分で原発の運転を禁止する決定は初めてだ。仮処分決定はただちに法的効力が発生するため、今後の司法手続きで仮処分の取り消しや執行停止がない限り、再稼働はできない。

裁判所が原発の運転差し止めを命じたのは、二〇〇六年に金沢地裁が北陸電力志賀原発二号機（石川県志賀町）に命じて以来で、東電福島事件後、初の判決だ。国も関西電力も司法の判断を尊重し、再稼働を止めるようメディアは主張すべきだ。

現在全国で、原発の運転差し止めを求める訴訟が一〇数カ所で行なわれている。

福井地裁の樋口裁判官は、一四年五月二一日にも大飯原発三、四号機の差し止め訴訟で、原発から半径二五〇キロ圏内の住民の人格権に基づき、再稼動を差し止める判決を出していた。このときの判決は、「人格権は憲法上の権利である。これを越える価値は他にはない」、「原子力発電所に求められるべき安全性は、万一の場合にも放射性物質の危険から国民をまもるべく万全の措置がとらなければならない」、「一二六〇ガルを越える地震が大飯原発に達する危険がある」、「使用済み核燃料のプールは堅固な容器ではなく、建屋によって囲われているだけである」、「新規制基準適合性による審査は安全を担保しない」、「原発の経済性よりも国民の生活が優先されるべきである。福島原発事故は最大の公害・環境汚染である」などと認定している。

福島の深い反省の下に、国民の生存を基礎とする人格権に基づき、国民を放射性物質の危険から守るという観点から、司法の果たすべき役割を見据えてなされた、画期的判決だった。

■原発の危険性はまだまだ知られていない

政府が原発再稼働の方針を決めた後、あれだけ盛り上がった反原発の市民運動にも陰りが見え始め、今や「原発の本は売れない」(出版関係者)ことになった。原発がなければ経済は発展しないとか、安全基準を満たせば原発を使うべきだという新・安全神話が生まれている。

私は小出裕章さん(一五年三月に京大を退官)らと一緒に開講した関西大学でのリレー講義で「人間の尊厳のために」を担当している。小出さんは、二回の講義で約一四〇人の受講生に、原発は危険なのに、日本はなぜそんなに危険な原発を続けるのかということを分かりやすく話した。

講義では、原発は広島、長崎で投下された原爆をつくった原爆製造(マンハッタン計画)の過程で開発されたことを振り返り、核と原発は英語では"nuclear"なのに、日本では軍事利用では「核」、平和利用では「原子力」と違うもののように訳されていると説明した。「Nuclear Development」は朝鮮民主主義人民共和国、イランがやれば核開発とされ、日本がやれば原子力開発と呼ばれる。ロケット打ち上げも朝鮮がやるとミサイル発射で、日本がやると人工衛星打ち上げになるのと同じだ」。

外務省高官や石破茂衆議院議員(自民党)は、核兵器をいつでも持てるために原発を維持したいと表明している。

膨大に溜まってしまった核分裂生成物、低レベル放射性廃棄物は青森県六ケ所村に埋め捨てにしている。国が責任を持つと決めているが、処理の仕方も分からない状態が続いている。電力会社は戦後生まれてまだ六〇数年しか経っていない若い企業で、三〇〇年後の日本と世界を想像できない。今から三〇〇年前は忠臣蔵の討ち入りがあった時代で、その頃の日本人は今の社会を想像もできなかっただろう。私たちは、自分たちの持つDNAを傷つけてはいけない。かけがえのない個性は、一人一人が違っていい。

小出さんの二回の講義を聞いた上で、原発について受講生がグループに分かれて話合い、七月一〇日の授業で全体討論を行った。最初に報告したグループは「小出さんの授業を聞いたが、原発は必要だという結論に達した。原発を止めると労働者の仕事がなくなる。自治体は補助金をもらっているので、原発を廃炉にはできない」と報告した。

「包丁が危険だからと言って使わないのか。危険を除去して原発を使うべきだ」、「私は長崎の出身で関西の人に比べると、戦争の悲惨さをよく知っている。原発を維持し、核兵器をいつでもつくれる技術を日本が持っていることで、他国からの侵略を阻止でき、戦争を防ぐことになる」、「原発が危険だというなら、都会から遠い南鳥島や、宇宙で月に原発を作ればいい」、「政府が安全だと断言して安心させてほしい」、「事故があったら政府が責任をとればいい」という意見も出た。

もちろん、原発に反対し、再稼働を止めるべきだという的確な意見も出た。ある学生は「政府が責任をどうやってとるのか」、「放射性廃棄物の処理もできないのに、再稼働はすべきではない」と述べた。

高知県や和歌山県の地方都市は、札束攻勢に抗い、原発誘致に反対している。再生エネルギーなど新しい事業を開発すれば、新たな職場の創出ができる。放射性物質の廃棄、放射能を消す技術は今後も開発できそうもない。「錬金術」が敗退したのと同じで、七三年やってきたができない。

私は学生たちに「福島は、電力会社と政府が責任を全く取らず、結局は人民の税金で事件の後始末をしている。長崎の体験を知る人が、核兵器を持つ技術を持っておきたいと言ったが、技術をもっているだけで抑止力になるだろうか。侵略されると分かっても、すぐに実戦で使える核兵器を作れない。抑止力というなら、核武装しかない。しかし、日本のような経済大国が核戦争を起こしたら地球は滅びてしまう。使えない兵器なのだ。また、アジアの中で、近現代史で他国を侵略・強制占領した国は日本しかない。七〇年前に、二〇〇〇万人以上を死に至らしめた国の若者が、敵から攻められたらどうするのかという問題の立て方をするのが間違えている。おそらく、中国、朝鮮の軍事的脅威を念頭にしての発言だろうが、日本帝国主義に一五年、四〇年、侵略され人権を蹂躙された国の政府と国民に、加害国の青年が平気でそういうことを言う感覚が問われている」と述べた。

ある学生は「マスメディアが原発の実態についてほとんど報道していないから、原発の危険性を知らない人たちが多い」と指摘していた。そのとおりだと思う。

メディアは原発問題を報じなくなったが、原発に関する世論はまだ変わっていない。六月中旬の調査（日本世論調査会）をみると、再稼働に賛成が三一％に対し、反対は六三％に達している。新聞など各種の調査でも、再稼働に反対し、脱原発を求める世論が弱まる気配はない。

東京新聞は六月二六日の社説で、《世論は、福島第一原発の事故の反省から再稼働に反対し、政府に対しては中長期的に脱原発を実現する知恵と努力、エネルギー政策の転換を求めていることは明らかだ。政府も電力会社も、国民の声に耳を塞いではならない》と強調した。

東電福島原発事故で、政府は六月一九日、福島県楢葉町に出されている避難指示を八月のお盆前に解除する方針を、同町で開いた住民懇談会で説明した。高齢の男性は「町内に病院がなく、車も運転できない。安心して帰れるまで、解除を待ってほしい」と発言した。放射線量の高さや廃炉の見通しがはっきりしない。

新国立競技場の建設費が三〇〇〇億円を超えそうだという話もあった（安倍政権は七月一七日、白紙撤回し、設計コンペをやり直すと発表）。そんな金があるなら、福島事件の被災者への支援に使うべきだ。

吉田調書問題と朝日バッシング

■朝日は何におびえているのか

「3・11」に東京電力福島第一原発で発生した「事件」に対して、いまだに検察・警察が事件として強制捜査に踏み切っていないこと、また、政府の事故調査委員会が「人災」と認めている「事件」なのに一人も被疑者にすらなっていないことが、私には不思議でならない。

捜査当局が福島原発事件の解明を放棄し、事件の真相が不明で、一〇数万人の住民が避難生活を続ける中で、政府が原発の再稼働、輸出を企んでいる。こういう時に、研究者による実態調査・提言、報道機関による調査報道が不可欠である。3・11以降、東京紙で原発報道に熱心だったのが東京新聞と朝日新聞だった。

「吉田調書」は、政府の事故調査・検証委員会が、吉田昌郎元所長から生前に聴取した証言だ。政府が隠蔽していたこの「調書」を入手した朝日新聞は、二〇一四年五月二〇日に一、二面で、《所員の9割が所長命令に違反し、約10キロ離れた第二原発に撤退した》などと報じた。

ところが、九月一一日、これらの記事を取り消し、木村伊量社長が読者と東京電力の関係者に謝罪した。

朝日は《吉田所長の発言を聞いていなかった所員らがいるなか、「命令に違反　撤退」という記述と見出しは、多くの所員らが所長の命令を知りながら第一原発から逃げ出したような印象を与える間違った表現のため、記事を削除した。／調書を読み解く過程での評価を誤り、十分なチェックが働かなかったことなどが原因と判断した》と説明した。木村社長は記者会見で、「他の報道機関が調書を入手し、事実関係の食い違いを報じ始めたため、社内で調査を始め、誤りと判断した」と説明した。

記事を取り消すというのは滅多にないことだ。新聞などマスメディアは、ある事象について、締め切り時間の段階で、知り得た情報から記事を書き報道する。時々刻々と事態は変わる。結果的に「真実」でなければ訂正。取り消しが必要というなら、各紙は毎日、膨大な量の訂正・取り消しをしなければならない。

日本軍「慰安婦」報道に関する記事取り消し、池上彰氏コラム問題が朝日を苦境に陥れた時期に、唐突に出てきた決定だった。政府が原発事件の真相解明にとって重要な吉田調書を非公開としていたのを、朝日特別報道部の木村英昭記者が入手し報じた。見事なすっぱ抜きだったが、産経新聞、悪徳週刊誌などからの朝日攻撃がはじまった。木村社長の謝罪では、「慰安婦」よりは「吉田調書誤報」に大きな比重がかかっていた。「慰安婦」の存在を否定し、原発安全神話の復活と再稼働を狙う週刊誌、産経新聞、読売新聞などによる朝日攻撃に屈する形となった。

政府は木村社長が謝罪会見したのと同じ九月一一日、福島原発事件の政府事故調査・検証委員会の調査を受けた約七七〇人のうち、吉田氏を含む計一九人の証言を公開した。

ルポライターの鎌田慧氏は一〇月七日東京新聞《本音のコラム》で朝日の謝罪を《新聞史上の大珍事》と指摘し、次のように書いている。

《なにおびえているのだろうか、というのがわたしの疑問で、80年前、桐生悠々を信濃毎日新聞から追い出した軍部の不買運動を例に引いて、「盥の水と一緒に赤子（報道の自由と民主主義）を流すな」とこの欄（9月9日）に書いた。（略）

福島原発事故のとき、現場はだれもコントロールできないほど混乱していた。それは誤報ではなく、東電社員の名誉を傷つけるものでもない。原発事故の宿命なのだ。

東電と官邸にいち早く恭順の意を示し、準備された続報を握りつぶし、社内を萎縮させた社長ら幹部の責任は大きい。権力と闘う記者を励ますことが、社長の責任のはずだ。》

朝日は同社の第三者機関「報道と人権委員会」（ＰＲＣ）に調査を依頼し、ＰＲＣは吉田調書など資料約六〇点を精査し、取材記者から延べ二六人から聞き取り、三七人から報告書の提出を受け一一月一二日に見解をまとめた。ＰＲＣは二〇〇一年に朝日が「日本独自のオンブズマン」と称して設置したもので、取材や報道で、名誉毀損などの人権侵害、記者倫理に触れる行為があったとして寄せられた苦情のうち、解決が難しいケースについて調査・審理しているものである。

ＰＲＣは《「所長命令に違反」したと評価できる事実は存在しない。裏付け取材もなされていない》、《「撤退」という言葉が通常意味する行動もない。「命令違反」に「撤退」を重ねた見出しは、否定的印象を強めている》などと指摘し、記事の削除は妥当だとした。

朝日は一一月二八日、記者や幹部など三人を停職や減給などの懲戒処分とした。また、朝日は一二月二七日、このＰＲＣ見解と「慰安婦報道」での第三者委員会報告書を受けて、《経営陣は編集の独立を尊重し、原則として記事や論説の内容に介入することはしない》、《社外の複数の有識者で構成する常設機関を設け、意見を求める》などの改革に取り組むと発表した。

朝日の報道の一部に事実と異なる箇所があっても、ここまで騒ぎ立てるほどの「誤報」ではない。福島原発事件では、朝日も含む記者クラブメディアは発生から約二カ月の間毎日、毎秒、誤報を垂れ流したではないか。

原発安全神話の復活を狙う勢力は、朝日の連載《プロメテウスの罠》まで非難している。

■朝日PRC見解を検証する

以上が、吉田調書記事の経緯だが、以下、私の見解を明らかにしたい。

問題になった朝日新聞の五月二〇日付の《所長命令に違反　原発撤退》の記事を読み直し、政府が公表した吉田調書、東電が公表した情報と併せて検討した。私は、撤退を退避、命令を指示とすればよかったという程度の問題だと考える。見出しの表現がきついという批判は理解できるが、記事の取り消しと社長の謝罪、記者らの処分は明白に誤っている。

PRCの検証は、朝日の社内の動きについては詳しいが、問題になった《暴走する原子炉を残し、福島第一原発の所員の九割が現場を離脱したという事実》に関しての調査は不十分で、誤りも多い。

海渡雄一弁護士が『マスコミ市民』二〇一五年一月号で指摘しているが、PRC見解に東京電力柏崎刈羽原子力発電所の所員がテレビ会議を見ながら発言を分単位で記録した時系列メモ（柏崎刈羽メモ）の内容が出ている。同メモの三月一五日午前六時四二分の欄に《構内の線量の低いエリアで退避すること。その後本部で異常でないことを確認できたら戻ってきてもらう》との吉田氏の発言が記録されている。

また、東電本店が午前八時三五分の記者会見で《一時的に福島第一原子力発電所の安全な場所などへ移動開始しました》と発表しているとも指摘している。ＰＲＣは、当時、所員は免震重要棟に退避していたと述べた上で、《免震重要棟以外に、より安全な場所を見いだすことは不可能だった》、《さらに高い放射線を警戒して、「２Ｆ〔福島第二原発〕まで退避させようとバスを手配した》状況なのに、第一原発構内やその近辺で、免震重要棟以外に、多くの所員が退避できるような『比較的線量の低い場所』はなかった」と認定している。また、ＰＲＣは、吉田氏の指示が所員の多くに的確に伝わっていた事実は認めることができないとも断定し、所員らの九割が第二原発に移動したことをとらえて「命令違反」と言うことはできないとして、記事の見出しは誤っており、見出しに対応する一部記事の内容にも問題があると結論付けた。

この認定は間違っている。当時、免震重要棟には東電社員はほとんどいなかった。刈羽メモによれば、第一原発構内やその近辺に「比較的線量の低い場所」がいくつかあった。東電が公表したテレビ会議のビデオを見れば、多くの社員が吉田氏の指示を聞いていることが明らかだ。指示を聞いた社員が他の社員にきちんと伝達したかどうかは分からない。

ＰＲＣは、東電が午前八時三五分の本社での会見で、「六五〇人が既に第一原発の安全な場所への移動を開始した」というウソを発表していることを見逃している。実際は、吉田氏の指示に反して福島第二原発へ移動していたのだ。

ＰＲＣの三委員は憲法学者、元最高裁判事（弁護士）、元ＮＨＫ副会長であり、調査報道に詳しいとは思えない。

藤田博司・元上智大学教授（一四年一〇月五日死去）は共同通信の尊敬する先輩だが、遺稿となった九月一二日の朝日で、《「公平さ」を欠き批判は免れない》と断定しているのは残念だ。藤田氏は《誰に対しても説明できる取材方法か、取材者に予断や偏見・思い込みはないか、自分の信念や問題意識に沿って都合のよい話を書いていないか》を問うているが、ＰＲＣの検証作業にこそ、そう問い掛けるべきではないか。

朝日のある記者は「木村記者は徹底した原発取材で、事故後に何があったかを追い、パズルを次々と埋めていくような精緻な作業の中で、入手した吉田調書を読み込んだ。前もって創ったストーリーに沿って記事をつくったという批判は全く当たらない」と強調した。

木村記者らは、刈羽メモなどを入手して、続報を用意し、掲載寸前までいっていたのに、なぜか掲載に至らなかった。

朝日は他メディアからの批判が始まった後、調書の全文を掲載すべきだった。

朝日がスクープした吉田調書が七月以降、産経、読売、共同通信にも流れ、朝日の記事の一部に誤りがあるという報道が展開された。吉田調書を入手した三社が、朝日報道の批判に重点を置き、調書から分かった事実に重点を置いていないのは不思議なことだった。政府・東電などの関係者が朝日を攻撃するために、産経などに調書を提供した可能性もあると私は思っている。

ＰＲＣは、吉田調書は重大ニュースなのだから、記事の元になった調書を編集責任者らにも見せるべきだったと述べているが、この種の特ダネ記事では、情報提供者との約束もあり、デスクに見せているのだから十分だと私は思う。

この記事は政府がひた隠しにしてきた吉田調書の概要をすっぱ抜いた大スクープだ。朝日は二〇一四年度の日本新聞協会賞を申請した。

ちなみに、取材・報道をめぐる紛争を取り扱う制度は世界各地にあるが、北欧にあるメディア責任制度が最も有効だ。例えばスウェーデンでは、報道界で統一した報道倫理綱領を策定し、報道評議会・プレスオンブズマンで苦情に対応するメディア責任制度を持っている。日本には放送界には似たような制度があるが、活字媒体には朝日のような各社の対応機関しかない。私も世話人である「人権と報道・連絡会」は三〇年前から、日本にメディア責任制度をという運動を続けているが、運動に冷淡だったのが朝日である。朝日は、取材・報道の自由が委縮するという理由で、「各社対応」にこだわってきた。そのツケが回ってきたと思う。日本にメディア責任制度があれば、吉田調書記事も、報道評議会で審査できた。非正常でヒステリックな攻撃に屈することもなかったと思う。朝日は社内の改革だけではなく、報道界全体で誤報にどう対応するかを考えるべきだ。

■何が問題とされなければならなかったのか

東電の所員の大多数が福島第一原発の現場から、約一〇キロ離れた同第二原発へ一時撤退し、第一原発二号機では約四時間にわたってパラメーターの計測もできなかった。その間に、火災などの深刻な事態が起きた。

私は一二年九月、チェルノブイリ事故で、現場に残って作業した技術者から話を聞いた。彼らは「決死の覚悟で、対応した。当時は共産党の時代で、共産主義者である専門職労働者は人民のために奉仕する責任があると自覚していた」と口を揃えた。原発を扱う東電社員に会社のために死を覚悟せよとまでは言わないが、現場から離れる際に、自分たちの職業倫理、社会的責任と向き合う姿勢があったかは問いたい。

報道記者は、東電の担当者が最も大切な時間帯に事件現場を離れ、炉内の状況把握が全くできない時間帯があったことを検証すべきだ。

木村英昭記者はスクープ記事の二面サイド記事で、次のように書いている。

《暴走する原子炉を残し、福島第一原発の所員の9割が現場を離脱したという事実をどう受け止めたら良いのか。吉田調書が突きつける現実は、重い課題を投げかけてくる。

吉田氏は所員の9割が自らの待機命令に違反したことを知った時、「しょうがないな」と思ったと率直に語っている。残り1割の所員も原子炉爆発の場合の大量被曝を避けるため、原子炉を運転・制御する中央制御室でなく、免震重要棟2階の緊急時対策室にほぼ詰めており、圧力や水位など原子炉の状態を監視できない時間が続いた。

吉田調書が残した教訓は、過酷事故のもとでは原子炉を制御する電力会社の社員が現場からいなくなる事態が十分に起こりうるということだ。その時、誰が対処するのか。当事者ではない消防や自衛隊か。特殊部隊を創設するのか。それとも米国に頼るのか。

現実を直視した議論はほとんど行われていない。自治体は何を信用して避難計画を作れば良いのか。その問いに答えを出さないまま、原発を再稼働して良いはずはない。》

この問い掛けに、再稼働を急ぐ政府、電力事業者は答えていない。

東電が公表したテレビ会議のビデオには、メルトダウンなどの事象については「政府がマスコミには発表しないと決めているから、当社も言わない」と大きな声で指示している音声があった。

謝罪すべきは吉田調書を隠蔽していた政府・東電ではないか。誤った情報を流したというなら、東電、菅直人政権、保安院、原子力規制委員会などと記者クラブメディアのウソをまず検証すべきだ。

記者会見で「死ぬと思った」、「地獄を見た」と語った吉田氏は、調書で「メルトト(炉心溶融)の可能性」、「東日本壊滅」、「絶望していた」などと述べて、3・11事件直後の深刻な事態を振り返っている。

浅野ゼミの二十数人が協力して出版した『DAYS　JAPAN』増刊号「検証・福島原発事故報道」(一二

年四月）を参照してほしいが、原発事件後、ジャーナリズムは全く機能しなかった。

ＮＨＫテレビなどで、「直ちに健康に影響はない」と繰り返した枝野幸男官房長官。「チェルノブイリにはならない」などと繰り返した東京大学教授ら御用学者。真実を報道しないメディアを信じて、東日本の各地で、最低減の予防策までしないまま子どもたちや若い女性を含む多くの住民が大量被曝した。そして東京五輪誘致で「汚染水はコントロールされている」とウソをついた安倍晋三首相。

朝日は一一年一〇月一五日の社説で、《政府や東京電力が公表するデータや見方をそのまま流す「大本営発表」になっていないか》と自問し、特集記事では、《次々に発生する深刻な事態、それに対応した作戦を、期待交じりに針小棒大に伝えた面がなかったか。戦時中に敗退を隠した「大本営発表」の報道のように……全体の印象としては「大本営発表」に加担したとの批判を免れないと思う》と書いている。

戦時中には取材報道の自由がなかったが、今は憲法で報道の自由があるのに、東電と政府の情報を垂れ流すだけの報道の責任はもっと重い。

訂正・謝罪すべきは３・11以降の、真実を報道しなかった全報道である。

■原発マフィアと対決を

読売新聞は一三年一一月二二日の《放射性廃棄物　政府は最終処分に責任を持て》と題した社説で、《原子力発電所から出る高レベル放射性廃棄物の最終処分場の用地確保へ向け、政府の取り組みを強化する必要がある》、《適した場所を選べば、一〇万年以上、安定して廃棄物を処分できるためだ。放射能は時間とともに減少し、約一〇〇〇年後には九九％以上が消滅する》と書いた。欧州の衛星版でこの社説を読んだ友人たちが「『一〇〇〇年後にほとんど消滅する』というのは安全性の根拠になり得るのか」と怒っている。

読売はその後も、一四年四月一二日の《エネルギー計画「原発活用」は現実的な戦略だ》と題した社説で、《最大の焦点だった原子力発電所については、昼夜を問わずに発電する「重要なベースロード電源」と位置付けた。安全性を確認した原発の再稼働も明記した。安全性能の高い日本の原発を新興国などに輸出することは、国際貢献になると同時に、日本の安全確保にもつながる》と述べた。

一四年一〇月二八日の《原発賠償条約　事故収束の加速にも有益だ》との見出しの社説では、《原子力事故の損害賠償に関する国際条約に加盟する意義は大きい。日本の原発輸出には、世界最高レベルとされる安全性能や安全基準を国際的に広める意味がある》と書いている。

福島の現状を見れば、原発再稼働を煽る常軌を逸した論説である。

鉄の六角錐（政・官・財・労組・大学・報道）と原子力マフィアの一角を構成する記者クラブメディアは東電などの広告を載せ、原発安全神話をばらまき、垂れ流してきた。

今回の朝日攻撃は、歴史修正主義者に加え、原発マフィアの再登場と、原発安全神話の復活を狙う勢力によって仕掛けられた。

朝日の記者処分に対し、朝日新聞労働組合は抵抗しているのだろうか。処分は、人民の知る権利のため努力を重ねている記者を萎縮させる。

ＰＲＣの誤判に基づく、朝日記者の処分は撤回すべきだ。朝日記事は東電社員の名誉を傷つけていない。木村記者を守り、激励して、原子力マフィアを調査報道させることが社長の責務である。

今も犠牲が続くチェルノブイリ

■チェルノブイリは警告する

いつか取材してみたかったチェルノブイリ原子力発電所を、二〇一二年九月二四日から一週間取材した。NPO「食品と暮らしの安全基金」（小若順一代表）主催の《チェルノブイリの子どもと孫の実情を知るツアー》（一七人）の一員として参加した。以下は同年末、『週刊金曜日』などで発表したリポートである。チェルノブイリの現状は、その後ほとんど変わっていない。

視察ツアー参加者の中には福島県の二人、徳丸威一郎・毎日新聞『サンデー毎日』編集部記者らがいた。徳丸記者は同誌一〇月二一日号で記事を載せた。主催者の特別なはからいで、現在廃炉作業中の二号機に入ることができた。事故の緊急対応と復旧に現場で関わった人の講演、病気の子どもたちを支援する団体会長の講演を聞き、病気治療を頑張っている母親や子どもたちと交流した。

二号機は今、解体中で、今回が見学できる最後のチャンスで、韓国の国営国際放送テレビ局の二人も同行取材した。

事故から二六年半たった今も、七〇〇〇人を超す労働者が一〇〇年計画で廃炉作業に取り組んでいる。原発から三〇キロ圏内は居住禁止区域で、禁止区域以外の町も含め、一〇数万の住民が強制移住となり、故郷を失い、放射能汚染が住民の健康をむしばんでいる。

ウクライナは自然の美しい、住む人々が優しい国だ。広大な穀倉地帯で起きた事故が、二六年半後も深刻な影響を与えていることを取材できた。

東京電力福島第一原発では、四つの原子炉がすべて「レベル7」となり、三基の原子炉で炉心溶融（メルトダウン）を起こした。福島の場合は、森林が多いが、原発から福島、郡山などの都市、住宅地が近いので、事態はより深刻だと思う。

ところが、野田佳彦民主党政権のでたらめな収束宣言以後、原子力マフィアが復権し、何もなかったかのように、再稼働が強行されている。チェルノブイリは、福島と日本の人民に原発事故の悲惨な現実を直視するように警告している。

■今も七一〇〇人が廃炉作業

「こんなに高い線量の放射能を浴びたのは東電福島第一原発事故後の一年半ぶりだ。世界を震撼させた事故から二六年半も経っているのに、ここでは一三・八マイクロシーベルト／hもある。去年（二〇一一年）三月末から四月の福島市内の線量と同じぐらいだ。視察を終えて福島に戻ることは、永く続く戦場に帰ることだと痛感した」。

事故直後の二〇一一年三月一五日、商品を配達できるかどうか調べるため、決死の覚悟で福島県相馬市などに入った経験を持つ「生活クラブふくしま」の土山雄司氏は、チェルノブイリ原発四号機を見渡せる記念広場で、持参した線量計を見つめながら話した。

同原発事故は、一九八六年四月二六日午前一時二四分（モスクワ時間）、旧ソ連のウクライナ（一九九一年に独立）の四号機で起きた。冷却装置に最大の負荷をかけるテストをしていた時、原子炉内の核分裂反応を制御できなくなり、原子炉が暴走し、炉心溶融（メルトダウン）を起こして爆発し、原子炉が破壊された。原子炉は福島と異なり、格納容器のないソ連型の黒鉛減速軽水冷却型（ＲＢＭＫ）炉で、燃料は低濃縮ウランで、核分裂を効率化する減速材として黒鉛を使っていたため、火災を発生させ、原子炉のフタが飛んでしまい、燃料約二〇トンが放出されてしまった。事故原因は、冷却水の大量注水と原子炉の設計ミスと言われる。

火災を消火するために、ヘリコプターから原子炉の炉心めがけて総計五〇〇〇トンにおよぶ砂、粘土、鉛などが四号機に投下された。火災は爆発から一四日後の五月一〇日にようやく収まった。この原発事故により、原子炉内にあった大量の放射能が大気中へ放出された。放射能は風に乗り、欧州など世界各地に広がり、チェルノブイリから約八〇〇〇キロ離れた日本でも、野菜・水・母乳などから放射能が検出された。

あれから二六年半の今も、四号機の核燃料棒は取り出せず、石棺に代わるシェルターの建設が始まったばかりで、いつ終わるとも分からない廃炉作業が続いている。

チェルノブイリ原発では、今も運転員ら三一〇〇人が廃炉作業に取り組んでいる。このほか、老朽化した石棺を作り直し、二〇一五年完成を目指す鉄鋼製のシェルターの建設作業員が二五〇〇人。三〇キロ圏内でがれき処理をする作業員が三七五〇人おり、合わせて七一〇〇人が働いている。労働者のほとんどはチェルノブイリ市内に宿泊している。一〇キロ圏内もしくは原発内で三日働き、三日は圏外に出て自宅に戻る。あるいは、一五日連続で働き、残り一五日を圏外の自宅で過ごすという。

原発から三〇キロ圏内は居住禁止区域となり、約二〇〇の村から約一三万人が強制移住させられている。石棺は、八六年六月から二〇六日間で完成させた。当初の設計寿命は三〇年だったが、外から水が入りボロボロに錆びた状態になっている。

建設中の新シェルターは、カマボコ型で、幅二五七メートル、奥行き一五〇メートル、高さ一〇八メートル。四号機の横までレールを敷き、煙突を切って、四号機の上に移動させて原子炉を覆う。一〇〇年の設計寿命で作っている。一一年四月、支援国会合が開かれ、日本を含む先進国から五億五〇〇〇万ユーロ（約五六六億五〇〇〇万円）の支援を受けている。日本はロシアの六〇〇〇万ユーロに次ぐ四五〇〇万ユーロを拠出している。

■作業員一人の亡骸が今も炉内に

同原発事故では、ソ連政府の発表だけでも運転員と消防士の三三人が死亡した。モスクワの病院で三一人が亡くなった。二人が炉内で働いており、一人はプリピャチの病院に運ばれて死亡したが、もう一人はポンプ室で落下物の下敷きになったままで、今も亡骸を収容できていない。

オープンしたばかりの原発事故資料室で、広報担当のスタミノフ氏が事故の概要を説明した。

「二一人が原発の中にいた。一人は病院に運ばれた後亡くなったが、もう一人のところへは今も近づけない。

四号機の中にある一六〇〇本以上の燃料棒を一つも取り出せていない。核燃料は、まだ約一〇〇トンあり、温度は三六度前後だという。燃料取り出しにはこれから三〇年から五〇年以上かかる。ウラン溶液の酸化物など放射性廃棄物も大量に残っている。新設するシェルターも一〇〇年後にはまた作り直さなければならないだろう」と説明した。気の遠くなるような工程だ。

九月二七日、午前八時半、首都キエフから北へバスでチェルノブイリ原発へ向かった。豊かな穀倉地帯を抜け、一〇時二〇分ごろに三〇キロ圏の入り口であるジチャートキ検問所に到着。この名称は事故後に廃村になった村の名前だという。

検問所の手前にウクライナ聖教（ギリシャ正教に近い）の慰霊モニュメントがあった。軍と警察が警備する中、原発見学ガイドの女性バシリーナさん（二一歳）が全員のパスポートを集め、係官が一人ずつ確認し、バスに乗り込む。

ウクライナ政府は今年一月から、原発を内外の見学者にオープンした。ホールボディーチェックをクリアして、バスで原発へ向かう。紅葉が始まった森が続く。人影がない。巨大な送電線が目に入る。一〇キロ地点にも検問所がある。

バスの中でバシリーナさんが事故の説明をしてくれた。

「八六年四月二七日午前一一時に放送があり、原発関係者が住んでいたプリピャチの住民全員が避難開始。一二〇〇台のバスで午後二時から本格的に移送が始まった。同日午後五時に避難が完了した。

当時のプリピャチは人口四万九三四三人。数日後に範囲が拡大されて一〇キロ圏の村が強制移住になり、五月九日には初期段階での最後の避難が終わった。九二村二町（プリピャチ、チェルノブイリ）で一三万人が退避。加えて近隣の村一五〇〇人もほぼ同時に避難した。強制移住地域は二〇四四平方キロメートルだった。

一度避難したが、高齢者で新しい生活になじめない人が一〇キロ圏の外側三〇キロ圏内に一二〇〇人戻った。彼らをサムショーレという。現在でも一〇〇人ほど残っている」。

■廃炉作業中の二号機制御室に入る

原発サイトに近づき、事故当時、建設中だった五、六号機の冷却水タンクと、工事が中断し放置されたクレーンが見える。横に長いチェルノブイリ原発（一～四号機）建屋が見えてきた。団員が持参した線量計が「ピー、ピー」と激しく鳴り始める。建屋玄関に近づくとだんだん激しくなる。

一号機の手前にある事務所から入る。案内役のイリーナさんが「この一〇年間で、二号機の制御室に外国人が入ることを許可されたことはない」と語った。

作業員も使う白衣、白帽、靴カバーを着て中へ進む。作業を終えた作業員数人と何度もすれ違う。若い作業員、女性もかなりいる。女性の作業員が三〇％だという。

職員は「ここの原発は今、運転しておらず、廃炉作業中。建屋の中で解体作業が始まっている。左のタービンを撤去中だ」と説明する。右窓から二号機建屋の横を男性作業員一人が歩いているのが見えた。

直線の渡り廊下を数百メートル歩くと「ここが制御室入口」という表札がある。制御室に入ると、左側に運転作業員のデスクがある。五人シフトだという。中は薄暗い。

一九七八年からここで働く技術責任者のアエレクサンドル・スポーリッシュ氏が説明してくれた。

「もともとの仕事、つまり原子炉の制御の仕事はやっていない。制御に関係ある機械は全部オフの状態になっている。これから何十年も冷却しなければならない。冷却プール水位、温度はどのくらいなのかと、それを全部コントロールしていくのが仕事だ」。

「事故が起きると想像したことはあったか」と聞くと、「なかなか信じられなかった。自分の目で、壊れた四号機を見るまで、なかなか想像できなかった」。

「健康状態はどうか」と聞くと、「一九八八年に医療放射線センターの病院に一カ月入院したことはある。心臓関係の異状があった。神経系部門の検査を受け、いろいろ言われたが気にしないことにした。前は年に四回、精密な検査があったが、今は年に一回だ」。

「福島の事故をいつ知ったか」を聞いた。

「福島のニュースを聞いた。これは『もう一つのチェルノブイリになる』と思った。情報が非常に少なく、実際には何が起こっているのかなかなか想像しにくかった。一週間後、事故の経緯が分かり、友人と一緒にマスコミに載っている情報から解析した。わかったのは、もし電力供給がちゃんと復活できたら、早い段階で解決できたということだ」。

「日本では『原発はトイレのないマンション』と言われているが、どう思うか」と聞いた。

「それは日本だけではなく、すべての国々に共通する問題だ。ウランが採掘され、廃棄物が出て最終的にどうするかの全部のリサイクルの完全な方法はどこにもない。『トイレがない』ことは日本だけではなく世界中で検討、研究しなければならないことだ」。

原発建屋付近の空間線量は今も高い。線量計は、廊下の窓際で二・九四、制御室の中で一・二五マイクロシーベルト／hを示した。これは通常の二〇倍の数値。資料室の中は〇・五。四号機を見渡せる見学場所では一五・四五マイクロシーベルト／hを記録した。ガイドが「荷物を地面に置かないように」と指示する。

放射性物質の付着を恐れての注意だ。

小出裕章京都大学原子炉実験所助教（当時、一五年三月退官）は「人間が急性死する線量は二シーベルトから始まる。四シーベルトが半致死線量、八シーベルト被曝すれば一〇〇％の人間は死んでしまう。測定された線量はマイクロシーベルト／hだから急性死するような線量率ではない。ただし、日本の法令では〇・六マイクロシーベルト／h以上は放射線管理区域にしなければならない。また、私の実験所では二〇マイクロシーベルト／h以上の場所は高線量区域に指定されている」と話している。

■涙ぐむ八六年決死隊の原発技術者

原発を訪れた前日、キエフにあるウクライナ・チェルノブイリ連盟のユーリー・アンドレーエフ代表に会った。連盟は原発事故処理にかかわった人たち（リクビタトール＝決死隊などと言われる）で組織する。

アンドレーエフ氏は二号機で緊急処理に当たった技術者で、スポーリッシュ氏の親しい同僚だ。その後、脳卒中などを患い、両方の足の血管の手術をし、何度も生死の境目をさまよった経験を持つ。

「事故の拡大の防止、石棺を作るための準備作業などすべてに参加した。事故後、危ない状況が二号機に出ていた。

事故の夜、家にいて寝てしまったので、爆発音は聞いていない。二六日午前九時ごろ目を覚ました。妻が市場から帰ってきて、チェルノブイリ発電所で爆発があって何人か死んでしまった、という噂があると話した。私は『原発では爆発というのは不可能だ』と言った。そうしたら、妻は『もし正常なら、下の娘を連れて外に散歩に行ってきてよ』と言った。あのとき、娘は二歳半だった。それが、私の一生で一番愚かなことをしたのだが、娘を連れて外に出た。彼女は三輪車の自転車に乗っていた。私は町外れまで行き、原発を見ようと思った。

原発の方を見たら四号炉の上に、その大きなコンクリートの箱がなかった。発電所からはバスが出ていて、そのバスに運転員たちが乗っている。みんな普通の服でなく軍服みたいなものを着ていた。マスクもつけていた。だから何か大変なことが起きたと分かり、娘を抱きながら自転車を持って、家まで走って帰った。娘が着ていた服を踊り場のところに置き、妻の服も同じようにした。そしてすべての窓を閉め、窓を絶対開けないようにして、カーテンを閉めた。そして、ずっと定期的に床に水を流して洗った」。

「その後、外に出た。普通にバスに乗り職場に行った。壊れた原子炉の傍を通過した。原子炉の断面を見ると、七〇度傾いていた。斜めの景色だった。原子炉のフタが傾いた状態だったのを見た。それは薄い緑色だった。しばらくしてから、何か焼けた色になった。ポンプの容器も見えた。爆発で放射能を外に出しているのが分かった。私は自分の妻、子どものことですごく怖くなった。ただし、もし私がこの場所を離れたら、私の代わりに誰がやるかを考えていた。私のような専門家には、代わりはいない。自分でやったことは評価できる。それが二号機の停止作業だ。マニュアルをわざと破って止めた」。

「問題解決の方法は二つしかないと分かっていた。死か、逃亡して刑務所に入るか。他の選択はなかった。でも死のほうがいいと思った。制御盤には、一五〇カ所のところに同時に非常事態を示すランプが点灯した。停電で真っ暗の時だ。音の信号が鳴っていた。本当のホラーだった」。

「福島の場合は事故処理の結果が出なかった。今でもそうだ。福島の場合は、事故が昨日あったばかりのような様子だ。私たちが特に驚いたのは、事故処理に行くのを断った人たちのことだ。こちらでは、第二次世界大戦の時にそういうことをした人たちは銃殺された」。

また、アンドレーエフ氏は、日本政府と東電による情報隠蔽を批判した。日本政府の情報隠しはソ連共産党・KGB以下だと指摘した。

「ソ連政府は事故後、原子炉が部分的に壊れたという情報を流していた。五月三日から取材をかなりオープンにした。八六年のうちに、ドキュメンタリー映画が数十本作られた。数百人のジャーナリストが現場を訪れ報告した。ある新聞に私の写真が出て、母は私が生きていることを知った」。

「日本政府は実際の事故規模を隠している。私は、日本政府がこういう悪い犯罪的なやり方をするとは考えていなかった。旧ソ連と違って、自由と民主主義の国なのに、なぜそういうことが起きるのか」。

「キエフは一万七〇〇〇キロ日本から離れているが、キエフにある日本大使館に、事故対応の経験のある私たちが福島に行って、状況を分析し、助けたいと提案をしたが、私たちは呼ばれなかった。とても残念だ。我々連盟は今も支援したいと希望している」。

アンドレーエフ氏に「チェルノブイリに関わってきた技術者としてスリーマイル、チェルノブイリ、福島のような事故が今世紀にまた起きると思うか」と聞くと、こう答えた。

「今までこんなに深刻な事故があっても誰も学んでいない。核兵器の拡散を止め、原発の安全な運転のために国際原子力機関（IAEA）ができたが、全く機能していない。原発の安全性に関しては、何も活動せず、原発の安全運転のための基準もない。IAEAは米国のスタンダードだけをサポートしている。IAEAは、チェルノブイリ事故後の医学的、生物学的影響の結果を発表するのをやめさせている。世界保健機関とIAEAの間には契約があるみたいだ。それにしたがって、世界保健機関は、このような情報を発表する権利がないということだ。つまり、原子力事故の結果に関する情報を、IAEAの許可がないと発表できない。

ＩＡＥＡというのは国際的な原子力企業を支援する組織で、お金のかかる安全性確保を軽視してきた。ＩＡＥＡを解体し、全く新しい民主主義的なアプローチで新組織を作らなければならない」。

アンドレーエフ氏は、事故で仲間が死亡した時の話をした際、それまで険しい目ではきはきと発言していたのに、急に涙を流し、言葉が詰まった。

「激しい被曝を受けた人たちは、形がなくなるほどやけどばっかりだった。数時間で体から水が出てしまい、ミイラみたいになった。すごく苦しみながら亡くなった。（目を閉じながら）今日、私はクスリを飲む必要がある、毎回こういう辛いことを思い出すと脳卒中の可能性がある。卒中が数回あった。九八年に死んでしまいそうになったこともあった」。

アンドレーエフ氏は、共産主義の原則が事故後、人を救ったと強調した。

「三〇キロ圏内にいた人間たちには、人間が持ついいほうの特性が出てきた。みんな、この大変なことをなるべく早く乗り越えようと努力したかったわけだ。共産主義の社会での大切な原則の一つは、人間はみな兄弟であり同志であり、親友であるということだ。みんなが自分の身にリスクを与えても、隣の人を助けようとした。その時、私はああいう人たちの間にいることをうれしく思っていた」。

「事故の後、大量の放射能をのせた雲がプリピャチに向かったが、松の木のところで左右に分かれて、人口密集地へは行かなかった。それは奇跡のようだった。神が助けてくれた」。

「事故の時のことを思い出すと、今でもトラウマのようにつらくなる。最後は明るい未来の話をしよう」。

■「ジャーナリストの魂」にあふれる記者

アンドレーエフ氏が明らかにしたように、ソ連当局は事故一週間後に外国人を含む内外のジャーナリストを現場に入れた。事故の後、初めて事故現場を撮影したバシーリー・マカレンコ氏（当時ウクライナ・テレビ記者）は「事故の情報が閉ざされ、地上から近づくのを禁止されたので、空から取材すればいいと思った。徴兵でいた空軍の知り合いに頼み込み、ヘリに乗れることになり、五月一二日午前六時に原発の真上から撮影した。モスクワの党・政府中央が配信を拒否しなかったので、これが世界最初に流れた現場の映像となった」と話した。

一九七七年から記者をしているマカレンコ氏が使ったカメラはＳＯＮＹのベータカムで、原発事故の悲惨さを伝えた撮影映像は現在も、テレビやドキュメンタリーで使われている。

「ソ連国家委員会（ＫＧＢ）が強い権力を持っていた時代で、事故に関する情報もすべて管理・統制していたので、よく撮れたと思う。当時、五月から八月まで撮影したビデオがたくさんあるのでデジタル化して保存したい」。

マカレンコ氏は今、チェルノブイリ連盟のメンバーでもある。「チェルノブイリもフクシマも同じボートに乗っている。地球の中の兄弟だ」と語り、福島に思いを寄せた。

娘のオルガ・マカレンコさんは「父を誇りに思う。父が撮った写真はたくさんある。メールで送る」と話した。オルガさんは父親が八六年に取材中の写真をメールで送ってくれた。

■チェルノブイリの技術者と交流

九月二六日、マカレンコ氏らとの夕食会に元チェルノブイリ原発労組委員長（一九八三〜一九八八年、組合員五〇〇〇人）のベラジーミル・ベレージン氏夫妻や連盟の事務局員が来てくれた。

ベレージン氏は一九七六年から二号機の制御室でタービン関係の仕事をしており、福島の事故で過去が甦ったという。

二〇〇〇年に日本の労働組合などの招待で福島原発を視察したという。二〇数枚の名刺を見せてくれたが、電機労連、電力労連の幹部や東芝、日立などの原発メーカーの管理職の名刺ばかりだった。「福島原発は安全に見えたので、事故が起きるとは思わなかった」と話した。

妻のガリーナさん（六二歳）は事故当時を振り返った。

「夫と共に原発に近いプリピャチに一九七六年に移住した。娘と息子がいて、輸血センターで働いていた。四月二六日は、電話に出ると、原発関係者に記号のような言葉を言われ、夫に伝えた。夫は何も言わずに現場に出かけた。朝が来て子どもは学校に行った。オープンサンドを食べていたらヘリコプターがたくさん飛んできた、と娘は言っていた。アパートの入り口にみんな集合してパニックなしで、バスに乗り一時避難した。その後、子どもを実母の住むコーカサスに送ろうと飛行場に行ったが、チケットがないと言われトラブルになった。正午までに職場へ行かないといけないので、二人の子ども（一三歳と一一歳）に、お金を渡して、飛行場の場長室に残し、母に長距離電話をかけて『そちらに子どもを行かせる』と事情を話し、職場に行った。子どもは無事、母のところに着いた。その後、汚染地のポレースカ村へ向かい、線量計で人々を計測する仕事をした。当時のことを考えると今でも心が痛む」。

連盟職員のエレーナ・ガチョーヴァさん（三六歳）はプリピャチ生まれ。「両親は原発で働いていた。私の記憶にあるプリピャチは明るい町のイメージで、その記憶を消したくない。事故後一〜二回行けるチャンスがあったのに、一度も帰っていない」。

事故翌日、父親は働きに出かけ、彼女はルガンスクという町に住む祖母のところに身を寄せた。

連盟事務局会計係のカテリーナさんは「幸せはみんな同じだが、悲しいことはそれぞれ違う。でも、悲しいことは人間をつなぐので、私たちには悲しさを乗り越える力がある。次は、悲しくないときにお会いしたい。みなさまとご家族の幸せを祈る」と語った。

■ゴーストタウンになった原発の町

原発労働者と家族の約一万人が住んでいたプリピャチ市（ゴーストタウン）を見た。原発近くの廃村では、放射能汚染がひどく、土に埋められた家の跡地に放射線のマークの入った標識が建てられている。廃墟になった保育園の内部で、遊具や昼寝用のベッドがあった。

原発から約八〇キロのコルゴード村の学校で、児童生徒を代表して一一年生のビュンソバ・サーチョさんがあいさつした。

「私たちの生まれた国は一九八六年四月二六日までとても美しく、素晴らしいところだった。その日、四号機の爆発で自然が破壊された。チェルノブイリは、とても辛いところだが、人間がすごく頑張っているところだ。私たちは今悩んでいる。もう二六年が経ったが、今も〝チェルノブイリ〟は続いている。まだ毎年多くの犠牲者が亡くなる」。

イリーナ・イオシェベツさんが「チェルノブイリのコウノトリ」を歌ってくれた。

校長は「私自身も、原発から六〇キロの村にいて、移住して体調が悪い」と話した。

学校では、チェルノブイリ事故の起こった四月二六日に記念行事を必ず行う。「子どもたちは、日本の福島に関する映像や番組を見たからよく知っている。子どもたちは、チェルノブイリと福島に大きな関わりがあることを理解している」。

次に、ビグニ村の学校を訪問した。子どもに「頭痛がする子はいるか」と聞くと、約一〇〇人の児童の八〇%以上が手を挙げた。「足首の痛み」も同様だった。

原発から約八〇キロにあるオブルチ市で、避難住民で療養中のナタリア・オスタボビッチさんに聞いた。「七歳の時から甲状腺に異状があり、腎臓が悪く、慢性扁桃腺炎にも苦しんでいる。弟のアレクサンドルは昨年一一年六月、骨癌、二〇歳で死亡した。死は間違いなくチェルノブイリ事故が原因だ。私の病気も同じだ。友人や知り合いに体の異常が多い。亡くなった人もいる。原発事故が憎い」。

■旧ソ連は強制移住で住宅と農地を提供

チェルノブイリ周辺で廃村となった住民たちはウクライナ各地に強制的に移住させられた。キエフから南東七〇キロの非汚染地にあるコバリン村を訪れた。

チェルノブイリ原発から西へ三五キロのノービミール村は、八六年段階では避難区域に指定されておらず、九二年に基準が変わり、村が廃止となり一〇〇〇人すべてがコバリン村へ移住命令を受けた。

国の負担で作った移住者の三カ所の家を訪問した。家は同じ設計ではなく一〇種類ぐらいあり、バラエティをもたせている。提供された土地、住宅は元のものに近い。家族の人数で広さも違う。

移住者のミハイル・コワルチュクさん（七三）とガリーナ・コワルチュクさん（六一）から話を聞いた。ガリーナさんは「夫は学校で四七年間、数学を教えていた。私はコルホーズで会計係。二人とも今は退職して年金生活だ。家は一〇〇平方米で、三部屋ある。ノービミールの家にいた時、農場はコルホーズがくれた。

移住にあたって、仕事の問題はなかった。引っ越してすぐ夫は学校で数学を教えていた。私は最初のころは畑の手入れ作業、一年後にコルホーズの会計係として働き始めた。九四年からコルホーズが状態が悪くなり、コルホーズがなくなった」。

「ここは四〇〇平方米の畑があって、ガチョウとかウシとかニワトリを飼ってなんとか生活は成り立った」。

「事故直後の八六年に甲状腺の手術をした。夫は九四年に心臓、心筋梗塞があった。二〇〇五年に二度目の手術をした。それが繊維腫瘍、悪性ではなかった。腫瘍は二・五キロだった。甲状腺に対する手術をこれからしなければならない。完全に切り出す必要がある。でも頑張っている。まだ生きるという希望があるから」。

「上の孫、男の子は甲状腺腫。女の子の孫も同じ問題があると言われた」。

「事故後、私は、特に私は引越しするという気持ちがなかった。嫌だった」。

その時、ミハイルさんが涙した。

「ウクライナ人は子供のへその緒が埋まっているところが一番いいと言う」。

「もう一つの問題、もともとここに住んでいた村人は新しい村人がくることを嫌がっていた。また、我々の土地に住みついた『チェルノブイリ人だ』と言われ、放射能が伝染るとも言われ、辛い思いをした。今もそういう差別と対立がある」。

「コルホーズの指導者、地区の指導者たちは、まったく大丈夫と、とても歓迎していたが、一般の村人は態度がよくなかった。『これは我々の土だ、これは我々の川だ、これは我々の魚だ』などとよく言われた」。

村の教会の横にある墓地を案内してもらったが、移住してきた人は早死にしている。墓石のところに「一九四六〜一九九六年」などと書いてあるが、四〇〜五〇歳で亡くなった人が多い。移住者で死亡者は三〇〇人ぐらいだという。

ステバンチュー・バレンチーナ村長は「チェルノブイリの事故の後移住してきた人は二七〇世帯、五三〇人。今は二七〇家族が住んでいる。私もプリピャチから移住してきた。土地は三五〇平方米。家は一二〇平方米ある。希望によっては追加される」と話した。

■多い子どものがん

子どものがんも多い。グリグンク・グリゴーニ国立がんセンターの医師（医師長）に会った。小児がん病棟が四〇床。センター全体で五五〇床。毎年子ども二五〇人が入院。生存率は五五％だという。

「チェルノブイリとの関連をはっきりは言えない。遺伝も答えづらい。治療の問題かも。遺伝学的確認が必要。ソ連時代の調査がない九〇年代初頭からデータを集積している。多くは骨のがんだ」。

病気の子どもたちを支援する団体であるザプルーガの会長に話を聞いた。「家族の家」を訪問。五家族が宿泊できる。家主が、多くの人が使うので嫌がる。がん患者に対する偏見もある。二カ月更新してもらった。土地を購入し、一五家族が泊まれるような家を建設する。来春完成予定だ。

ウクライナ国立医学アカデミー放射線医学研究センター（キエフ市）のコンスタンチン・ロガノフスキー氏は、胎児の放射能被害を、医師の妻ガリーナさんと共に研究してきた。博士は、汚染したプリピャチ市と、被曝していないキエフの両方で、生まれてくる子どもを長期にわたって追い、比較している。

「大地震、福島の原発事故を経験した日本のみなさんに同情している。妊娠中の被曝で、生まれてくる子どもの脳にどう影響するかを調べたので参考にしてほしい」。

「妊娠一～三週間での被曝は死につながる。四～八週では脳に障害。知的障害、てんかん、統合失調症などが被曝していないキエフの子どもたちより多い。特に左脳への影響が大きい。知能指数の低下、てんかん、精神障害を引き起こしている」。

博士によると、同研究センター代表がキエフにある日本大使館を訪ね、原発事故後の経験があるので、福島の女性や子どもたちの医療支援をしたいと申し出たが、実現していない。「今後、実現するといいと思う」と博士はつぶやいた。

キエフの日本大使館員は、外務省本省に同センターとチェルノブイリ連盟のオファーを伝えたのだろうか。何とも惜しい。チェルノブイリの専門家に今からでも遅くないので、福島へ来てほしいと願う。

「子どもたちを放射能から守る福島ネットワーク」の黒田節子氏は「福島では、原発事故のことを忘れよう、たいしたことはないという宣伝が必死になされているが、ここが今も深刻な状況にあることを知って学ぶべきだ。二六年半も経ったのにこんな状況だ。福島はこれからずっと大変だ。子どもたちの歌に感動した。福島はこれから悲惨なことが明らかになっていくと思うので、チェルノブイリの方との情報交換、支援をしていきたいと思う」と話している。

日本に帰ってきた一日、電源開発（東京都中央区）が東京電力福島第一原発の事故後に中断していた青森県大間町の大間原発工事を再開したというニュースが流れた。国内で建設中の原発三基のうち、同事故の後で初の工事再開となった。米ＣＩＡのような松下政経塾出身者でつくる野田民主党政権の暴走は止まらない。

原子力規制委員会は一〇月二四日、全国一六カ所の原発で福島原発事故のような深刻な事故が起きた場合の放射性物質の拡散予測を公表した。

日本政府、国会、学会、報道機関は、チェルノブイリへ行き、教訓を学ぶべきだろう。

東電原発「事件」大本営発表報道の検証

二〇一五年八月一一日、九州電力は、川内原発一号機（鹿児島県薩摩川内市）の原子炉を起動し、再稼働させた。九月一〇日には営業運転を強行する。「3・11」事故を受け、原子力規制委が策定した新規制基準に基づく原発の稼働は初めて。世論調査で市民の六〇％以上が反対する中での責任者不明の強行稼働だ。安倍政権はまた罪を重ねた。

以下は、「事件」直後の原発報道を、二〇一一年末段階でまとめた文章の再録である。役職名や肩書きなどは当時のものである。

■なぜ東電社長や幹部が逮捕、強制捜査されないのか

二〇一一年三月一一日の東日本大震災で起きた東京電力福島第一原子力発電所の炉心溶融（メルトダウン）・水素爆発は事故ではなく「事件」である。

実際、広瀬隆、明石昇二郎両氏が東電と御用学者らを東京地検に業務上過失致死などの嫌疑で刑事告発し、受理されている。どうみても「被害者」の方が悪い場合であっても、交通事故や船舶事故では会社や運転手・船長は家宅捜索され、逮捕されることもあるが、何の罪もない無数の市民の生活を破壊している東電福島事件は刑事事件の対象になりそうもない。マスメディアも一般の事件報道では被疑者宅に大挙して押し掛けるのに、東電社長の入院先や自宅にはマイクを全く向けない。

朝日新聞は小沢一郎氏に対し「刑事被告人」と何度も呼んでいる。なぜ東電の幹部、御用学者は被疑者、被告人にならないのか。国策で国家の命令、「お上」の指示に従った場合は犯罪嫌疑の対象にもならないということか。

フクシマは過去のことではない。日本だけでなく東アジア、北半球の今と今後に、深刻な加害を与え続けると見て対応すべきだ。

二〇一一年八月から、私はゼミの学生たちと東北の被災地へ四回行った。北は宮城県宮古市から福島県いわき市まで訪れ、被災者、行政関係者、報道記者らに取材した。

東日本大震災から九カ月がたっていたが、無数のがれきがそのままになっている沿岸部の街や村、田んぼに乗り上げた船がそのままになっているのを見て、言葉を失った。

「脱原発」を提言した菅直人首相の後継者、野田佳彦首相は「原発再稼働」を断言し、経団連と共謀して脱「脱原発」路線を推進すると断言している。彼は「原発事故の収束」は口にするが、原発からの離脱は決して言わない。

ても高い。

■散らばった放射性物質

東電福島第一原発の水素爆発のあと、放射性物質が大量に放出された。三月一五日未明から北西に吹く風に乗って、福島原発から約六〇キロある福島市を襲った。福島市内の放射線量は原発周辺地区の一部に比べても高い。

三月二五日ごろにも風の向きで西南に放射性物質が流れ、私の住む千葉県柏市にもホットスポットがある。柏市に一〇月二三日には、記者たちが多数来た。柏市根戸で採取した土壌から一キロ当たり最大で二七万六〇〇〇ベクレルの放射性セシウムが検出され、文部科学省が現地調査を行った。東電福島第一原発事故で放出された放射性セシウムを含む雨水が現場の側溝から外に漏れ出し、土壌に染み込んで蓄積された可能性が高いとの調査結果が出た。

東電福島第一原発から約一九〇キロのところにある柏市での汚染は「原発事故そのものの影響の広がりが示された形」（毎日新聞）だ。

福島原発での水素爆発などで放出された放射性物質が三月下旬、千葉県北西部に風に乗って飛んできたと見られる。東電と政府がメルトダウンを認めたのは五月一三日だ。原発「事件」発生からの二カ月の間に、どれだけの数の市民（女性、子どもを含む）が体内被曝したことか。〝ホットスポット〟になった柏の市民として、放射能汚染の情報を正確に伝えなかった政府・東電とマスコミは万死に値すると思う。

■今後が誰にも見えない福島原発

枝野幸男官房長官らが「直ちに健康被害はない」、「安全を期して念のための措置である」と公言し、東大などの旧帝大の原子力・医学の教授たちが「直ちに安全にかかわる状況ではない」と繰り返し、NHK記者らが「すぐさま人体に影響があるようなレベルではない」と事実を隠蔽する大本営発表を正当化した。四基の原発がすべて「レベル7」の事故（三基はメルトダウン）を起こすという大惨事で、政府も最低でも三〇年間に及ぶ問題を抱えたと認めた。

吉岡斉九州大学副学長（政府の事故調査検証委員会メンバー）は一一月一八日に仙台で開かれたシンポジウム「震災と大学」で、「三〇年先というのは、誰も分からない無限の未来ということだ。未来が見えないことが一番困る。『冷温停止状態』という世界に例を見ない言葉でごまかしている。原子炉建屋を解体するのは無理で、除染も根本的な解決にならない。福島原発など五四基の原発の今後に何百兆円のお金がかかる」と明言した。

『原子力の社会史』（朝日新聞出版）の著者でもある吉岡氏は「福島原発の爆発のニュースを聞いて私は自宅で震えていた。運がよく、奇跡のような偶然が重なり、首の皮一つでつながった。東北電力女川原発だってもう八〇センチ津波が高ければ非常に危機的だった」と語った。

原発に近い町の町長たちは吉岡氏に「若者たちは町に戻らない。原発についてあきらめている。こういうところに戻らない。原発で作業していた人も多い。そのころに浴びた量の何十倍の汚染があるので危険と分かっているからだ」と語ったという。

「多くの人は原発がこんなに危険だとは思っていなかった。思いつめていなかった。東芝の設計技術者がそう言っている。原発は政府が国策で国家の保護を与えなければやっていけない。新自由主義で民間だけでやらせれば原発はなくなる。東電の幹部も本当は原発をやりたくなかったと言っていた。いまやらせメールで問題になっている九電の社長も『プルサーマルを九電で最初にやるのは不本意だ』と本音で語っていた」。「政府、学者、マスコミは化石エネルギーは枯渇する、ウランもなくなるから、プルトニウムだという子供だましのような広報宣伝に洗脳されてきた」。

菅直人首相は退陣後の九月五日、報道各社の〝単独インタビュー〟に応じ、東日本がダメになる、「まさに日本が国家として成り立つかどうかの瀬戸際だった」(九月六日の東京新聞)と振り返っている。

事故発生以来、陣頭指揮を執っている福島第一原発の吉田昌郎所長が一一月一一日、所内の免震センターにおいて記者クラブメディアのインタビューに応じ、「事故直後の一週間は死ぬだろうと思ったことが数度あった。一号機や三号機が水素爆発したときや、二号機に注水ができないときは、終わりかなと思った。何度も地獄を見た」と当時の思いを語った。今の収束作業について「作業現場は放射線量が高くまだ危険な場所もあるが、現場の実感としては原子炉は安定しているので住民の方は安心してもらいたい。年内には冷温停止を達成したい」と述べた。

問題は、首相官邸や原発現地からの危機状況が市民に全く伝わらなかったことだ。

原子力安全委員会の班目(まだらめ)春樹委員長の無責任な「水素爆発はしない」との発言や、保安院の責任者が「私は文系だから分からない」と述べたことについて、吉岡氏は「原発について実は本当の専門家がいない。福島原発は米国のGEがつくった。輸入技術であり、学者よりエンジニアが詳しい」と述べた。

元朝日新聞記者の高成田享仙台大学教授は「新聞を見ると、ひきちぎりたくなる。特に原発事故に関する最初の一、二週間の報道は、政府が言うんだから、大丈夫じゃない？　と暢気に構えていた。こんな危機のときに政治部記者たちは〝最高司令官〟とも言うべき首相をみんなで引き摺り下ろすという馬鹿なことをやった」と指摘した。

仙台のシンポで開会のあいさつに立った東北大学総長は「強い自己反省」、「大学の責任」に言及したが、政府・東電・メディアと共に「大学・御用学者(ほとんど旧帝国大学)」の責任も重大ではないか。学者が〝原子力村〟を構成した。

学生時代から反原発で伊方原発では裁判で証人になっている京都大学原子炉実験所の小出裕章助教(助手歴三七年)は東北大学工学部原子核工学科卒で、同大学院修了だが、〝原発〟学者としてほされている。同実験所の所長は同じ東北大出身の後輩の教授だという。水俣のときの宇井純氏も長い間、東大助手だった。

■〝大本営発表〟の原発「事件」報道

「東京で大地震が起きており、羽田空港の点検作業をしているので、出発が遅れる」。三月一一日午後、東日本大地震が起きた時、私は北京空港にいた。中国国営テレビは津波に襲われる三陸海岸などの町の悲惨なシーンを繰り返し放送していた。航空機は一時間遅れで離陸したが、午後九時ごろ羽田に着くと、公共交通機関がすべてストップしており、一晩ロビーで一夜を過ごした。いわゆる帰宅難民の一人だった。

翌朝、モノレールが動き浜松町に着いたが、その後が大変だった。どの鉄道が動いているかさっぱり分からない。上野駅周辺には長い行列ができて、異様な風景が続いた。地下鉄、つくばエクスプレスなどを乗り継いで千葉県柏市の自宅へたどり着いたのは一二日午後四時過ぎだった。

帰宅する車の中のNHKラジオで、東京電力福島第一原発で炉心の空焚き、燃料溶融などの異変が起きていると知った。その後、原子炉建屋での水素爆発、放射性物質の大量放出などが相次ぎ、四基すべての各原子炉が制御不能に陥った。

私の住む千葉県では「計画停電」（おかしな言葉だ）に振り回され、ガソリンスタンドに長い列ができ、コメや牛乳が店から消えた。

権力と東電は、原発がなければ電気がなくなると恫喝して、脱原発の世論が生まれないように画策した。自衛隊、米軍の活動を美化している。彼らはどんなときにも、権力強化を狙う。

原発「事件」は権力・企業犯罪だ。原発「事件」に関する取材と報道はアジア太平洋戦争時の大本営発表報道と同じだ。原発事件に関するメディアの取材報道は、戦後ジャーナリズム史上最悪だ。キシャクラブ・メディアの悪いところが全部出たと思う。

複数のベテラン記者から聞いたのだが、新聞協会で「原発事故に関してみだりに不安を煽らない」という申し合わせがあったという。

米国に住む元同志社大学社会学部メディア学科教授のフィリップ・カニンガム氏は三月末、「NHKは本当のことを伝えているのだろうか」とメールで聞いてきた。

三月一八日の朝日新聞一面の見出しは《原発肉迫30トン放水》、《自衛隊車両連続作業も》だった。中国侵略を伝えた「誉れの肉弾三勇士」の記事のようだ。

原発のことは海外のメディアが客観的だ。ニューヨーク・タイムズは一四日朝、福島原発で「部分的なメルトダウン」が始まり、日本は崩壊の危機にあると言い切っている。

米国防総省は一六日、福島原発からの放射能被ばくを避けるため、少なくとも八〇キロメートル圏から避難するよう軍関係者に命じた。横須賀にいた米空母は太平洋上に避難した。これとは別に、ホワイトハウスは一六日、原発から八〇キロ圏内にいる米国人は避難するよう勧告した。

3・11の翌日三月一二日と一四日に東京電力福島第一原子力発電所で水素爆発、一～四号炉がすべてレベル7になった。政府・東電がメルトダウンを認めたのは五月一三日だ。

水素爆発を「事象」「トラブル」と伝え続けたNHK、「ただちに健康への被害はない」と繰り返した枝野官房長官の罪は大きい。福島などの市民に「外に出るな」と言うべきだった。

福島にある桜の聖母短期大学の学生たちは、「放射線量の情報がない」、「どれが正しい情報か分からない」、「政府と報道を信じられない」と言っている。一番危険なときに、放射能汚染の拡大の情報を正確に伝えなかった政府とマスコミは猛省すべきだ。

「パニックを起こしてはいけない」という理由で、現実に起きていることを伝えなかった。海外のメディアは「日本は崩壊の危機」、「メルトダウンに秒読み」などと正確に伝えていた。

震災から数日後の話だ。菅直人前首相に近い複数の関係者は次のように語った。

「四号炉のプールなんて〝神風〟並みの奇跡が起きて今無事だ。あれはプールの水がなくなって、空焚きになっていた。米国も四号炉の使用済み核燃料プールのことを一番恐れていて、ここがメルトダウンして爆発してっていうのが一番大変なことが起きるって恐れられていた。冷却用プールに入っている水が全部なくなってしまっているはずだから。これはいったいどうなるんだ、という状況だったのに、なぜか水が入っていた。それで日本は救われた。『神風が吹いた』とみんなで言っていた。

未だになぜ水がここに入っていたのかはわからない。推測では、原子炉本体とプールの間を結ぶ遮蔽壁が地震で壊れてくれて、本体の方にあった水が勝手に流れこんだんじゃないかと言われている。それで燃料棒は水の中に納まり続けるということが起きた。何年か後には真相がわかるでしょうが、本当に奇跡的なことが起こって破局は免れた。だからみんなが思っているよりも今回大変な危機だったんです」。

東京だけでなく日本全体がだめになると感じた菅首相。四号炉の使用済み核燃料プールの空焚きが問題だった。細野原発担当相も九月一一日のフジテレビ系の「報道２００１」で、四号炉の使用済み燃料プールの空焚きが心配だったと述べた。

東日本大地震・東電原発「事件」は今後の世界の変化の契機になるのではないか。産経新聞系のメディアによく書いている同志社大学の教員は新入生への挨拶で、「ここのところ私が会うマスコミの人たちはみんな生き生きとして、張り切って異様に元気なんです。大地震津波、原発事故で、意気軒昂なんです。でも、それでいいんでしょうか。マスコミの使命は、国民の生命を守ることで……」という趣旨で話した。

私の知っている報道関係の記者に、この先生が言うようなジャーナリストは全くいない。彼の親しい報道人はどういう人たちだろうか。私の知る記者たちは、みんな、おびただしい犠牲者を前に立ち尽くし、泣き、また東電事件には怒り、恐れ、これからを心配している。東北各地の現場に出た共同通信の若い記者たちが少なからず精神疾患を患っており、新人記者は出張させないという決定をしたと聞いた。

槌田敦さん、広河隆一さん、森住卓さん、広瀬隆さん、明石昇二郎さんら、これまで原発や劣化ウラン弾について追ってきた良心的なジャーナリストがたくさんいる。ＴＢＳの萩原豊さんもがんばっている。

■院生たちのテレビ原発報道検証

私が指導している同志社大学の大学院生四人が一一月一二日、神奈川県にある東海大学で開催された日本マス・コミュニケーション学会秋季共同研究発表で、「福島第一原発事故とテレビ報道」をテーマに発表を行った。発表者は博士後期課程三年の小淵由紀子さん、同二年のナジ・イムティハニさん、博士前期課程二年の矢内真理子さん（一四年四月から日本学術振興会「DC2」特別研究員。研究テーマは「大規模災害とマスメディア報道——東日本大震災・福島原発事故を中心に」）と呉源さん。

四人はメディア学科にある録画機器を駆使し、大震災後のテレビ報道を三カ月間録画した。今回の発表では、震災発生から一週間の日本の地上波テレビ各局と、英国のテレビ局BBCの比較を通して、日本のテレビ局はジャーナリズムとしての機能を十分に果たすことができたのかを検証した。

浅野ゼミの院生と学生は、原発事故発生から一週間（一六八時間）の報道から、マスメディアの中で最も大きな影響力を持つメディアであるテレビ媒体を取り上げ、何がどのように報道されたのかを記録（字数にして約七八万字）し、それを踏まえて、現在も続き、これからも起こるであろう様々な「危機」（例えば、食品の放射能汚染問題等）に対して、テレビ・ジャーナリズム報道が取るべき姿勢、構えを探ることを目的とした研究を行った。

研究は、雑誌『ＤＡＹＳ　ＪＡＰＡＮ』編集長でジャーナリストの広河隆一氏らが、「テレビ報道がひどい。すべての放送、特にＮＨＫを録画したい」という電話が私にあったことが契機となっている。三月一二日、福島へ取材に向かった広河氏は、翌日福島県双葉町に入った。当時のことについて、広河氏は福島原発から三キロの地点で「放射能値は一〇〇〇マイクロシーベルト以上となった」と述べている。

《一二日の午後三時三六分ごろに起きた福島第一原発の一号機爆発映像の使われ方から、事態の重大さを伝えないようにしていたのではないかと推認できる。ＢＢＣはこの原子炉の建屋が吹き飛んだ爆発の瞬間の映像を何度も繰り返し使い、事故を報じた。しかし、日本のテレビ局では、ＮＮＮ系列は同系列の福島中央テレビが撮影した爆発の瞬間の映像を、事故発生初期から繰り返し使っていたものの、ＮＮＮ系列以外のＮ

HKなどの局は爆発瞬間の動画を使わず、一号機の建屋が吹き飛ぶ前と後の静止画、または映像を並べて表示して説明するだけだった。》

四人は結びで《テレビの原発事故に関する取材・報道の問題点を摘出し、今後、市民の知る権利にこたえるジャーナリズム機能を果たすために、取材従事者に対し当局に懐疑的姿勢を持つような記者教育、調査報道の充実、記者クラブ制度の廃止などが急務となっていると言えよう》と指摘した（学会のHPにある「予稿集」で四人の発表論文を閲覧できる。http://wwwsoc.nii.ac.jp/mscom/）。

四人の発表から、テレビでの専門家の無責任が発言が原発事故の深刻さを隠蔽し、多くの市民が被曝したことが分かる。以下は四人の発表の要約。

《三月一四日のNHK番組「あさイチ」に出演した杏林大学救命救急センター医師の山口芳裕氏は、「基本的には花粉症対策とお考えください。ですからしっかりマスクをして、そうですね、ゴーグルもあればいいですし」と答えた。また、山口氏は、一七日も、「あさイチ」で屋内退避指示区域に住む妊婦や小さい子どもを持つ母親への対策として、「不要不急の外出は控えるというのが原則ですけれども、それよりも、より厳密にですね、控えられたほうがいいですし、外に出る場合も、マスクとか、それと気道を保護するような手立てをできるだけ厳密にですね、やっていただくという程度で、よろしいかと思います」と述べた。

一二日早朝には、「通常の一〇〇〇倍の放射線が一号機の中央制御室から測定された」と原子力安全保安院と東京電力から発表された。それを受けて、民放では「お伝えしましたように原子力安全保安院は健康に影響が出るような数字ではない、近隣の住民は落ち着いて避難して欲しいと冷静な対応を求めています。どうぞ落ち着いて避難をなさってください」（一二日八時二〇分頃、JNN）と、アナウンサーが保安院の発表を引用した。また、NNN系列でも「レントゲンなんかに比べると一〇〇〇倍っていうのは大した量じゃないっていえば、大した量じゃないんですけど」（一二日一二時三〇分頃、東京工業大学・有富正則教授）と、事態の深刻さをうかがわせない発言もあった。

ＮＨＫでも、専門家による「ただちに健康に影響はない」とする発言が繰り返し行われた。まず、一二日午前八時三〇分ごろ、東京大学大学院工学系研究科システム量子工学専攻の関村直人教授は、福島原発周辺で微量の放射性物質が検出されたことについて「この量というのはわずかでございまして、これが人体に影響するということはないであろうという風に考えています」と答えた。

初報時に出演した専門家はＮＨＫが関村直人・東京大学大学院教授。ＡＮＮは斎藤正樹・東京工業大学原子炉工学研究所原子炉安全委員会専門委員。ＦＮＮは澤田哲生・東京工業大学原子炉工学研究所助教。ＮＮＮは有富正則・東京工業大学原子炉工学研究所教授らだ。

一五日の「ニュースウォッチ９」では、福島原発事故とチェルノブイリの事故とを比較した。アナウンサーは「今回の事態は、チェルノブイリに比べるとはるかにレベルの低いものだと専門家は指摘しています」と述べ、次にＶＴＲに登場した原子力安全研究協会の武田充司工学博士が「石棺というような、そんな事態には到底ならないですよ。そんな大げさなこと」と発言した。

権力監視を行うはずのメディアが、例えば三月一五日の読売テレビのように「政府の発表を信じて、それに冷静に対応をするのが今は第一」と訴える場面が多くみられた。同じ番組に解説者として出演していたベテラン記者は、過去、放射能に関する取材を行った際は、ガイガーカウンターを持ち歩いての取材だったことを話していたが、この一週間の報道でテレビ局の記者が独自に計測を行った場面はなく、独自調査を行ったフリーランス記者の活動を取りあげることもしなかった。》

院生たちは三月一二日午後三時三六分に起きた福島第一原発一号機の水素爆発の映像を福島中央テレビ

（ＮＮＮ系列ＦＣＴ）が鮮明な映像でとらえたのに、他の民放ネットやＮＨＫが全くこの映像を使わなかったことを問題にした。この映像は原子炉の建屋が吹き飛んだ爆発の瞬間をはっきり撮影していた。報道界全体が原発事故の事態の重大さをなるべく伝えないようにしていたのではないか。

ＮＮＮ系列はＦＣＴが撮影した爆発の瞬間の映像を、事故発生初期から繰り返し使った。

英国のＢＢＣ ＷＯＲＬＤ（以下、ＢＢＣ）を何度も繰り返し使い、事故を報じた。しかしＮＮＮ系列以外のＮＨＫなどの局は爆発瞬間の動画を使わず、一号機の建屋が吹き飛ぶ前と後の静止画、または映像を並べて表示して説明するだけだった。一三日以降は東京電力が提供したスチール写真や、原発から三〇㎞以上離れたところから撮影した、もやがかかった不鮮明な映像を使うだけだった。実際に何が起こったのかを捉えた爆発の決定的瞬間の映像を使う量は極端に少なかった。

ＢＢＣが三月一六日に発表された天皇のビデオメッセージについて行った放送も興味深い。天皇がビデオで市民に向けてメッセージを発したのは初めてのことだった。ＮＨＫでは三月一六日の一九時三八分から約六分間にわたり、ビデオメッセージを放送した。天皇はその中で福島原発についても「また、現在、原子力発電所の状況が予断を許さぬものであることを深く案じ、関係者の尽力により、事態の更なる悪化が回避されることを切に願っています」と話した。

このビデオのオンエア後、番組内では「両陛下は、救助活動の支障にならない時期を選んで、被災地を訪れ、被災した住民を励ますとともに、災害対策にあたる人たちをねぎらわれることになっています」とアナウンサーが読み上げた。日本では福島原発事故のことよりも、震災そのものにおいて天皇が国民の生活と安全を心配しているという視点で放送された。

ＢＢＣはこのビデオメッセージを全く異なった視点で報道した。一六日の一八時四分から「ＦＬＡＳＨ

NEWS」で「日本の天皇は核の危機をひどく心配している」と報じた。翌日一七日の六時には「いかに事態が深刻かということを示しているのは、天皇明仁がテレビで国民を安心させようとメッセージを送ったことだ。しかしながら、国民は安心していない」と、天皇が登場しなければならないほど福島原発事故が深刻な状況であるという視点で取り上げた。この後、BBCでは、中国の航空会社が成田空港行のフライトをキャンセルしたことや米国やフランス政府が日本から自国民を脱出させるために飛行機をチャーターしたことなどを報じた。

四人の学会発表後の質疑応答で、元NHKの学者（名前、所属不明）は「FCTの映像は大スクープなので、他社は使えない。それが業界の決まりだ。我々は商売をやっているので、特ダネはもらえない」と述べた。NHKは公共放送ではないか。他局は原発にもっと近いところに情報カメラを設置していたので津波で壊れた。FCTの映像は同局の固定カメラが生きていただけで、スクープとは言えない。中継中や直後は独占してもいいが、翌日からは他局も使うべきだ。

■八カ月後に真実に迫る

一一月一一～一二日にかけて、細野豪志原発担当相によるJヴィレッジおよび東京電力福島第一原子力発電所の現地視察が行われ、記者クラブメディアと一部外国メディアの三六人が同行取材した。

NHK記者は現場を回りながら、信じられない光景などと驚愕していた。新聞各紙にもルポが載った。事件から八カ月もたって事件の悲惨さを伝えるというのがおかしい。

前述した吉田所長の「死ぬかと思った」という生々しいインタビューも報道された。所長が何度も地獄を見た、死ぬかと思ったと恐れていたのに、その事実は全く伝わらなかった。そのことが恐ろしい。

同行取材はフリーランス・ジャーナリストには許されなかった。上杉隆氏は「官報複合体による原発事故の情報隠蔽」と批判した。

最近会ったメディア出身の大学教授は「記者クラブがあったから調査報道ができたと現場記者から聞いて、そういうこともあるのかと思った」と強調した。「それは、官庁の中にプレスセンターがあるべきだ、ということではないか」と聞いたが、彼には意味が通じない。

彼は「記者クラブ」問題で、「いろんな意見があってよい」と言い切ったが、メディア研究者の退廃を示すと思った。

■「福島のものは食べない」と言う福島の大学生

同志社大学社会学部のゼミ生と一緒に、八月一二日、仙台にある宮城女子学院大学の新免貢ゼミの学生・院生と討論した。新免教授は阪神淡路大震災の時から活動をしており、「心の中にこみ上げてきた怒り——這いつくばって生きている人間が死に、偉そうなことを言っている人間が生きる——これが、現在の私の学問研究や物事の考え方の基本になっている」と話した。新免教授は米紙が福島原発で起きていることを詳しく正確に報じていたことを強調した。

新免教授は福島民報の《費用など気にすることなく、請求書は国に回してやればいい。耐える姿が賞賛される時期は過ぎた。被災地自らが動き、声を上げねばなるまい》という社説を取り上げて、地元メディアを評価した。その一方で、大手メディアに関しては「親や親族や家を無くし、どうやって立ち直ることができるのか。地震は貧乏をさらに貧乏にする。『東北がんばれ』、『がんばれ日本』の一本槍ではなく、人間の現実に近い情報を効果的に伝える事が必要である」と指摘した。

福島県内陸部の郡町に実家のある学生は震災当時そこにいた。実家には父の営む建設会社が併設されていたので、安否はすぐ確認がとれたそうだ。

原発に関することで、「今すぐにでも逃げろ」と言われ、実際に横浜に住む叔父から「引っ越してこないか」との話もあったが、断った。その理由は、「父や家族みんなが実際に復興を行う立場の人間であり、逃げてしまうと復興する人がいなくなってしまうし、家族を置いて自分だけ逃げることはしたくなかったからだ」と語った。

原発が水素爆発した際も何のことかわからず、また現在の報道もそのまま信じるしかないと言う。決して積極的な理由からではなく、「勉強して本当のことを知ってしまうと怖いから」だそうだ。また、「福島県が腫れ物のように扱われるのは悲しい」とも語った。現在は福島県の職場に内定を貰い、今後も福島で生きていくと言った。

九月一二日には、福島県福島市にある短期大学の学生との交流会を行った。事故発生から約半年経った九月でも約一マイクロシーベルト／hの放射線量があり、福島市は原発から三〇km圏外としてはかなり高い数値ということだった。

英語学科准教授とボランティア活動に積極的に参加している学生五人と討論した。

伊達市月館町出身の学生は「実家は福島第一原発から五〇キロあたりにある。飯館村などはこまめに計測されて報道されているが、月館町についての情報は入ってこない。飯館村に近いところは五マイクロシーベルトあると言われている。ホットスポットもあるというが市からも町からも知らされない。このあたりは危ないという噂はあるが噂のままで不安」と放射能に対する不安を語った。

准教授は「政府もマスコミも信じられない」と断言した。私たちの「マスコミの報道は真実を伝えていると思うか」という質問に対して、多くの学生が「最初はテレビなどで情報収集し、現状を把握しようとしたが、マスコミにも政府にも東電にも裏切られ、報道されているものは信じずに耳を通り過ぎるだけになった。今はもう一切見ていない」と答えた。

震災後、福島原発が爆発する映像が流れたが「直ちに影響はない」と語った政府や東電、それを何度も報道したマスコミは許せない。

「直ちに問題はない」と語っていたとき、三月一五日前後は最も高い放射線量だったが、物資や水の供給を受けるためにたくさんの人が長時間屋外で並んだそうだ。学生の一人は「〝外に出るのは控えるように〟という一言さえあれば無駄な被曝をせずに済んだのにと思って悔しい」と話した。

原発関連の本も多数出版されているが、学生たちは目を通す気もなく、テレビの原発関連ニュースを積極的に見ようとも思わないという。ある大学関係者は銀行に勤める二五歳の娘のことを語った。津波で流された支店の事務処理のために、震災から一カ月間、自転車で各支店を回った。彼女はあとで放射線量が高かったという事実を知った時、「私が子どもを生んでも大丈夫か」と聞いた。そのときに事実を知っていれば外に出さなかった。知らないということはこういうことなんだと思った。情報というのは「大丈夫かもしれないけど、最悪のことを想定した情報を発信して欲しい。それで予防して損はないのだから」と話した。

■大本営発表報道に批判

主要メディアの報道については、「七〇年前の大本営と一緒の、大きな罪ですよ」（ジャーナリスト、上杉隆氏）という批判がある。朝日新聞は一〇月の新聞週間の特集記事の中で《福島原発事故の深刻さを、きちんと伝えたのか。日々の動きを追うのに精いっぱいで、政府や東京電力が公表するデータや見方をそのまま流す「大本営発表」になっていないか》（一〇月一五日の朝日新聞）と、「大本営発表」報道だったことを認めた。広河隆一氏は、『福島　原発と人びと』（岩波新書）の中で、「戦争と原子力災害に共通なのは、加害者は市民の被害を隠すということである。そして今回、この〝原則〟にマスコミが乗り、巨大な『記者クラブ』が出来上がった」と指摘した。

ニューヨーク市立大学のデイビッド・ルビン教授は一九八七年、「報道機関はスリーマイルとチェルノブイリをどう報じたか」と題した論文で「（地震における地質学者や、台風における気象学者と比較すると）原発事故においては、記者が情報について照会・検証できる中立的な情報源はほとんどなく、記者の疑念と葛藤が生じる元にもなる。原発は極度に政治的な問題であるため、すべての情報源は、何らかの見方をもとにして話をしている」と指摘した。

上杉隆氏は、元朝日記者の烏賀谷陽弘氏との対談本『報道災害　原発編』（幻灯社新書）で、東電の会見に出席していた記者たちに対し、「彼らは結果として全員で国や東電の情報隠蔽に加担した」と述べた。また、上杉氏はフリージャーナリストらの代表として、首相官邸や記者クラブに会見の参加交渉を行ってきたが、三月一七日まで外国メディアやフリージャーナリストは一切参加を認められなかったことを明らかにした。

私は七月に出版した『記者クラブ解体新書』（現代人文社）で、東京電力福島第一原子力発電所「事件」に関する報道が太平洋戦争時の大本営発表報道と酷似している主要な原因は「記者クラブ」（英語ではkisha club）制度にあると指摘し、その解体と真のジャーナリズム復活を提唱した。

上杉氏は「記者クラブなんてどうでもいい、勝手にやれ、自分は入らないという姿勢だったが、3・11以後、その考えが変わって、浅野さんの言ってきた記者クラブ壊滅は急務の課題だと確信している」と言っている。上杉氏は『報道災害　原発編』で、記者クラブ問題に関しては、私に不徳を詫びたい、と書いている。

新聞協会が発行する『新聞研究』編集部は七月、明石昇二郎氏に「原発と新聞」について原稿を依頼しながら、記事の中に朝日新聞科学部記者を顕名にして、原発推進報道を批判する記事があったことから、一方的にボツにした。明石氏が『週刊金曜日』七月二九日、八月五日号に寄せた記事によると、編集長は明石氏の原稿を新聞社の編集幹部に見せている。編集長は「我々にもタブーがある」と明石氏に述べたという。悪質な検閲、言論弾圧である。

いまだに「記者クラブがあるからジャーナリズムが疲弊しているわけではない」などと言い張って、記者クラブ廃止論を妨害する学者・メディア幹部が少なくないが、その人たちは3・11後の人民を裏切り続ける〝マスゴミ〟の取材と報道を検証すべきだ。

権力と記者クラブに、「記者会見のオープン化」を要求するだけの運動では、記者クラブ問題の根本的な解決にならないことが、原発報道の深刻な事態で明白になった。上杉氏は「今までと違ったやり方で、記者クラブをぶち壊すしかない」と強調した。

確かに、東電原発事件に関する取材と報道を見ると、記者クラブ制度の悪いところが全部出ており、今こそ、記者クラブの解体が急務となった。

廃止論を妨害する学者・メディア幹部に問いたい。「記者クラブは日本のトップリーダーにじっくり話を聞く場さえ奪っていることをどう考えるか」と。

■政府は海外への原発輸出の継続確認

野田佳彦首相は、ベトナムのズン首相を一〇月三一日夜、首相官邸に招いて会談し、日本の原子力発電所のベトナムへの輸出について、東電福島原発事故の前に合意した両国の決定に基づいて、引き続き進めていくことを確認した。

二〇一一年一〇月に合意した日本からの原子炉二基の輸出について、福島原発の事故の教訓を踏まえて、より安全性を高めることを約束。共同文書には、日本の事業者がベトナムでの原発建設を担うことを明記した。ベトナムのほか、ヨルダン、トルコ、インドへと野田政権は原発プラントの海外輸出を加速している。福島の収束も見えないのに、海外に原発を売るというのはどういうことか。

こういう時代のジャーナリズムの役割はより大事だ。権力のラップドッグ（愛がん犬）ではなく権力に対するウォッチドッグ（番犬）であらねばならない。

ジャーナリズムは、目の前の事象を追うだけでなく、進むべき未来に光をあてることも必要だ。福島原発「事件」で、原発に依存する国のあり方は崩壊した。ジャーナリズムは原発を捨て、社会を大変革するための未来を示す時にきている。

［付記］

本文に登場する同志社大学大学院社会学研究科メディア学専攻博士後期課程四年生の矢内真理子氏は、私の授業のティーチング・アシスタント（ＴＡ）を務め、浅野ゼミが企画する様々なイベントを支えてくれた。冤罪事件にも関心を持ち、飯島滋明編『憲法から考える実名犯罪報道』（現代人文社）に論稿を寄せ、私との共著論文もいくつかある。

しかし、二〇一三年一二月一九日から浅野研究室を完全に離れ、ＴＡ業務も休み、一切連絡がなくなった。私が解雇された一四年三月末以降も同じ状態が続いている。私が一三年一二月に起こした地位保全仮処分申請、一四年二月の地位確認訴訟において、被告・学校法人同志社側が「浅野がいなくても学生は誰も困っていない」と主張するため、矢内氏と保護者に「新しい指導教授の下で博士号をとれるように、全力で応援する」と説得したためだ。

矢内氏は一三年一〇月初め、日本学術振興会（学振）の「ＤＣ２」特別研究員（準公務員）に内定していた。一四年から二年間で約八〇〇万円（税金から支出）の給付を受けることができる。私が「受入研究者」（指導教授）で同志社大学が研究機関になっていた。研究テーマは「大規模災害とマスメディア報道――東日本大震災・福島原発事故を中心に」だった。矢内氏は、私の指導で被災住民、報道関係者らの聞き取り調査、原発事故後の報道分析などを行う研究計画書を提出した。

同僚五人による私の追放謀議が判明した一三年一〇月二九日、矢内氏は私が指導していたゼミ（学部一年から院の学生五〇数人に緊急連絡し、「浅野先生を守る会」を結成し、自ら会長になり、私の解雇反対闘争の先頭に立った。冨田安信社会学研究科長、小黒純メディア学専攻教授らの実名を挙げて、私の労働権を奪う教員たちを厳しく批判していた。

冨田安信研究科長は研究科委員会で私の定年延長拒否を議決した後、一二月中旬、二回にわたり、矢内氏の兵庫県の実家に、「指導教授の変更」について、専攻教員との協議の場を設けたいという手紙を郵送した。この手紙の後、矢内氏の態度が急変した。

矢内氏は私とは全く相談せずに、一四年四月二日付で、「採用時受入研究者変更届」（村田晃嗣学長の公印）を提出し、同月二五日に特別研究員に正式採用された。私は学振の情報開示手続きを使い、この文書を一五年八月二七日に初めて入手した。変更届の「旧受入研究者」欄は空白で、「新受入研究者」として竹内長武教授の署名と押印がある。変更届に添付の形で、冨田研究科長が「三月から、数回変更届のことでお願いしたが、返事をいただけない」ために、私の署名・捺印がないまま提出すると説明した文書（一四年四月二日付）があった。私は一三年度、院メディア学専攻の責任者である専攻教務主任（学長任命）だった。私が話し合いを拒み、変更届にサインしなかったというのはとんでもないウソだ。

竹内教授は、児童文学が専門で、手塚治虫研究で知られ、「ジャーナリズムは専門外」と公言している。中国人留学生（現在、人民大学副教授）の博論公開講演会で、「（柳条湖事件に始まる）一五年戦争という用語は日本では使えない」と指導していたことが暴露された。矢内氏は、竹内教授の授業を一度も履修していない。

冨田研究科長と被告代理人・小國隆輔弁護士らは、矢内氏も含め元指導学生への連絡を禁ずると何度も通告（警告）してきている。

以上の事情により、①矢内氏の特別研究員の調査研究活動は私と無関係に行われている、②一二年三月から東電福島原発事件と報道を共同研究（矢内氏も参加）した浅野ゼミ（主に一八期生）と私は、この共同研究で収集したテレビ放送録画映像、ニュースの字起こし、印刷物などを、矢内氏が今後の論文などに使用することを禁止すること——をここで表明しておきたい。

おわりに――ジャーナリズムとアカデミズムは信頼回復できるか

■同志社大学とアカデミズムの危機

本文でも述べたように、私は共同通信で二二年間記者をした後、二〇年間同志社大学（村田晃嗣学長）で大学院教授を務めたが、二〇一四年三月末に完全追放された。同年春、私は研究室を奪われ、「東電福島原発事故とメディア」で博士論文を書いていた学生も含め院と学部で私が指導していた学生は離散した。

一四年一二月に施行された特定秘密保護法で、報道だけでなく大学（アカデミズム）も監視対象になる。西山太吉元毎日新聞記者がスクープし、我部政明琉球大学教授が日米密約を証明したが、安倍政権は西山記者の行為はこの法律の適用対象になると断言している。

下村博文文科相は国立大学の学長に国歌斉唱と国旗掲揚を事実上要請した。国公立大学の後は、キリスト教系大学も含め私大にも要請が来るだろう。文科省は人文・社会科学系の学問を軽視し、国公立大学から学部をなくそうとしている。また、防衛省は大学の軍事研究に研究補助金を提出するとして、公募している。

戦前に奉安殿設置、教育勅語・軍事教練を拒否していた上智大学と同志社大学が軍部に屈服したのが一九三八年ごろだ。

私は学校法人同志社を被告として「従業員地位確認等請求訴訟」（平成二六年（ワ）第３１０号）を起こし、これまで八回の口頭弁論が開かれた。

ロシアからの日本政府奨学生は私の下で「外国人犯罪と日本の新聞」をテーマに修論を書く予定だった。「福島原発報道」を研究テーマに一四年度から二年間、日本学術振興会特別研究員に内定していた後期二年の学生もいた。「憲法改定とジャーナリズム」を共同研究（京都民報などに記事）していた浅野ゼミ二〇期生は一四年三月末に強制解散され、一三人のゼミ生はばらばらにされて他の教員（マンガ論、遊女研究、広告など）のゼミに暴力的に振り分けられた。浅野ゼミが一九九四年以降、市民と共に企画して、多数の市民も参加した冤罪、非戦平和、沖縄米軍基地、原発（『ＤＡＹＳ　ＪＡＰＡＮ』一二年四月特別号「検証・福島原発報道」に成果）、日本軍性奴隷（現代人文社『ナヌムの家を訪ねて』を出版）、沖縄米軍基地、日米密約、パレスチナなどをテーマにしたイベントは社会学部から消えた。

私の院と学部の科目は一年半、すべて「休講」になったままだ。院の「ジャーナリズム論」「新聞学」「国際報道論」「メディア責任制度論」などで、学部では「新聞学原論Ｉ・Ⅱ」である。は私の「補充」公募で後任の伊藤高史教授が創価大学から来たのに私の授業を一つも担当していない。

私はこの労働裁判とは別に、三月一三日、私の雇用の場を奪い、浅野ゼミ二〇期を解体し、同志社から追放した同僚五人を相手取り、名誉棄損損害賠償訴訟を東京地裁へ起こした。被告側は京都地裁への移送を申し立て、京都地裁で審理されることになった（私の二つの裁判については、浅野裁判支援会ＨＰを参照。http://www.support-asano.net/index.html）。

同志社大学で六月一三、一四日に開催された日本マス・コミュニケーション学会（旧新聞学会）春期大会（開催校担当者は私を追放した小黒純教授）では、特定秘密保護法、侵略戦争法案は議題になっていない。反対決議もなかった。

「ポツダム宣言」を受諾して日本が無条件降伏した後、一九四八年に米軍占領下で新制大学が発足した。私が生まれた年だ。同志社大学社会学研究科メディア学専攻博士課程の教育概要「メディアを通じて現代社会に迫る」では次のように説明されている。

《新聞学専攻は、戦前の軍国主義化と戦争を阻止できなかった要因のひとつをジャーナリズムの貧困に求め、民主主義の発展に向けたコミュニケーション状況の向上を目指して、１９４８年４月新制大学の発足とともに誕生した。》

同志社のメディア学専攻（旧・新聞学専攻）は和田洋一、城戸又一、鶴見俊輔各氏らリベラルな教員を擁していた。同志社大学には田畑忍学長（一四年九月二〇日に亡くなった土井たか子さんは門下生）ら非戦・平和、人権を重視する研究者が多く、在日朝鮮人の指紋押捺問題などで教員たちが行政機関の前で座り込みをすることもあった。国家機密法案、昭和天皇の死去後の大嘗祭などで、学内で数百人の署名が集まり、教授会で反対決議が通ったと聞いた。私が赴任した二一年前には、学内にまだそんな反権力で自由な学風が感じられた。

現在の同志社大学はどうか。大学の顔である学長には、二〇一三年四月、橋下徹氏（現大阪市長）と同じテレビ番組などに出演して有名になった村田晃嗣法学部教授（国際関係論）が就任した。

村田氏は法学部教授時代の二〇〇三年には米英のイラク侵略・占領に自衛隊を派兵すべきと主張。安倍晋三政権が一三年一二月に強行成立させた特定秘密保護法にも賛成した。また、創価学会系の『第三文明』一四年一〇月号で、一四年七月の安倍晋三政権による集団的自衛権行使容認の閣議決定について、「（公明党との調整で）より丁寧なプロセス（経過）を踏むことができた」と述べ、「閣議決定で、日本が戦争できる国に変わってしまった」という批判を「ためにする議論」と決め付けている。

村田氏が教職員の投票で学長に選任されたのは一三年一月だった。若手の職員が村田氏と対立候補の英文科教授との討論会を企画して、同志社の改革を雄弁に語った村田氏が僅差で選ばれた。「テレビに出ている人が偉い人」、「はっきり物を言う人がいい」という軽いのりで選んだ教職員が多かったのだろう。

その後、一三年四月には同志社大学の新キャンパスの敷地内に交番が設置された。地元自治会の「安心、安全な地域を」という声に押されて、無償で交番用地を提供したのだ。大学が警察に土地をただで提供するような国はないだろう。

それでも、学問・研究の自由を縛るおそれが強い特定秘密保護法案が審議されていた一三年九月から一〇月にかけて、私が所属する社会学部教授会（五〇人）で、何とか反対決議ができないかと考えていた。

特定秘密保護法案は、憲法二一条「表現の自由」に「公益及び公の秩序」という条件をつけた自民党改憲草案の先取りであり、かつて中曽根政権などが画策・失敗したスパイ防止法・国家秘密法を復活させるものだからだ。何とか自分の職場で声を上げようと思い、リベラル左翼系とされる若手の教員に相談したが、「学部で通すのは不可能だろう」ということで、議論にもならなかった。

同法案については、新聞労連などが反対運動を展開していた。メディアの取材報道の自由を侵害すると同時に、学問の自由も脅かされる。大学にとっても危機なのに、教授会は動かない。権力に睨まれるような調査研究をしていないから、弾圧の恐れなど感じないのかもしれない。御用学者は、自分たちは権力の一部と思っているので、危機感がないのかもしれない。

■「産学協同」はあたりまえ

同志社大学の変節を招いたのは、教職員の保守化と共に、学生自治の崩壊が原因と私は見ている。同志社大学には、全国の私学でも有数の学生運動の歴史がある。大学全体の自治会を学友会と呼んでおり、新左翼系の学生運動のリーダー、藤本敏夫氏（故人、歌手の加藤登紀子さんの夫だった）や矢谷暢一郎米ニューヨーク州立大学教授らが委員長を務めた。その伝統ある学友会だが、私が在外研究で不在だった二〇〇三年に解散大会を開いて消滅した。解散大会を開けるぐらいなら、存続できるのではないかと思った。誰がどうやって学友会を解体したのか、いまだによく分からない。

学生自治会のない大学は授業料の値上げを続けた。リーマンショック後もスライド制で値上げして、全国の私大の中では比較的安かった授業料が東京の有名私立大学並みになった。

現在の大学では「産学協同」も当たり前で、企業の名前を掲げた冠講座が横行している。村田氏は読売新聞と組んで講座を続けているし、メディア学科関係では渡辺武達教授がつくった京都新聞系の組織から資金を受けた授業がある。大学ほど、既得権益にこだわるところもない。また、非正規雇用をいち早く始め、人件費の削減に必死だ。

朝日新聞（東京版）四月三〇日夕刊によると、学校法人同志社の大谷實総長は二〇一五年三月二〇日の二〇一四年度同志社大学卒業式の祝辞で、安倍政権が狙う憲法改悪に警鐘を鳴らしている。記事を書いたのは、私の「新聞学原論」を受講したこともある、社会学科新聞学専攻卒の浅倉拓也記者（著者に『アメリカの報道評議会とマスコミ倫理』現代人文社）である。

同志社大学のＨＰによると、大谷総長は、自民党の憲法草案の中で、「個人の尊重」という文言は改められて、「人の尊重」となっていると指摘し、《これまで明確に否定されてきた全体主義への転換を目指していると言ってよいかと思う》と述べている。

《私は、今日の我が国の社会や個人の考え方の基本、あるいは価値観は、個人主義に帰着すると考えています。個人主義は、最近では「個人の尊重」とか「個人の尊厳」と呼ばれていますが、その意味は何かと申しますと、要するに、国や社会で最も尊重すべきものは、「一人ひとりの個人」であり、国や社会は、何にも勝って、個人の自由な考え方や生き方を大切に扱い、尊重しなければならないという原則であります。個人主義は、利己主義に反対しますし、全体主義とも反対します。

同志社の創立者新島は、今から一三〇年前の一八八五年、同志社創立一〇周年記念式典の式辞のなかで、「諸君よ、人一人は大切なり」と申しましたが、この言葉こそ、個人主義を最も端的に明らかにしたものと考えられます。》

《日本国憲法は、個人主義を正面から認め、人間社会におけるあらゆる価値の根源は、国や社会ではなく、一人一人の個人にあり、国や社会は、何よりも、一人一人の個人を大切にする、あるいは尊重する、といった原理であると考えています。

卒業生の皆さんは、遅かれ早かれ憲法改正問題に直面することと存じますが、そのときには、本日の卒業式において、敢えて申し上げた個人主義を思い起こしていただきたいと思います。そして、熟慮に熟慮を重ねて、最終的に判断して頂きたいと思うのであります。》

大谷総長は、卒業生への言葉を《一国の良心としてご大活躍されますことを期待し、また、お祈りして祝辞とします》と結んでいる。

強制解散させられた一三年度浅野ゼミ（三年、一二〇期）の共同研究テーマは「憲法改定とジャーナリズム」

だった。大谷総長は私の解雇問題を知っているのだろうか。私が「個人として尊重」されているかどうか全法人を挙げて議論してほしいところだ。

■村田学長が中央公聴会で戦争法案賛美

安倍政権は七月一五日、日本の人民が反対する憲法違反の侵略戦争法案を衆議院の安保法制特別委員会で強行採決し、一六日に衆院本会議でも採決を強行した。絶対に成立させてはならない法案が参議院に回された。

私を追放した同志社大学の村田晃嗣学長が、この強行採決直前の一三日の衆院特別委で、「中国が経済的に急速に力を付け、軍事力や外交的な影響力に転化しようとしている中、日米同盟の強化は理にかなったこと」と口述した。村田氏の口述を報じた各社は村田氏を同大学長の肩書で伝えた。NHKだけは法学部教授の肩書だった。

与党推薦のもう一人の公述人は元外務官僚の対米隷従評論家、岡本行夫氏だった。村田学長が与党の代弁人になり、強行採決の露払い役を務めたことには衝撃を受けた。

産経新聞のHPによると、村田氏の演説の概要は以下の通り。

《国際情勢の急速な変化というものがある。中国が経済的に急速に力をつけ、おそらく2024、25年には一時的にGDP規模でアメリカを抜くのではないかとみられているが、大きな経済力を、軍事力やさらには外交的に転嫁しようとしている。その中で、米国の圧倒的な優位が、完全に崩れたわけではないが、旧来に比べれば、米国の影響力が、後退しつつあり、わが国は、経済的に、相対的に地位を下げ、少子高齢化に直面している。

こうした主要国の力の変化、さらには安全保障のボーダーレス化の進行がある。こうした中、日本、米国は、2つの市民社会が共有する価値観の幅が広いということ、どのような国際環境が自国にとって望ましいかという国際環境についての認識目標についても、まったく同じではないが、共有の度合いが非常にとても高い。

そうした中で、日米同盟の強化にあたることは、極めて理にかなっている。》

《もし、今回の法案についての意見を、憲法の専門家の学会だけでなく、安全保障の専門家からなる学会で、同じ意見を問われれば、多くの安全保障の専門家が今回の法案に、かなり肯定的な回答をするのではなかろうか。学者は憲法学者だけではないということ。》

《「戦争法案だ」との表現で議論をするところから、安全保障についても理解の深まりというのは得られない。》

《(首相は米議会で)日米同盟を「希望の同盟」と呼ばれた。私は、大変魅力的な表現だと思う。》

村田氏が「急激な国際情勢の変化」と言うのは、自公の言う「安全保障環境の激変」と同じだが、どういう変化があるのかの説明がない。米国の力の相対的弱体化は事実だろうが、「九・一一」以降のアフガニスタン・イラク侵略・占領の大失敗とその事後処理のまずさが原因で、米国は疲弊しているのだ。自ら撒いたアラブでの戦争に疲れ果て、財政難に陥り、日本に肩代わりを強制している。

世界の大勢は戦争中毒にかかった米国の戦争政策に巻き込まれないようにしようとしている。ところが、世界中で安倍政権だけが日本を戦争に引きずり込もうとしている。

村田氏はいまだに米英による先制攻撃を正当化し、「イラクが大量破壊兵器を持っているかのように装ったことがアメリカの先制攻撃を引き起こした」「実際には兵器を所有していなくても、そのように振舞うだけで脅威を与えている」（〇五年元日の「朝まで生テレビ！」）などと強調した。山本太郎参院議員は七月三〇日の特別委で、空自が〇四年から〇八年までにイラクで輸送したものの「国連関係者は六％で、約六〇％以上が米軍や米軍属だった」「イラク戦争は誤った戦争だった」と指摘した。これに対し、首相は「サダム・フセイン独裁政権は、かつては間違いなく化学兵器を持ち、それをイラン・イラク戦争で使用し、多くの自国民も殺した。それを、大量破壊兵器はないことを証明する機会を与えたにもかかわらず、実施しなかった。そこで、国連安保理決議によって正当化された」と答弁した。首相は八月二五日の特別委でも同様の答弁を行った。

国際法違反のイラク戦争について、英米も含め、こんな無茶苦茶な総括をしている政治学者と政治家は日本以外にいない。前述したが、私は同志社大学社会学会が発行する紀要『評論社会科学』（七三号、〇四年三月号）に「戦争国家における新聞広告とジャーナリズム――イラク派兵をめぐる大学と政府の責任を中心に」と題した研究ノートを載せた。ここで村田氏の自衛隊イラク派兵支持発言（朝日新聞掲載広告）を問題にした。村田氏は、米英の政治家、メディアが誤りと謝罪しているイラク戦争支持の発言を、いまも撤回、謝罪していない。

村田氏が公聴会で示した歴史認識も首相に近い。

《侵略と防衛について。侵略について、明確なコンセンサス、定義はない。しかし一方で先の大戦でアジアにおいて行った多くの行為が、かなりの部分で、侵略といわれてもしかたない側面を持っていることは否定できない。明確に定義できないことと、何が侵略であるかが、個別に判断できないのは別。先の大戦では、アジアにおいて行った行為のかなりの部分についてまで、その侵略性を否定するというような議論を流布すれば、戦後、自衛隊という実力組織を持って、自衛に徹してきたという戦後の正当性が損なわれるであろう。明確に一〇〇%定義できないからといって、個別の事柄について侵略かどうかの判断ができないというわけではない。》

《四月から五月にかけて、安倍晋三総理が訪米をされたが、その際米国の連邦議会で、総理が演説されたときに、日米同盟を『希望の同盟』と呼ばれた。私は、大変魅力的な表現だと思う。（略）日米同盟が、二一世紀を支える国際公共財として、希望の同盟として機能するためには、そうした公共性と、実現可能性と、当事者意識、主体性が必要であろう。》

「侵略」の定義は難しいという村田氏の言説は、安倍首相の歴史観と酷似している。加害者としての主語がない。「侵略といわれてもしかたない側面を持っていることは否定できない」という言い方は、八月一四日に発表された安倍談話と同じように他人事なのだ。日帝のアジア太平洋諸国への侵略責任について、日本国民としての痛切な反省と謝罪の気持ちが感じられない。

村田学長は法学部教授でもあるのに、「安保学会」などの多数の学者は法案に賛成だと指摘するだけで、憲法学者の違憲見解について全く論じなかった。「学者は憲法学者だけではない」「戦争法案と表現したら安保の理解は深まらない」などの演説は説得力に乏しい。

村田氏が「中国が経済的に急速に力を付け、軍事力や外交的な影響力に転化しようとしている中、日米同盟の強化は理にかなったこと」と述べ、米国の影響力低下を同盟強化の理由に挙げるのは、自衛隊を米軍補助軍として差し出すという危険な主張だ。また、中国の脅威をことさら取り上げるのは、相互不可侵、平等互恵を明記した日中平和条約に違反していないか。中国は日本の侵略戦争の最大の被害国だ。各社世論調査で国民の多くが法案に反対を表明する中で、「ある程度での区切りは必要」と与党の早期採決を促す発言まで行った。

私はNHKニュースで視聴したが、奇抜なチェック柄のジャケットを着た村田氏の目は、安倍首相の目と同様、視線が定まっておらず、野党推薦の公述人が違憲論を述べると、目をキョロキョロさせていた。情けない。

先に見たように、学校法人同志社の大谷實総長（刑法）は、安倍政権の憲法改悪に警鐘を鳴らしていた。学長に言論の自由があるのは認めるが、新島襄が人民のための学園として創設し、キリスト教主義、リベラリズムと国際主義を掲げる大学において、教職員、学生の間で、この法案に関しどのような議論が行われているのかを知りたい。

私は同志社大学広報課と庶務課に対し、①村田氏は一四年七月、創価学会系メディアに学長の肩書で登場しているが、今回はなぜ法学部教授なのか、②日本の人民の多数が反対している法案に対し、報道機関への言論弾圧を露骨に進める「与党」の推薦で登壇したのは不適切ではないか、③大谷総長は安保法制法案に反対しているので、学内でまず議論をすべきではないか、④同志社大学内に村田氏の意見とは違う見解があることを大学として社会に発信しないと、同志社大学もしくは同志社大学法学部の意見と誤解される恐れがあるのではないか——と質問した。両課からの回答はない。私は七月二〇日にも、『週刊金曜日』七月三一日号に書くために一四項目の質問書を送ったが、「回答しない」という返答が二三日にあった。

同志社大学には韓国や中国からの留学生が多数学んでいる。中国や朝鮮民主主義人民共和国を敵視しての戦争法案支持発言は、東アジアの近代史を無視した無責任な発言だ。日本帝国主義の侵略と強制占領で被害を受けたアジア太平洋諸国からの留学生は、村田学長と公開討論をすべきである。同志社大学執行部は学内で緊急討論の場を設定すべきだ。

同大では教員の学外発言、言論の自由は一〇〇%保障されているようだ。しかし村田氏が、憲法以外の国際関係論の多くの学者は与党案に賛成と言い放ったのは暴言だ。国際関係論の法学部教授は憲法を蹂躙してはならない。学長発言を黙認している大学の責任もある。

■同志社大学教員の安保法制批判声明

村田学長の公聴会演説に対しては、「安保法案の成立に反対する同志社大学教職員有志」が一五日にネット上で声明を発表した。私は関西救援センターの友人と同大学生からのメールで、同日夜、この声明のことを知った（http://blogs.yahoo.co.jp/doshisha_antiwar/13749762.html）。

この声明の事務局、連絡先が分からなかったため、ブログに公表された賛同教員に声明参加の意思をメールで伝えた。一六日午前零時過ぎのＴＢＳラジオのニュースで、声明の呼びかけ人（実際はまとめ役）が社会学部の教授であることが分かった。私は教授へのメールで、《この声明を出されたことに敬意を表します。私も参加させてください》と表明し、次のように書いた。

《村田氏はイラク派兵の際にも、自衛隊の派遣以外に選択の余地はないなどと繰り返し発言し、川口順子外相の同大講演会を陸自本隊派兵時に開催しています。イラク戦争を煽ったことの謝罪はありません。また、特定秘密保護法にも賛成、７・１閣議決定にも賛成しています。》

《私は「安全保障関連法案に反対する学者の会」にも参加しています。肩書は、同志社大学大学院教授（京都地裁で地位確認係争中）として賛同しましたが、サイトでは、同志社大学大学院教授となっています。なお、日本マス・コミュニケーション学会（旧・日本新聞学会）春期大会（同志社大学で開催）では、私の所属は「同志社大学（学校法人同志社と地位確認係争中）」となっています。詳しくは浅野支援会HPをご覧ください。
立憲主義、三権分立、労働者の権利、裁判を受ける権利などの基本的人権擁護の立場から、私を有志に入れていただくよう、伏してお願いします。これは同志社の岐路にかかわることですので、私にも参加させてください。》

声明の賛同者（七月二六日午前九時時点、九〇名）を見ると、社会学部の教員が一七名もいる。社会学部の専任教員は四八人で、うちメディア学科には私を除き八人の教員がいるが、現時点では一人も賛同していない。法学部教員も一人も賛同していない。職員もゼロだ。

私が起こしている地位確認請求訴訟では、私を守るべき同志社大学教職員組合は「大学の自治への不介入」などを理由にして裁判支援をしないと明言し、私が所属していた社会学部支部（当時の支部長は山田裕子社会福祉学科教授、執行委員は三山雅子産業社会学科教授）は私の組合員としての資格を剥奪し除名せよという趣旨の決議を行い、組合三役に私の除名を要求した。組合執行部は私の組合員としての立場について、「（支部決議の後、組合員の地位は）保留状態。組合を脱退はしていない」という見解だ。

解雇に抗い労働裁判を起こしているのに、村田学長、冨田安信研究科長は、私の研究室を奪い、浅野ゼミを強制解散させ、私が指導していた院生・学部生の指導教授を私に相談もなしに他の教員（ほとんどがジャーナリズム以外の教員）に強制移動させ、私の担当していた「新聞学原論」を二年間も休講にしたままだ。

その社会学研究科・社会学部の同僚教員が、私の声明参加についてどう判断するか不安だったが、一六日午前八時四三分、《賛同ありがとうございます。ブログの方にお名前を加えさせていただきました》という連絡が教授からあった。私を賛同人に加えることに対する異論の提起も今後あり得るが、地位係争中であることは客観的事実なので、これで行くということだった。

私がこの声明に参加できたことは、私の裁判を受ける権利を同僚たちが認めたことになると思う。私の言論の自由、表現の自由も守られた。同志社中学教職員組合有志の学長批判声明も、同志社の建学精神、キリスト教主義から論じており素晴らしい内容だった。

同志社のすべての教職員と学生が集会や勉強会をもって、人間の尊厳が尊重される人民統治、非戦・平和の東アジアの構築のために行動することを期待している。

■村田学長批判で同大緊急集会

村田学長の公聴会での〝助け舟〟公述に抗議する教職員、学生、卒業生、市民の二五〇人が七月二五日、今出川校地の良心館で《「安保法案」を考える同志社緊急集会》を開いた。主催は「同志社平和の会」（代表・出原政雄法学部教授）で、「安保法案に反対する同志社大学教職員有志」と「村田学長の公聴会発言に対して抗議する同志社学生有志の会」が共催した。

私も声明の賛同人の一人として参加した。司会は法学部三年生の男子学生。

冒頭、参加者二五〇人が、二〇日に他界した元文学部社会学科新聞学専攻（現社会学部メディア学科）教授（一九六一年～七〇年）の鶴見俊輔さんに黙祷した。出原教授は「同志社の私たちに平和についてたくさん教えていただいた」と語った。鶴見さん死去のニュースは、四日の朝日新聞に出た。鶴見さんは一九六一年から七〇年まで大学院と学部の新聞学専攻教授を務めた。私が大学生のころに、小田実さんらと「ベトナムに平和を！市民連合」（ベ平連）を結成、ベトナム戦争に反対して脱走した米兵を援助する運動を行った。最近は「九条の会」設立の呼びかけ人になり、反戦平和運動で活躍。私が一九八四年に『犯罪報道の犯罪』を出版した時、朝日新聞に書評を書いてくれたのが鶴見さんだった。『思想の科学』にも記事を書かせてくれ、日高六郎さんと共に、私が同志社・新聞学の教授になったことを喜んでくれた。鶴見さんは、同志社大学の学生運動で大学当局が機動隊を導入したことに抗議して辞任した。鶴見さんと親しかった山本明教授が病気で退職した後の補充人事で私が採用された。私が奪われた教授ポストと研究室は、鶴見さんの伝統を引き継いでいると自負している。私を敵視する渡辺武達氏（一五年三月末退職、名誉教授）も、三月一四日に行われた最終講義で、大学院で鶴見さんの門下生だったと話したようだが、鶴見さんの言う「転向者」だと私は思う。

集会の第一部では、主催・共催団体の代表、同志社中学校教職員有志、京都大学、立命館大学の教員有志代表が挨拶した。

第二部のリレー・トークで、法学部の村田ゼミの男子学生が「村田先生はＬＧＢＴ（性同一性障害を含む性別越境者など）の権利を擁護するなどリベラルな学者だ」と指摘した後、「日本を取り巻く安保環境の変化をどう考えるのか」、「村田先生の国会での発言が、同志社の良心教育に反するというが、どういう点が反するのか」と主催、共催団体に質問した。村田ゼミの学生六人が参加していた。

私も約五分発言した。

「村田学長を徹底批判すべきだ。私は安保法制に反対する学者の会の賛同人でもあるが、ノーベル賞受賞者の益川京大名誉教授は二〇日に会見で、安倍首相に鉄槌をと訴えた。東アジアの問題は日本政府が尖閣国有化、安倍首相の軍国主義化によって引き起こされている。安倍政治が地域の不安定要因をつくっている。学長の国会公述の肩書などについて、『週刊金曜日』に書くため、村田学長に広報課を通じて取材を申し込んだが『回答しない』という回答が来た。村田氏はジャパンタイムズの取材には応じている。これはダブルスタンダードだ。学長は個人の発言と言うが、衆議院の資料では、『与党推薦の同志社大学法学部教授』となっている。個人なら『国際政治学者』とするべきだ。NHKはこの肩書で報じたが、共同通信、主要紙、民放各局は学長として伝えた。法学部教授なら憲法問題について逃げずに、主張すべきだ。憲法学以外の安保関係の学問の分野では法案に賛成の意見も多いと言うのは逃げだ」。

私の発言が始まると、村田ゼミの学生たち（六人前後）が示し合わせたように退室した。村田ゼミの学生たちは「浅野は北朝鮮の工作員だ」という使い古されたデマを今も拡散していると聞いている。村田氏には、学生をきちんと指導してほしいと願う。

この緊急集会を前に、主催団体の関係者に、私も集会に参加して発言したいと伝えた。集会関係者は七月二四日に自宅へ届いた葉書で、「定年延長問題は、学部の自治に関わる問題で、関与しないというのが私の立場だ」と書いた上で、「集会の場で、雇用問題で裁判係争中のことは発言しないようにしてほしい」と要請してきた。私はもともと集会の場で、地位確認裁判のことをことさら強調するつもりはなかったが、村田学長を立憲主義違反だと批判している団体・個人が、賛同人である私の「言論の自由」を事前に制限するような通知をしてきたことに強い違和感を持った。私の不当解雇に関し、「学部の自治に介入しない」という立場は、クーデター、暗黒裁判で私を追放した渡辺武達名誉教授グループの暴挙を黙認、追認することになる。村田学長と同じ過ちを繰り返していると思う。社会学部の自治もあるが、浅野健一という一教員、研究室、ゼミの自治もまた存在している。「大学」とか「学部」は観念上の存在だが、浅野健一は人間だ。人間の尊厳を守ることこそが「自治」の核心ではないかと関係者には反論した。「大学・学部学科の自治」を「一教育労働者の自治」の上に置く発想が間違っている。

集会の開始の五分前ぐらいに、私が院で四年間指導した博士課程の院生が教室に入って、私がいた右後方の席に来ようとして、私を見て、見て見ぬふりをしてさっと右前に着席した。松岡利康鹿砦社社長、和田喜彦経済学部教授らが座った席の前に座っていた。私が参加するとは思わなかったのだろう。

私は二〇〇四年以降、学内で村田氏を批判してきた。村田氏の辞任を求めて闘いたいと思う。

■村田学長は「個人の資格」と苦しい釈明

村田氏は二二日に学内だけに発表した「同志社大学広報」(臨時)で、公聴会での発言は学長としてではなく、「個人の資格」で行ったと言い訳した。

《衆議院事務局に提出した書類には「法学部教授」としたし、当日の委員会で配付された資料にも衆議院のホームページにも、そう記されている。NHKや国会ケーブルテレビなどは私の意図を反映して、「同志社大学法学部教授」と紹介した。しかし、いくつかの新聞や通信社が「同志社大学長の肩書きで私を紹介したため、一部に誤解を招いてしまったようだ。これは私の意図するところでなく、たいへん残念に思っている。

今回の法案については反対の声が大きく、私の立場は少数派に属している。少数派の意見もしっかりと表明すべきだと考え、あえて公述人をお引き受けした。》

村田氏は京都新聞(七月二〇日)の中で、《自分と違う意見に敬意を持って耳を傾けたい。ただ、国会での強行採決を批判するのなら世論の場でも少数意見に寛容であってほしい》と述べている。

同大はこの臨時広報を学外に公表していない。「広報」を教職員にだけ開示するというのはおかしい。

村田氏の説明は、苦しい弁解に終始している。同志社大学法学部教授としての発言であったとしても、大学教授は公人中の公人であり、テレビに登場して有名人になった学者で、「個人の発言」とはみなされない。有名私大の政治学の教授がこの法案に賛成していると民衆は受け止める。また、調べれば、村田氏が学長であることはすぐ分かる。

村田氏は報道各社に、学長の肩書を使わないように申し入れもしていない。国会記者会の幹事に連絡すれば、報道各社に伝わることぐらい知っているはずだ。

「一強」与党に頼まれ西日本でトップの私大学長として法案に賛成する者が「少数意見」というのは、意味不明だ。誰に対し、どういう寛容さを求めているのかも分からない。「私が責任者」と豪語する首相が衆院の三分の二を占める「一強」与党と組んで、違憲を承知で戦争法案を成立させようとしている時に、村田氏が少数者（マイノリティ）であるはずがない。

村田氏は「意見を異にする者同士が議論」することを推奨しているが、私が所属している大学院社会学研究科メディア学専攻・社会学部メディア学科内で圧倒的少数派である私の解雇問題をどう考えるのか明らかにすべきだ。

小黒純教授（一二年赴任）ら同僚教授四人は、渡辺武達教授（現名誉教授）の指示を受け、私の定年延長を審議した研究科委員会（一三年一〇月三〇日）で三〇人の院教員に、審議資料（検討事項）と称する二頁の文書を配布した。四人は文書の中で、私が学者ではなく「運動家」であるなどとして、虚偽事実を並べて、私の研究教育・言論活動を一方的に非難し、大学院教授として不適格と断じた。私が学生向けのシラバスなどで、「マスコミ用心棒」、「御用学者」、「御用組合」、「ペンとカメラを持った米国工作員」、「労務屋」、「企業メディア〝用心棒〟学者」、「デマ」などの用語を使ったことが院教授としての品位に欠けるとされた。村田氏の公述はまさにデマゴギー（『広辞苑』によると事実に反する扇動的な宣伝）であった。私が提起している京都地裁の裁判（次回は九月一〇日）において、学校法人同志社はこの文書を正当化し、冨田安信前研究科長（産業関係学教授、労働経済学）は五月二六日に提出した陳述書で、配布文書の内容を超えて私を「不良教授」として人格攻撃している。

村田学長は同大教職員組合が提案した私との会談を一三年一二月九日に、「定年延長は研究科で審議する事項」として拒否し、渡辺氏と四人が私に対する嫌がらせで起こしたクーデター・暗黒裁判の不当解雇策動を結果的に黙認して今日に至っている。専攻・学科内で「少数派」だった私の意見や主張は尊重されず、議論の場もないまま、瑕疵だらけの「研究科の決定」を理由に解雇された。自分には言論の自由を認め、一教授の私の労働権を求める声には耳を傾けない。村田氏は日本で最悪の安倍政権の「御用学者」であり、米国の民衆が最も嫌うダブルスタンダード人間だと言わざるを得ない。

私が同大から追放された時期に始まった鹿砦社主催の「浅野ゼミin西宮」の内容は、対論集『冤罪とジャーナリズムの危機』として、この八月、鹿砦社から出版された。

■ジャーナリズムとアカデミズムは信頼回復できるか

日本の民衆がマスメディアと大学の学者を信頼しなくなって久しい。ジャーナリズムの惨状については、この本全体を通して論じている。私は一九八四年に出版した『犯罪報道の犯罪』で、社会的に逸脱し官憲に手錠を掛けられた人間にみんなで石を投げつけるのをやめようと提言した。海外では、裁判で有罪が確定するまで、被疑者・被告人、被害者の名前や顔を出さないように抑制していることも紹介した。北欧などにある①報道界で統一した報道倫理綱領の制定、②市民の苦情を受け付け調査・審理するプレスオンブズマンと報道評議会制度の設立――を柱とするメディア責任制度の創設を提案した。

しかし、警察の権力行使をチェックするために「実名報道」が必要だという御用学者が現れ、左翼・リベラル系の文化人、労働団体幹部も「反浅野」を決め込み、私の問題提起を無視してきた。日本にしかない「記者クラブ制度」の廃止も提言したが、これまた、日本ジャーナリスト会議（ＪＣＪ）、新聞労連系の文化人が、「弱小新聞社でも平等に扱われる仕組みで、調査報道の拠点になっている」、「記者室がなくなると困る」などという詭弁を弄して記者クラブ擁護論（開放論も含む）を展開している。記者クラブは、治安維持法下の一九三〇年代に設立された、大手メディアの社員記者（日本新協会加盟社で常駐できる社員）がその他の記者（出版社系メディア、外国特派員、フリーなど）を差別する報道界のアパルトヘイト、情報カルテルである。

「現在の若者が新聞を読まず、テレビも見なくなったのは、マスメディア企業がネットに煽られて、ネットよりもっと下劣で質の悪い記事や番組しか作らなくなったから」、「読者・視聴者から信頼を失い、経営が苦しくなり、カネがないので製作費をけちるようになり、いい記事や番組がなくなってしまった」、「若手が育たない。浅野先生が唱えた改革を怠ったつけが回ったのだと思う」。

テレビ業界の第一線で働く元ゼミ生が六月初旬、私に嘆いた言葉だ。テレビ現場では製作費が削られ、東京から外への取材が困難で、取材に行く場合も、一人でカメラを持って行くことも多いという。「市民はマスコミをマスゴミと呼び、嫌がっている。なかなか映像を撮らせてくれない。これも浅野先生の改革提言を無視したからだ」。

本来、ジャーナリズムは人民、民衆と共に、権力を監視するのが仕事なのに、現代のメディアは権力の一部になって、権力の広報機関になってしまっている。

私は最近、日本が民主化しない原因の一つに、左翼や市民運動の活動家に品格がないことがあると強く思うことがある。表現者が特定秘密保護法で提訴した際、原告になりたいと申し出た私に妄言を吐いて排除したフリーライターがいた。私が所属している憲法擁護の運動体について、「うちの読者には元国労の人も少なくないので載せにくい」と言ってきた編集者もいる。かつて私がよく書いていた『マスコミ市民』『創』は、私が原稿を書きたいと伝えても、書かせてくれない。編集スタッフの中に私のことを嫌う人たちがいるからだという。狭山事件は取り上げられないと言い切る救援運動もある。いまだに社民党と新社会党が一つになれない。広島・長崎の原爆禁止運動も分裂したままだ。特に東京で顕著なのだが、運動のための運動、党派にとっての損得を運動に持ち込むのだ。私が学生時代の全共闘運動の時代から感じてきたのだが、偏狭なセクト主義が今も蔓延している。グループまたはリーダーの個人の好き嫌いで、ある人間を排除する発想こそ、特定秘密保護法を強行する集団、個人と同根だと思う。

私の大学との闘争も同じだ。同志社大学には、『世界』や『インパクション』、しんぶん赤旗などでよく名前を見る左翼リベラル学者がいる。学内に交番が設置された問題では教員三人が協力してくれた。しかし、私の労働事件では、彼や彼女は全く支援をしてくれない。

在日朝鮮人の人権問題で活動しているある教授は私の追放謀略が発覚した時には心配してくれていたが、大学が解雇を決めたころから、「裁判になるから、浅野さんの雇用の件ではお話しできない」と私に言った。労働権、裁判を受ける権利は国際法（ＩＬＯ）、日本国憲法などで補償されている基本的人権であり、裁判になるからこそ、支援するのではないか。

ノーム・チョムスキー教授が私との対談で強調した、知識人は自分の職場、地域、教会で起きた問題を取り上げることができるかどうかが重要、との見解を思い返している。自分の職場で、不当解雇があっても、知らん顔をするのでは、人権や教育を受ける権利を云々しても説得力はない。

安倍晋三首相は、集団的自衛権行使容認の閣議決定（一四年七月一日）後の記者会見で、電通が御用学者と外務官僚と相談して用意したのであろうポンチ絵のパネルを掲げて、「海外で突然紛争に遭遇した日本人が最も重要な同盟国の米国の艦船に救助されて運ばれている時に、日本の自衛隊がその船を守れなくていいのか」と問い掛けた。まさに子どもだましだ。

このパネルに描かれた地図がまた意味深だ。東方に米国らしい国があり、日本の西にある地域が日本を「攻撃」している場合を想定している。日本の西にあるのは中国と朝鮮半島である。つまり、中国と朝鮮が日本を攻撃して来るという想定なのだ。

最近は竹島・独島問題や日本軍慰安婦問題の対立で、米国と共に「同盟国」であるはずの韓国との戦争も想定しているような報道もある。私が驚いたのは、一四年八月九日のＴＢＳテレビのニュース番組で、防衛省見学の小学生が小野寺防衛相に「竹島は日本の領土なのに、いま韓国が占拠している。なぜ力ずくで取り戻さないいんですか」と尋ねたシーンだ。小野寺氏は「非常に難しい問題なんだけど、世界中の国が力ずくでと言い出したら、世界中が大混乱しちゃう。話し合いが大事なんです」と大人の回答をしていた。こういう小学生の誤った思考方式を無批判にオンエアしていいのかと思った。

この小学生は日米間で軍事同盟が結ばれ、朝鮮戦争も終結していないことを知らないのだろう。安倍首相の言う「日本を取り巻く安全保障環境の激変」に韓国の脅威は入っていないはずだが、日本の民衆には中国と朝鮮半島からの脅威が問題になっている。

首相は国会で、このポンチ絵を持ち出さなくなった。一五年八月二六日の参院特別委で、民主党議員が「邦人輸送中の米艦防護」のポンチ絵を示したのに対し、中谷防衛相は「邦人が乗っているかは絶対的なものではない」と述べ、邦人保護が行使の理由にならないことを認めた。ホルムズ海峡もイランと米国の和解で持ち出しにくくなった。八月中旬に緊張した南北朝鮮も対話の場が生まれた。政権の挙げてきた「存立危機事態」「重要影響事態」の具体例がほとんどなくなった。

中谷防衛相は八月五日の参院特別委で、「核兵器は（他国軍に）提供できるのか」との質問に、「弾薬に分類される」と述べ、法律上は提供可能との認識を示した。「核兵器、化学兵器、毒ガス兵器は輸送可能か」と問われた中谷氏は、「法律上は排除していない」と答えた。

自衛隊が戦争法案の成立を前提に部隊運用計画などの内部文書を作成していた。小池晃共産党副委員長が独自に入手し国会で暴露した。陸海空三自衛隊を束ねる統合幕僚監部が作成した内部文書には、国会に一度も説明されていない内容が多数含まれている。国会審議前の五月二六日に、統合幕僚監部が、陸海空自衛隊の主要部隊の指揮官ら約三五〇人を集めたテレビ会議で使用した資料であることも判明している。

統合幕僚監部の内部資料には、米艦防護の「ＲＯＥ（交戦規定）」策定、「軍軍間の調整所」の設置、法成立を前提とした南スーダンＰＫＯ（国連平和維持活動）の行動拡大も記されている。「軍軍間」という用語を使い、自衛隊を軍隊と平気で表記している。さらに防衛相は、八月二七日、一六年度の防衛関係予算の概算要求について過去最大となる五兆九一一億円（一五年度当初予算比で二・二％増）とすると発表した。

中谷防衛相が答弁する際、斜め後ろで、付箋をいっぱい付けた書類を抱え、いらいらしながら助言する防衛官僚がいる。防衛相の答弁はほぼすべてこの官僚の指図で行われている。まさにシビリアンコントロールの崩壊である。この男性の役職、声明を報道すべきだ。

政権が迷走する中、八月三〇日、「戦争させない・９条壊すな！総がかり行動実行委員会」の呼びかけによる行動が行われ、私は一二万人が結集した国会前集会に参加した。警官が国会に近づかないよう各所で妨害していた。首相官邸前は完全にブロックしている。小雨の中、一人ひとりの意思で十数万人が集った意味は大きい。

音楽家の坂本龍一氏は「九条の精神がここまで根付いていることをはっきり示してくれて、とても勇気づけられている。日本の歴史の中では、明治憲法しかり、日本国憲法しかり、命をかけて日本人が戦い取ってきたものではなかったかもしれないけれど、今、まさにそれをやろうとしている。憲法は米国に与えられたという声もあるが、憲法を血肉化する運動は、まさにフランス革命などに匹敵する。一過性のものにしないで、ぜひ守り通して、行動を続けて欲しい。僕も一緒に行動していきます」とスピーチした。同感だ。

六〇年安保以来の大集会について、読売は社会面に《安保法案「反対」「賛成」デモ》の見出しで、新宿で行なわれた五〇〇人デモを同列に扱った。産経の見出しは《周辺、雨中騒然》だった。

■人間の品格を

甲山事件の冤罪被害者・山田悦子さんはドイツと日本の憲法第一条の差異を私に教えてくれた。ドイツ基本法（憲法）第一条［人間の尊厳、基本権による国家権力の拘束］は次のように規定している。

《(1)人間の尊厳は不可侵である。これを尊重し、および保護することは、すべての国家権力の義務である。(2)ドイツ国民は、それゆえに、侵すことのできない、かつ譲り渡すことのできない人権を、世界のあらゆる人間社会、平和および正義の基礎として認める。(3)以下の基本権は、直接に妥当する法として、立法、執行権および司法を拘束する。》

日本国憲法の第一条は次のようだ。《天皇は、日本国の象徴であり日本国民統合の象徴であつて、この地位は、主権の存する日本国民の総意に基く。》

ドイツ憲法は、国内のみならず、世界中で、国家権力が人間の尊厳を犯してはならない、人間の尊厳を犯すものに対して、国民は闘うという誓約をしている。憲法の第一条で天皇の地位が出てくる日本との違いがここにある。

私は同志社で教壇に立てなくなったが、関西大学で一五年春期の共通教養科目「人間の尊厳のために」で五回授業を担当した。浅野ゼミの原発、冤罪関係のシンポなどに来てくれていた新谷英治文学部世界史専修教授が、小出裕章さん、松岡利康鹿砦社代表と私によるリレー講義を企画してくれた。

この科目は授業概要をこう説明している。

《戦争や被曝、不当な報道などによって多くの人々が人間としての尊厳を踏みにじられ苦しんでいることは厳然とした事実でありながら必ずしも社会全体に正しく知られていません。失礼ながら大学生などの若い世代の皆さんはとりわけ認識が薄く、ほとんど問題意識を持っていないかに見えます。本講義は、深刻重大でありながら（あるいは、それゆえに）隠されがちな社会の問題を、現在第一線で活躍するジャーナリストや出版人、科学者の目で抉り出し、学生の皆さんに自らの問題として考えてもらうことを目指しており、皆さんの社会観、世界観を大いに揺さぶろうとするものです。》

到達目標は《人間の尊厳が踏みにじられている現状を正しく認識し、現実を踏まえつつ実効ある解決策を考えようとする姿勢を身につけること》である。

今の日本に求められているのは、人間の尊厳を蹂躙するような現状を打破する姿勢だと思う。

今の日本に必要なのは市民革命、民主主義革命だ。「左右」を云々する前に、社会を変えようとする人たちが、人間の品格（DECNCY）を保ち、人間の尊厳を第一に考える姿勢を身につけることだと思う。

本書の一部は、社会新報、朝鮮新報、琉球新報、『週刊金曜日』、『救援』、『進歩と改革』、『自然と人間』、『紙の爆弾』、『週刊プレイボーイ』に寄稿した記事をもとに、加筆修正した。

浅野健一（あさの・けんいち）

1948年香川県高松市生まれ。1972年、慶應義塾大学経済学部卒業、同大学新聞研究所修了、共同通信入社。本社社会部記者、ジャカルタ支局長など歴任。1994年、共同通信を退社し、同志社大学大学院教授。1996年から97年、同志社大学教職員組合委員長。2002年から03年、英ウェストミンスター大学客員研究員。現在、同志社大学大学院社会研究科メディア学専攻博士課程教授＝京都地裁で地位係争中。
主な著書に、『犯罪報道は変えられる』（日本評論社）、『犯罪報道と警察』（三一書房）、『客観報道——隠されるニュースソース』（筑摩書房）、『犯罪報道の犯罪』（学陽書房、講談社文庫、新風舎文庫）、『天皇の記者たち——大新聞のアジア侵略』（スリーエーネットワーク）、『「報道加害」の現場を歩く』、『戦争報道の犯罪』、『メディア「凶」乱』（以上、社会評論社）、『裁判員と「犯罪報道の犯罪」』（昭和堂）、『記者クラブ解体新書』（現代人文社）他多数。鈴木邦男との対談『激論・世紀末ニッポン——戦争犯罪　阪神・淡路大震災　オウム真理教事件』（三一書房）、ノーム・チョムスキーとの共著『抗う勇気』、『憲法から考える実名犯罪報道』（以上、現代人文社）、浅野健一ゼミin西宮報告集『冤罪とジャーナリズムの危機』（鹿砦社）をはじめ、共著・対談書も多数。

安倍政権・言論弾圧の犯罪

2015年9月25日　初版第1刷発行
著　者＊浅野健一
装　幀＊後藤トシノブ
発行人＊松田健二
発行所＊株式会社社会評論社
東京都文京区本郷2-3-10
tel.03-3814-3861/fax.03-3818-2808
http://www.shahyo.com/
印刷・製本＊倉敷印刷

Printed in Japan